古典文獻研究輯刊

初 編

潘美月・杜潔祥 主編

第 **25** 冊

陸心源及其《皕宋樓藏書志》
史部宋刊本研究（下）

林淑玲 著

國家圖書館出版品預行編目資料

陸心源及其《皕宋樓藏書志》史部宋刊本研究（下）／林淑玲著
— 初版 — 台北縣永和市：花木蘭文化工作坊，2005〔民94〕

目 7＋220 面；19×26 公分（古典文獻研究輯刊 初編；第25冊）
ISBN：986-7128-17-6（精裝）

1.（清）陸心源－學術思想－目錄學 2. 皕宋樓

3. 私家藏書－中國

029.77　　　　　　　　　　　　　　　　　94020428

ISBN 986-7128-17-6

古典文獻研究輯刊

初　編　第二五冊　　　　　　　ISBN：986-7128-17-6

陸心源及其《皕宋樓藏書志》史部宋刊本研究（下）

作　　者　林淑玲
主　　編　潘美月　杜潔祥
企劃出版　北京大學文化資源研究中心
出　　版　花木蘭文化工作坊
發 行 所　花木蘭文化工作坊
發 行 人　高小娟
聯絡地址　台北縣永和市中正路五九五號七樓之三
　　　　　電話：02-2923-1455／傳真：02-2923-1452
電子信箱　sut81518@ms59.hinet.net
初　　版　2005 年 12 月

定　　價　初編 40 冊（精裝）新台幣 62,000 元　　　　　版權所有・請勿翻印

陸心源及其《皕宋樓藏書志》
史部宋刊本研究（下）

林淑玲　著

目

錄

圖、表、書影目次

一、圖　次

二、表　次

三、書影次

第五章　陸心源《皕宋樓藏書志》史部宋版書之探討

　　陸心源萬卷藏書中最精華部分盡在「皕宋樓」，以收錄宋元舊槧著稱，陸心源將其藏書之精華編輯成《皕宋樓藏書志》，於一八八二年刻於潛園，由於書目多達二千餘部，本文僅以史部三百六十餘種中擇其宋刊本部分，探討其藏書價值。

第一節　《皕宋樓藏書志》史部之類目

　　我國歷史文獻分類之形成，源自漢代劉歆《七略》，魏晉時期《中經新簿》創建四分法，始將史部自成一類，而《隋書·經籍志》的出現，四分法大局底定，此後四分法成為目錄編製的主流，尤其是官修目錄幾乎無一例外，直至清代編纂《四庫全書》後，確實對往後的私家藏書目分類影響極大，多數藏書家均按四庫分類法編其目錄，陸心源自不例外，而其類目之設置實淵源於早期各家史部目錄。

　　晚清私家藏書目錄多以古籍為著錄對象，採傳統四部分類法著錄書目，各家目錄類例則新舊並陳。史志及官私修書目，早期史部分類大體紛雜不一，而後期史部類目逐漸趨向一致。誠如余嘉錫所云：

> 古今書目部類互有不同，幾於千端萬緒，岐路之中又有岐焉，然其因
> 革損益，其漸，不比而觀之，不能得其所以然〔註1〕。

島田翰於〈皕宋樓藏書源流考〉中云陸心源《皕宋樓藏書志》初稿名為《守先閣藏書志》，所謂「皕宋」是陸心源年四十五歲以後才命名的〔註2〕。史部共計三百六十

〔註1〕余嘉錫著，《目錄學發微》（臺北：藝文印書館，民國63），頁167。
〔註2〕陸心源著，《皕宋樓藏書志·續志》史部（臺北：廣文書局，民國57年），頁8。

九種，其中正史類三十九種、編年類四十三種、別史類十七種、雜史類二十五種、詔令奏議十三種、傳記類四十三種、史鈔類十七種、時令類二十四種、地理類六十五種、政書類二十種、職官類十一種、目錄類二十二種、史評類十六種。從陸氏史部之分類架構，可了解陸心源史書收藏的性質、範圍及治史的理念。此外，歷史文獻類型不斷推陳出新，從演化過程中，觀察歷代官修與私修史目之異同，同時探討陸心源史部類目之客觀性、合理性。

　　茲將《皕宋樓藏書志》史部類目之參考價值簡述如下：

一、類目具完整性

　　大體而言，其部類之設定是依圖書內容性質而定，以方便查檢為主，但史志目錄官修目錄之史部類目顯然較為完整，可全面揭示各代歷史文獻收藏概況，乃因官修目錄是匯集當時史官或大批博學鴻儒共同整理編撰的，所以官修目錄在歷史文獻豐富及纂修者水準較高的情況下所編製的目錄，已立下了史部類例的典範，提供各私家目錄修纂之參考。因此，清代《四庫全書》之纂修對當時私家藏書目錄具有一定的影響力，所以陸心源之《皕宋樓藏書志》史部類目確實受到《四庫全書》之影響。

二、類目設定審慎

　　隨著時代演變，歷史文獻逐漸多元化，史觀日趨進步，新的類目亦不斷創新或增減，如《四庫全書總目》新設「史評」類，刪去「譜牒」類；《遂初堂書目》創設「中國史」類、「本朝雜史」類、「本朝故事」類、「本朝雜傳」類、「史學」類等；又如《述古堂書目》及《讀書敏求記》雖同樣是清初錢曾撰，然分類卻不完全相同。然而陸心源治史態度極為謹慎，謹守《四庫全書總目》分類法，絕少創立新類目，此與創新求變的藏書家孫星衍有極大差異。

三、類目以藏書為主

　　《皕宋樓藏書志》史部類目之設定，雖與其藏書內容有絕大關係，但類目與現代善本書目分類實大同小異，可見陸心源對史學及目錄學認知有一定的水準，亦頗能掌握史學存真的精神。又可見其史部藏書除了數量龐大外，各類藏書均具有相當的完整性，無偏重某方面圖書，實不愧為清末四大藏書家之一。

第二節　《皕宋樓藏書志》史部之體例

陸氏《皕宋樓藏書志》著錄體例係仿朱彝尊《經義考》、張金吾《愛日精廬藏書志》之例，《愛日精廬藏書志》是張金吾於嘉慶二十五年所撰，共三十六卷，續四卷，撰寫體例係著錄書名、卷數、版本、撰者等，於書名下先註明刻本和版本，然後輯錄各家序跋，再做考證與校讎，最後提出見解，匯為解題，體例清晰，後來楊紹和《楹書隅錄》、陸心源《皕宋樓藏書志》、王文進《文祿堂訪書錄》、張元濟《寶禮堂宋本圖錄》都仿效張金吾之體例〔註3〕。

《皕宋樓藏書志》之撰述體例簡繁皆具，簡者僅錄該書書名、卷數、版本、撰者；詳者於第一行書名下註明卷數、版本、藏書來源，第二行註明撰者，第三行起彙整各家序言題跋，最後著錄該書行數、字數、字體、紙張、校勘刻處、刻工、缺卷、藏書印章、藏書源流等，凡收錄明初以前之序跋，悉載撰年，無刪裁。明以後之書序，則略加選擇，常見的序跋，不錄其文，僅存其目，以備稽考；因此，既便於查檢，又節省篇幅。此外，《皕宋樓藏書志》有標舉以前藏書家所未見之全帙，評論版本，辨其謬誤。均可見陸氏之精於鑒別版本，長於校讎圖書。有關《皕宋樓藏書志》之體例其例言有載：〔註4〕

一是編仿張金吾《愛日精廬藏書志》，載舊槧舊鈔之流傳罕見者，惟張氏以元為斷，此則斷自明初，以兵燹之後，縢囊帷蓋，亡佚更多，不得不略寬其例，其習見之書，概不登載。

一我朝文治休明，典籍大備，伏讀《欽定四庫全書總目》，考核源流，折衷至當，何敢復贊一詞，其或書出較後，未經採入四庫，而為阮氏所續進，張氏所收錄者，均采其說著之于編，有為阮氏、張氏所未見者，仿晁、陳兩家例，略附解題，以識流別。

一書目之載序跋自馬氏《經籍考》始，是編仿載諸書序跋，凡世有刊本暨作者有專集通行，如北宋二范、歐陽、曾、王、三蘇，南宋之朱子、放翁、益公，元之剡鹽源、清容、九靈之類，其序跋已載集中，及經部之見于《通志堂經解》，唐文之見于《全唐文》並書已刊入《十萬卷樓叢書》者，均不更錄，餘則備載全文，俾一書原委燦然俱陳。

一所載序跋斷自元人止，明初人之罕見者，間錄一二，至先輩時賢手

〔註3〕張金吾著，《愛日精廬藏書志》（喬衍琯〈敘錄〉，臺北：文史哲出版社，民國71年），頁4。
〔註4〕陸心源著，《皕宋樓藏書志·續志》史部（臺北：廣文書局，民國57年），頁7～10。

蹟、題識、校讎、歲月，皆古書源流所繫，悉爲登錄，其收藏姓氏印記，
間錄一二，不能備載。

　一先輩時賢手跋，以「某氏手跋曰」五字冠之，愚間有考識，則加「案」
字別之。

　一宋元刊本備載行款、缺筆，以便考核。

　一所載序跋，或鈔帙轉輾傳寫，多舛僞，或槧本字蹟蠹落，間有缺失，
凡無別本可據者，悉仍其舊，雖顯然亥豕，不敢以一知半解妄下雌黃。

　一標題一依原書舊式，所增時代及撰著等字，以陰文別之。

　一一書而兩本俱勝者，仿《遂初堂書目》例並存之。

在清代各私家藏書志中《皕宋樓藏書志》的體例應是較爲詳盡且具參考價值的，因
此喬衍琯於書目叢編〈皕宋樓藏書志序〉中有云：

　　藏書志之主要內容，實爲宋、元人所撰群書序跋。大抵唐以前人序跋，
　見收於嚴可均所輯《全上古秦漢三國六朝文》，及清代官修之《全唐文》，
　宋元人序跋，在《全宋文》、《全元文》未編成前，陸氏書志登載最多，可
　供有志輯印全文者之采集，亦可供研究宋元人著述、學術之參考。至其所
　摘《挈經室外集》，《愛日志》及所撰解題，俱可補《四庫全書總目》之未
　備。……然精目錄、版本、校讎之學，故所撰書目、題跋，俱爲世重，近
　人且有陸氏之後，書目可以無作之歎〔註5〕。

　雖然《皕宋樓藏書志》著錄的內容比當代其他藏書家書目詳盡，但精於校勘學之
陸心源對於《皕宋樓藏書志》仍覺有不足之處，另於《儀顧堂文集》及《儀顧堂題跋》、
《儀顧堂續跋》中將版本較佳之古籍再作補充，其研究精神誠可嘉，今據《靜嘉堂文
庫宋元版圖錄·解題篇》比較其差異，陸氏之藏書志著錄內容與之差異不多，惟《靜
嘉堂文庫宋元版圖錄·解題篇》提供尺寸、刻工姓名及藏書章等資料較爲完整詳細。

第三節　《皕宋樓藏書志》史部版本之探討

一、史部版本與數量

　《皕宋樓藏書志》史部藏書共計三百六十九部，種數甚多，卷帙浩繁，其中不

〔註 5〕陸心源著，《皕宋樓藏書志·續志》〈皕宋樓藏書志序〉（臺北：廣文書局，民國 57
　　年），頁 1～2。

乏宋元版本，其藏書品質受到諸多學者肯定，茲將書志中史部版本與數量以圖表示之，以了解藏書版本梗概：

表九：《皕宋樓藏書志・續志》史部版本一覽表

類目＼版本	正史	編年	別史	雜史	詔令奏議	傳記	史鈔	時令	地理	政書	職官	目錄	史評	總計
宋刊本	12	8		4	3	5		1	4	2	4	3	1	47
宋刊宋印本	1						1	1						4
宋刊元修本	3													3
宋刊元印本						1								1
宋刊明修本	5													5
宋刊配元覆本	1													1
宋刊配明覆本			1											1
宋刊抄補本		2								1				3
影寫宋刊本		4	2	1	2	1		2		1			2	15
影寫宋刻本				1										1
影抄宋本		1				1			2				1	5
影寫金刻本						1								1
元刊本	5	8	3	3	2	6	1							28
元刊元印本	1	2	1						2	3		1	1	11
影寫元刊本		2	1			1			5	2			1	12
明刊本	8	12	4	2	6	6	9	1	15		2	1	5	71
明仿宋本	1			2		1			1					5
明覆宋本			1	1										2
明覆元本						1								1
明抄本		2				1			3					6
舊抄本	2	6	2	7	5	8		16	25	9	3	16	3	87

													合計
精抄本							1							1
抄本	2	1			5	1	1	1	2			1		12
文淵閣傳抄本		3	1	1	1	2	1		5	2		1	2	19
校本		1		2		1	2	1			1			8
校宋本			1			1			1	1			1	5
校抄本			1											1
稿本		1												1
東洋刊本						1	1	1			1			4
合　計	39	53	17	25	17	43	17	24	65	20	11	22	16	369

　　從表中可知《皕宋樓藏書志》史部以舊抄本最多，明刊本次之，宋刊本第三，元刊本第四，其餘為文淵閣傳抄本、影寫宋刊本、抄本、影寫元刊本、元刊元印本、校本、明抄本等。

　　李宗蓮在《皕宋樓藏書志》中謂皕宋樓藏書宋刊達二百餘種，元刊四百餘種，勝過天一閣藏書數十倍〔註6〕，茲依據其統計史部宋刊本五十九種，元刊二十八種，但根據《靜嘉堂文庫宋元版圖錄‧解題篇》一書，史部宋版僅三十六種，元版二十一種，皕宋樓藏書史部所列的宋刊本有些被認為是元刊本，例如《資治通鑑考異》及《增修陸狀元集百家註資治通鑑詳節》、《皕志》皆著錄是宋刊本，《靜嘉堂文庫宋元版圖錄‧解題篇》則列為元版書，另島田翰於〈皕宋樓藏書源流考〉中亦提出皕宋樓藏書是將一書分為數種，宋版書才充其數達二百種〔註7〕。其間原因將於探討各部書時分別討論之。

二、史部宋版書之探討

　　本藏書志史部圖書多達三百三十餘部，範圍廣泛，為深入了解其藏書之精華，本文之探討範圍將以宋版書為主，並採以下方式呈現：
（一）依《皕宋樓藏書志》（以下簡稱《皕志》）史部宋版各書排列先後，依次探討。
　　　除引《皕志》基本書目資料外，並分項著錄該書之作者、藏書來源、卷數、冊數、版本、版式、序目、刻者姓名、校者姓名、宋諱字、藏書章、現存宋

〔註6〕陸心源著，《皕宋樓藏書志‧續志》第一輯（臺北：廣文書局，民國57年），頁4。
〔註7〕同上，頁10。

刊本等項。

1、作者：酌情考述作者生平（司馬遷等知名作者除外）。

2、卷數：以《皕志》記載爲主，凡殘本均錄其存卷。

3、冊數：參考靜嘉堂文庫出版之相關資料。

4、版本：除引《皕志》記載外，並參酌靜嘉堂文庫相關資料、《四庫全書總目提要》及各家書錄解題等，以明皕志版本之優劣。

5、版式：著錄《皕志》及《靜嘉堂文庫宋元版圖錄》記載，觀其版式特點。

6、序目：擇要摘錄該書之序跋、題識等，以明一書之撰寫源流、收藏流程等。

7、刻者姓名：一書之流傳需諸多刻工之參與，其功不可沒，收錄其姓名，除可以探究該書所屬年代外，進而可作爲推定該書版本之依據。

8、校者姓名：凡有錄校書者姓名者，均著錄之。

9、宋諱字：陸心源嗜宋版書，《皕志》史部宋版書中亦記載甚多避諱字，本文將詳錄其宋諱字，協助陸心源藏書版本之推定。

10、藏書章：藏書章是陸心源藏書源流重要依據，茲依據相關參考資料彙整、著錄藏書章內容，了解藏書遞傳始末。

11、現存宋刊本：本節之探討以《皕志》史部宋刊本爲主，故搜羅海內外漢學資料中心現存宋刊本，除比較陸心源藏書之優劣外，並藉此推定陸心源藏書是否爲罕見本或海內外孤本。又一書存兩套以上宋刊本，自第二套起本項著錄省略。

12、書影：各書書影取自靜嘉堂文庫編《靜嘉堂文庫宋元版圖錄・圖版篇》，部分書名相同且殘本，則不附書影。

（二）本節內容除探究陸心源之《皕志》史部宋版書外，亦參酌陸心源重要著作，如《儀顧堂題跋》、《儀顧堂續跋》、《十萬卷樓藏書》外，並摘彙各家書錄解題及論述，了解其藏書之源流、性質等。

（三）由於皕宋樓藏書於清末售于日本靜嘉堂文庫，原件取得不易，爲了解陸心源藏書志之內容精確與否，除參考靜嘉堂文庫先後出版之《靜嘉堂祕籍志》、《靜嘉堂宋元版本圖錄》（以下簡稱《靜錄》）、《靜嘉堂漢籍分類目錄》等，與《皕志》相互對照其間異同，對於部分史籍文獻資料不足之處，則親赴日本靜嘉堂文庫查閱實際版本資料，惟查閱過程中仍有資料不詳之處，凡無法查證者則著錄「不詳」。

（四）列舉現存海內外善本狀況，如臺灣地區以國家圖書館、國立故宮博物院等公

藏善本為主、大陸地區則以各圖書館所藏善本為主、日本以東洋文庫、靜嘉堂文庫為主，美國以國會圖書館、普林斯敦東方圖書館、哈佛大學等蒐藏為主，比較現存版本優劣與流布。

（一）《史記殘本》　九十九卷（見書影一）
　　（宋）淳熙耿秉刊　黃蕘圃舊藏
　　（漢）司馬遷撰　　（宋）裴駰集解　　（唐）司馬貞索隱

作者：司馬遷撰。

藏書來源：黃蕘圃舊藏。黃丕烈，字紹武，號蕘圃，蘇州人，乾隆戊申舉人，喜藏書，得宋刻百餘種，學士顧純，顏其室曰「百宋一廛」，曾得汲古毛氏所藏北宋本陶詩，又得南宋本湯註陶詩，因名其室曰「陶陶室」，嘗自號為「佞宋主人」。

冊數：二十四冊。

存卷：本紀存卷八至十二；表卷一至卷三、卷六至卷十；書卷一至卷四、卷六至卷八；世家卷八至三十；列傳卷一至五十六。

版本：《皕志》載宋淳熙耿秉刊本，本書刊於淳熙三年（1267），遞修於淳熙七年〔註8〕。此版本屬罕見：《皕志》另有明代王延哲刊本、明代柯維熊校刊本各一部。本書係宋耿秉刊本（耿秉，字直之，江陰人，仕至煥章閣侍制，律己清簡，兩為浙漕，所至以利民為事，著有《春秋傳》二十卷、《五代會史》二十卷。）〔註9〕陸心源云此版本，校以王延詰、柯維熊、毛子晉及官刊本，頗有勝焉，足以正今本之失〔註10〕。森立之《經籍訪古志》載米澤上杉家藏宋刊本：

> 史記集解序後有建安黃善夫刊於家塾之敬室木記，目錄末有元板補抄，史記正義論例謚法解，首有興學亭印朱文印記，又有水光卯青印記朱墨，每半版長六吋五分，幅四吋一分，十行十八字，注二十三字，四周左右雙邊，有烏絲外標題，求古樓藏亦與此本同，惜僅存七十一卷〔註11〕。

版式：每頁二十四行（陸心源於《儀顧堂題跋》卷二〈宋耿秉槧本史記跋〉中記每頁二十二行，與《皕志》有所不同。）〔註12〕，每行二十五字，版心有字數及刻工

〔註8〕靜嘉堂文庫編，《靜嘉堂文庫宋元版圖錄‧解題篇》（東京：汲古書院，平成四年四月第一刷），頁10。

〔註9〕陸心源著，《皕宋樓藏書志‧續志》第三輯（臺北：廣文書局，民國57年），頁780。

〔註10〕陸心源著，《儀顧堂題跋》上（臺北：廣文書局，民國57年），卷二，頁91。

〔註11〕（日）森立之，《經籍訪古志》（臺北：廣文書局，民國70年7月再版），頁124。

〔註12〕陸心源著，《儀顧堂題跋》上（臺北：廣文書局，民國57年），卷二，頁91。

姓名。

序目：卷首修跋，辛丑（1181年）仲秋望日畢工，澄江耿秉直之謹書。卷末跋，淳熙丙申（三年）立秋日廣漢張杅謹書。

刻者姓名：《皕志》缺。其刻工有：（宋刻）朱文貴、李師順、劉彥中、王中、王椿、丘臻、丘文、胡寔、吳仲、洪源、洪新、洪擔、高彥、高秀、高俊、施昌、施寔、施正、施政、施中、施珍、朱宥、周彥、徐榮、徐昌、徐忠、徐立、昌彥、章宇、章梓、章昇、章操、章中、章珍、張椿、章林、宋昌、宋端、張明、陳昌、陳說、董暉、董源、潘亨、包彥、余源、余吳、余政、余珍、李益、李憲、李元、李證、李珍、李祐、李良、陸椿、劉文、呂祐、郎松；（元補刻）丘大成、張友文、潘椿年、阮寅、高用、黃埜、蔡邁、朱信、徐林、徐鄰、章宥、沈元、張友、梅榮、梅斌、余良、劉孚〔註13〕。

宋諱字：《皕志》缺。查玄、弦、敬、警、驚、竟、弘、泓、殷、匡、筐、恒、貞、讓、桓、構、媾、購、慎等字皆宋諱〔註14〕。

藏書章：本書藏書章計有「天水郡圖書印」、「汪士鐘印」、「閬源眞賞」、「玄圃丹梯」、「徐氏季恒」、「忠字季恒」、「寶藏」、「子孫保之」、「趙氏子卯」、「飲中僊」、「歸安陸樹聲叔桐父印」、「歸安陸樹聲藏書之記」〔註15〕。

現存宋刊本：

1、中研院傅斯年圖書館存北宋景祐（1034～1038）監本補配南宋黃善夫本及元饒州路儒學本一百三十卷〔註16〕。

2、北京圖書館存宋乾道七年（1171）蔡夢弼東塾刻本一百三十卷（七至九卷、一百二十四至一百三十卷配宋淳熙三年張杅桐川郡齋刻八年耿直重修本，卷九十四配其他兩宋本，二十四冊）；同上刊本存九十二卷（存一至七卷、二十三至四十卷、五十五至六十八卷、七十四至一百一十卷、一百十八至一百三十卷，其中一百二十至一百二十三卷配宋淳熙三年張杅桐川郡齋刻八年耿直重修本，一百一十卷配清顧柔嘉抄本；二十六冊，十二行二十一至二十二字小字雙行二十八自白口左右雙邊）；同上刊本存六十三卷（存一至十八、四十四至八十八卷，三十冊，四十

〔註13〕靜嘉堂文庫編，《靜嘉堂文庫宋元版圖錄‧解題篇》（東京：汲古書院，平成四年四月第一刷），頁10。

〔註14〕同上。

〔註15〕同上。

〔註16〕http://nclcc.ncl.edu.tw/ttscgi/ttsweb?@@1320480442，民國89.4.12取自國家圖書館《臺灣地區善本古籍聯合目錄》。

三卷配清光緒元年楊保彝抄補，十二行二十一字小字雙行二十八自白口左右雙邊）；宋淳熙三年（1177）張杅桐川郡齋刻本（二十冊，十二行二十五字小字雙行同白口左右雙邊）；宋淳熙三年張杅桐川郡齋刻八年耿直重修本（二十四冊，十二行二十五字小字雙行同白口左右雙邊）〔註17〕。

3、北京圖書館、天一閣文物保管所存宋刻宋元明遞修本八十四卷（存四卷、七至十七卷、三十一至三十八卷、四十八至五十卷、五十二至六十卷、七十至七十一卷、七十三至一百零四卷、一百十二至一百十八卷、一百二十至一百三十卷）〔註18〕

4、北京大學圖書館存宋刻本一百三十卷〔註19〕。

5、上海圖書館存宋乾道七年蔡夢弼東塾刻本一百三十卷（其中五至六卷、十八至二十卷、四十七至四十八卷、五十四至五十五卷、七十六至八十六卷係配元中統二年段子成刻本）另存一百十三卷（存二至六卷、十五至四十三卷、四十七至四十八卷、五十四至一百三十卷）〔註20〕。

案：陸心源所藏雖非最早的版本，但已屬罕見。

（二）《漢書》一百二十卷 　（見書影二）
　　　　宋刊元修本　張月霄舊藏
　　　　（漢）班固撰　　（唐）顏師古注

作者：（漢）班固撰

藏書來源：張月霄舊藏。張月霄名金吾，少孤，性穎敏，喜博覽群集，嘗從其季父海鵬校刊《太平御覽》諸書，年二十二補博士弟子員，所藏宋元槧本暨新舊鈔之，為世所罕見者，撰《愛日精廬藏書志》四十卷，為廣其例，詳載鏤版時代、校藏姓氏、備錄、序跋，以著一書原委，俾覽者得失瞭如乃書〔註21〕。

卷數：一百二十卷

冊數：五十冊

版本：為南宋監版而元修者，有元大德、至大、延祐、元統、明初遞修（有補配）。根據《靜錄》記載，本書〈五行志〉卷七中下的最後一頁（元修）二行校語後放在

〔註17〕北京圖書館編，《北京圖書館古籍善本書目》史部（北京：書目文獻），頁209。

〔註18〕中國古籍善本書目編輯委員會編，《中國古籍善本書目》史部（上）（上海：上海古籍出版社，1993年4月第一版），頁9。

〔註19〕同上。

〔註20〕同上，頁12。

〔註21〕黃廷鑑撰，〈張月霄傳〉，《愛日精廬藏書志》（臺北：文史哲出版社，民國71年），頁1。亦載於《碑傳補》卷四十八。

第一行的「對勘官左通直郎知福州長樂縣主管勸農公事劉希亮」的一行銜名。然後在最後一卷（漢書列傳卷七十下）的最後一頁（元統二年刊）的尾題的下一行第十三字下方有「日雕修」三個字。元修的版心刻有大德八、九年（仲春、季春、三月）到大元年、延祐二年、元統二年的補刊年。半八七上至九三是元大德九年太平路儒學刊本（四周雙邊、每半頁十行，每行二十二個字）。刻者姓名推定大約是宋寧宗、理宗時期人，原刻紙頁所賸不多，有補抄頁〔註22〕。

版式：《儀顧堂集》稱本書每頁二十行，每行十九字，注二十五字至二十八字不等，版心有字數、刊匠姓名〔註23〕。靜嘉堂文庫在本書版式左右雙邊（21.4×14.8 米厘），有界，每半葉 10 行，每行 18 字內外，注文雙行，25 字以內外，版心白口，雙黑魚尾（單黑魚尾）〔註24〕。

宋諱字：玄、弦、絃、縣、敬、警、驚、鏡、竟、弘、殷、匡、筐、恒、貞、徵、讓、桓、完、構、溝、講、遘、穀等〔註25〕。

刻者姓名：王光、王佑、阮忠、胡恩、江華、黃琮、周正、周禮、薛林、張榮、張得、陳杞、陳采、鄭信、鄭全、鄭統、鄭埜、鄭立、潘亮、楊慶、李發、林景、林仁（大德八〔1304〕、九年補刻）江士堅（士堅）、江世亨、黃仁父（仁父）、生士堅（士堅）、劉震卿（震卿）、呂文震（文震）、益山、王文、禾甫、玉全、君玉、君祥、君甫、君輔、公直、公迪、江亨、洪信、士安、士高、士興、子華、子高、子青、子清、子通、子敏、子龍、信甫、仁甫、正父、政卿、仲和、陳惠、天祐、傳甫、德潤、德中、德仲、巴山、伯玉、范禾、文振、文正、文足、文仲、余仁、劉通、和甫、（至大元年〔1308〕補刻）丘卿（延祐二年〔1315〕補刻）、志、辰、宸、木、埜、林（元統二年〔1334〕補刻）余安卿（安卿）、君祐、壽甫、秀甫、鄒定、東山、德右、梁德（元補刻）、王介、勝之（刻年不詳）、仲昶〔註26〕。

藏書印：「歸安陸樹聲叔桐父印」。

現存宋刊本：

1、國家圖書館存宋紹興至乾道間刊宋元遞修本十七卷（共八冊，存本紀一下至二、

〔註22〕靜嘉堂文庫編，《靜嘉堂文庫宋元版圖錄・解題篇》（東京：汲古書院，平成四年四月第一刷），頁 11。

〔註23〕陸心源著，《儀顧堂集》（臺北：臺聯國風出版社，民國 59 年），頁 740。

〔註24〕靜嘉堂文庫編，《靜嘉堂文庫宋元版圖錄・解題篇》（東京：汲古書院，平成四年四月第一刷），頁 10。

〔註25〕同上。

〔註26〕靜嘉堂文庫編，《靜嘉堂文庫宋元版圖錄・解題篇》（東京：汲古書院，平成四年四月第一刷），頁 10～11。

六至十二、志第一、第四、第七中、第八上、列傳第十八、第十九）；同刊本存九卷（共四冊，存表四至八，志四上至五下、列傳六十四至六十五）〔註27〕。

2、國立故宮博物院圖書館存宋紹興間國子監刊本九卷（共四冊，存表四上至五下、志四上至五下、列傳六十四上至六十五）；同刊本存十四卷（共八冊，存本紀一下至二、六至十二，志第一、第四、第七中、第八上，列傳第十八、第十九）〔註28〕。

3、中研院傅斯年圖書館存宋刊元修本一百二十卷（二十冊，首有鄧邦述「題正闇學人」手題記，卷內有朱筆校及舊鈔補缺頁，卷末一頁鄧氏鈔配，蘇齋、覃谿、紫珊，紫珊所得善本，吉壽堂藏書、正闇學人、群碧樓、宋刻本諸印記。十行十九字）〔註29〕。

4、北京圖書館存北宋刻遞修本一百卷（卷三十配宋慶元元年建安劉之問刻本，卷三十九配嘉定蔡琪刻本，倪瓚、黃丕烈、顧廣圻跋，四十冊，十行十九字小字雙行二十六至二十七字白口左右雙邊）；北宋刻本宋元遼遞修本一百卷（目錄、卷一配清初抄本，卷十九、六十二、六十四上配清抄本，卷五十四、八十七至八十八、九十七至九十八配明正統八年刻本，黃丕烈補目，李兆洛、錢天樹跋，程恩澤、莫友芝題款，六十冊，十行十八至二十字小字雙行二十六至二十八自白口左右雙邊）；宋嘉定十七年白鷺洞書院刻本一百卷（七十八至八十一卷配明影宋刻本，八十冊、八行十六字小字雙行二十一字細黑口四周雙邊有耳）；宋蔡琪家塾刻本一百卷（卷二十九、四十五至四十七、五十六至五十七上、八十六、八十八、九十九配另一宋刻本，六十冊，八行十六字小字雙行二十一字細黑口四周雙邊）；宋刻宋元遞修本二十二卷（存二十一至二十七卷、四十三至五十卷、八十八至九十四卷，九冊，十行十九字小字雙行二十七字白口左右雙邊）；宋刻宋元遞修本三卷（存一下至三卷，一冊，九行十六字白口左右雙邊）；宋刻宋元遞修本二卷（存二十一及六十三卷，一冊，九行十六字白口左右雙邊）；宋修元刻本三十八卷（存二十七至三十卷、六十一至九十卷、九十七下至一百卷，十行十九字小字二十八字白口左右雙邊）；宋刻元明遞修本一百卷（六十冊，楊紹和跋，十行十九字小字二十一至二十八字黑口左右雙邊）；同刻本三十四卷（存二十四至二十六卷、三十一至四十八卷、六十四至六十八卷、八十二至八十七卷上、舊十九至

〔註27〕http://nclcc.ncl.edu.tw/ttscgi/ttsweb? @@2226493337@，民國90.5.23取自國家圖書館《臺灣地區善本古籍聯合目錄》。

〔註28〕同上。

〔註29〕http://nclcc.ncl.edu.tw/ttscgi/ttsweb？@854353220，民國89.4.12取自國家圖書館《臺灣地區善本古籍聯合目錄》。

一百卷，七冊，十行十九字小字雙行二十九字白口左右雙邊）；宋刻元明遞修本
十九卷（存一至五卷、二十五至二十七卷、八十七至九十二卷、九十五至九十七
卷、九十九至一百卷，十冊，十行十九字小字雙行二十七字白口左右雙邊）〔註
30〕。

5、重慶市圖書館存六十四卷（存一至三十卷、六十一至九十卷、九十七下至一百卷）
〔註 31〕。

6、中國歷史博物館、上海圖書館、華東師範大學圖書館、杭州大學圖書館存宋刻元
明遞修本一百卷（存目錄、卷一至五配抄本）〔註 32〕。

7、南京圖書館存宋刻元明遞修本一百卷（清丁丙跋）〔註 33〕。

8、天津圖書館存宋刻元明遞修本一百卷（清楊守敬跋）〔註 34〕。

9、北京大學圖書館、中國人民大學圖書館存宋刻元明遞修本二十七卷（存一下至三
卷、二十一至二十七卷上、四十三至五十卷、六十三卷、六十九卷中、八十八至
九十四卷）〔註 35〕。

10、北京大學圖書館存宋慶元元年（1038）劉元起刻本一百卷〔註 36〕。

11、南京圖書館存宋蔡琪家刻本十四卷（存四十七卷、六十四至六十五卷、六十七
至七十卷、八十三至八十六卷、八十九卷、九十二卷、九十七卷；清盧文弨、
朱文藻、黃丕烈、錢泰吉、胥繩武、丁丙跋；清鮑廷博、周廣業、陳焯、錢馥、
邵志純、張燕昌題款）〔註 37〕。

12、森立之《經籍訪古志》在求古樓藏南宋槧本五十九冊（每半葉長六吋六分，幅
四吋一分，十行十八字，注二十四字，四周雙邊，有烏絲外標題）〔註 38〕。

（三）《漢書殘本》八卷
宋蜀大字本　　（明）袁忠徹舊藏

〔註 30〕北京圖書館編，《北京圖書館古籍善本書目》（北京：書目文獻）史部，頁 219〜220。
〔註 31〕中國古籍善本書目編輯委員會編，《中國古籍善本書目》史部（上）（上海：上海古籍
　　　　出版社，1993 年 4 月第一版），頁 34。
〔註 32〕同上。
〔註 33〕同上，頁 35。
〔註 34〕同上。
〔註 35〕同上。
〔註 36〕同上。
〔註 37〕中國古籍善本書目編輯委員會編，《中國古籍善本書目》史部（上）（上海：上海古籍
　　　　出版社，1993 年 4 月第一版），頁 34。
〔註 38〕（日）森立之，《經籍訪古志》（臺北：廣文書局，民國 70 年 7 月再版），頁 132。

（漢）班固撰　（唐）顏師古注

作者：（漢）班固撰

藏書來源：

　　明袁忠徹藏書。袁忠徹，字公達，一字靜忠，鄞縣人，父琪精於風鑑，忠徹得其傳。永樂即位，授鴻臚寺序班，累官至尚寶司少卿，天順二年卒，年八十三。性好學，博涉多聞，詩有奇氣，不僅以藝名見《明史》本傳及李賢〈袁公墓表〉、黃潤玉〈袁公行狀〉、胡儼〈袁尚寶傳〉，陳敬宗〈符臺外集序〉稱忠徹退朝之暇日，與縉紳文士磨霄諷詠，故其收藏亦富。袁忠徹著有《鳳池吟篙》、《符臺外集》、《相書機要》〔註39〕。

卷數：存八卷（存卷六十四上下、六十五上、六十六上下、六十七、六十九上中。）

冊數：四冊

版本：南宋前期刊（兩淮江東轉運司）宋、元遞修本。本書紙張材料是元代公文書紙（明代洪武年間戶籍登錄用紙，每一張都蓋有官印）的紙背。判斷是南宋前期兩淮江東轉運司刊三史本的系統，認定是從紹興末年開始著手進行直到孝宗期間完成〔註40〕。

版式：左右雙邊（22.9×17.4 米厘），有界，每半葉九行，每行十六字，注文雙行二十字，版心線黑口，刻者姓名，大小字數。

宋諱字：玄、弦、眩、縣、懸、敬、警、驚、竟、境、弘、殷、匡、恒、徵、懲、貞、樹、讓、勖、桓、完、源、獧、搆、購、殼、慎等〔註41〕。

刻者姓名：王舉、孫昇、卓有、陳詢、余坦、李景、李憲、李俊、李詢（原刻又宋補刻）、周元輔、葉克己、王永、王榮、王恩、王渙、王徽、王成、王全、王珍、許源、金華、金茂、惠道、洪新、洪先、洪茂、崔彥、蔡通、施澤、朱靜、壽之、周常、周用、徐侃、徐顏、徐逵、徐仁、徐定、章宇、蔣就、沈恭、沈亨、沈昇、任韋、孫楹、孫格、卓受、張圭、陳從、陳庠、陳伸、陳眞、陳仁、陳說、董暉、董昕、董明、包政、毛彥、毛諒、余竑、李、李昇、李仲、李度、李文、李懋、陸永、劉源、劉仲、林俊、婁謹（元補刻）胡慶十四、王細孫、朱曾九、章文郁、蔣佛老、張阿狗、陳允升、陳明二、茅化龍、茅文龍、王中、何通、士中、朱六、徐永、徐

〔註39〕陸心源著，《儀顧堂續跋》（臺北：廣文書局，民國 57 年 3 月初版），卷五，頁 211～2。

〔註40〕靜嘉堂文庫編，《靜嘉堂文庫宋元版圖錄・解題篇》（東京：汲古書院，平成四年四月第一刷），頁 11。

〔註41〕同上。

文、章文、蔣鼉、蔣七、張三、張珍、滕慶、文玉、俞榮、李庚〔註42〕。

藏書印：「尙寶少卿袁氏忠徹印」（朱文方印）、「尙寶少卿袁記」（朱文長印）、「歸安陸樹聲叔桐父印」〔註43〕。

現存宋刊本：略

（四）《湖北提舉茶鹽司新刊前漢書》一百二十卷　（見書影三、四）

　　宋紹興刊（湖北提舉茶鹽司）四十冊　淳熙二年、紹熙四年、慶元四年遞修　陳白陽舊藏

　　（漢）班固撰　　（唐）顏師古注

作者：（漢）班固撰。

藏書來源：本書於明代曾為孫景瞻及陳白陽兩家所收藏，清嘉慶中歸於汪閬源，陸心源又於常熟故家得之。〔註44〕陳白陽即為陳道復，字復甫，明代人，少從文徵明遊，所樓曰五湖出舍，士禮居著錄《中吳紀聞》六卷標陳白陽手校。《皕志》載本書亦有「陳道復印」「陳淳私印」（陳淳即陳道復初名，白陽山人是其別號）。

卷數：一百二十卷。

冊數：四十冊。

版本：本書於紹興初刊於湖北提舉茶鹽司，淳熙二年（1175）梅世昌為提舉，版已漫漶，命三山黃杲升、宜興沈綸言重校刊二百二十七版，慶元二年（1196），梁季秘為守，又命郭洵直重刊一百七十版，此書則慶元間初印本也〔註45〕。版本絕佳，誠如孫景瞻手跋云「余見宋版漢史不下五六部，未有若此之全妙者。」陸心源謂：「全書完善無缺，紙色如玉，墨色如新，史部第一精品。」〔註46〕，陸心源視此部書為史部第一等秘笈，歸屬日本靜嘉堂文庫後被日本列為「重要文化財」〔註47〕。

版式：左右雙邊（22.1×13.7米厘），有界，每半葉十四行，每行二十六乃至二十九字，注文雙行三十一乃至四十字，版心白口，魚尾，單黑魚尾、雙黑魚尾等一定，

〔註42〕靜嘉堂文庫編，《靜嘉堂文庫宋元版圖錄・解題篇》（東京：汲古書院，平成四年四月第一刷），頁11。

〔註43〕同上。

〔註44〕陸心源著，《儀顧堂題跋》上（臺北：廣文書局，民國57年），卷二，頁98。

〔註45〕陸心源著，《儀顧堂題跋》上（臺北：廣文書局，民國57年），卷二，頁96。

〔註46〕陸心源著，《皕宋樓藏書志・續志》第三輯（臺北：廣文書局，民國57年），卷十八，頁790。

〔註47〕靜嘉堂文庫編，《靜嘉堂文庫宋元版圖錄・解題篇》（東京：汲古書院，平成四年四月第一刷），頁12。

刻者姓名，大小字數〔註48〕。

序目：漢書敍例、正義大夫行秘書少監琅邪縣開國子顏師古。湖北提舉茶鹽司新刊前漢書目錄。

1、湖北庾司舊所刊西漢史今五六十年壬辰歲前提舉官梅公嘗修治，今又二十餘年矣，鋟木既久，板缺字脫，觀者病之，余將命于茲，職事暇日，因取其朽腐漫漶者，凡百二十有七板，命工重刊，或加修剔，俾稍如舊以便覽閱，然板刻歲深勞於□墨，則損壞日增此理必然，隨時繕治，誠有待於來者，因誌其後以告，紹熙癸丑（紹熙四年，西元 1193 年）二月望日歷陽 張孝曾題。

2、右孟堅所書，二百二十年間，列辟之達道，名臣之大範，賢能之志業，黔黎之風美具焉，柳柳州嘗評其文云，商周之前其文簡而埜，魏晉已降，則當而靡，得其中者，漢氏抑至言虖湖北外台，嘗鏤諸版，歲月窮深，字畫漫漶，且註誤脫落，背理害文，學者病焉，外府丞姑蘇梅公為部刺史，自公之暇顧，謂杲輩讎而正之，於是集諸校本參訂非是，凡改竄者數百字，泯滅則復書，郡太守番易張公□治辨稱，寔尸厥事迺□工修鋟為成書，時淳熙之二（1175）載季夏，十日憲□三山黃杲升卿，宜興沈綸季言敘迪功郎，荊湖北路提點刑獄司幹辦公事沈綸校正，從事郎荊湖北路提點刑獄司檢法官黃杲校正，朝請大夫知常德軍府事提舉常德府澧辰沅靖州兵馬盜賊公事張□，朝奉大夫提舉荊湖北路常平茶鹽公事梅世昌。

3、本司舊有西漢史，歲久益漫，因命工刊整，計一百七十版，仍委常德法會曹盧陵郭洵直是正訛舛二千五百五十八字，庶幾復為全書云，慶元戊午（四年〔1198〕）中元括蒼梁季祕題。

4、證德二年三月吉旦裝景瞻」

宋諱字：玄、弦、眩、敬、警、驚、竟、境、弘、殷、匡、恒、禎、貞、徵、懲、署、樹、讓、勗、桓、完、構、搆、溝、購、慎。

刻者姓名：龔行成、蔡伯道、鄒禹臣、張彥振、陳景通、王元、王亢、王厚、魏眞、龔成、阮明、胡遵、胡尊、吳詡、吳軫、黃執、黃善、黃宥、謝德、周貴、周震、周禮、蕭寧、沈明、宋超、譚柄、張振、張善、陳僅、陳慶、陳彥、陳昇、陳肇、陳通、陳德、陳伴、杜明、楊憲、李格、李建、劉眞、劉定、劉陳淳式陳道復的丙、廖安、（補刻）汪世安、蔡伯達、謝汝楫、周士貴、張愼行、杜良賢、余光祖（余光）、李祖訓、吳成、向敘、蔡中、謝海、周逢、秦逸、宋宏、張貴、張行、張政、陳瑾、

〔註48〕同註 47。

杜彥、杜琳、余舜、余中、劉鈞、呂榮〔註49〕。

藏書印：「文徵明印」、「衡山」、「臣恩海」、「鶴峰」（兩種）、「恩海私印」、「汪士鐘印」（白文方印）、「藝芸主人」（朱文方印）、「趙宋本」（朱文圓印）、「陳淳私印」（白文方印）、「陳道復印」、「翠雨堂圖書印」（白文方印）、「山陰謝執黃季用甫觀」、「飛雲閣」、「鵬陽」、「陳氏宗穆」、「曹昭般氏」、「歸安陸樹聲叔桐父印」〔註50〕。

現存宋刊本：略

案：陸心源藏書係罕見本。

（五）《後漢書殘本》六十卷
　　　宋刊蜀大字本　　（明）袁忠徹舊藏
　　　（南朝宋）范曄撰　　（唐）章懷太子注

作者：（南朝宋）范曄撰。《皕志》中著錄作者所屬朝代前後不一，本書載「（晉）范曄撰」，另一《後漢書》載「（宋）范曄撰」，《皕志》續志之《後漢書》又載「宋萱誠太守范曄撰」。

藏書來源：（明）袁忠徹藏書。陸氏根據本書存卷中之藏書章有「尚寶少卿」朱文長印，而審定本書係袁忠徹舊藏，並考袁忠徹其人，字公達，一字靜忠，鄞縣人，父琪，精於風鑑，忠徹得其傳，永樂即位，授鴻臚寺序班，累官尚寶司丞中書舍人，終於尚寶少卿，天順二年卒，年八十三。性好學，博涉多聞，詩有奇氣……故其收藏亦富，余所收東坡書〈昆陽城賦〉，亦忠徹舊藏也〔註51〕。

冊數：十七冊

卷數：《皕志》載本書存卷爲卷六至十、卷十六至十八、卷二十一至二十九、卷三十三至三十六、卷三十八至五十九、卷六十一至六十四、卷六十八至七十八、卷八十二至八十五、卷八十八。《靜錄》載其卷數尚缺卷八、卷七十一及七十二〔註52〕。

版本：宋刊蜀大字本。森立之《經籍訪古志》在求古樓藏南宋槧本，僅存二十五冊，並云此本與史記宋版同種，另米澤上杉家藏南宋槧本一百二十卷，與宋槧本史記爲雙璧，不可不貴也〔註53〕。

〔註49〕靜嘉堂文庫編，《靜嘉堂文庫宋元版圖錄‧解題篇》（東京：汲古書院，平成四年四月第一刷），頁12。

〔註50〕同上。

〔註51〕陸心源著，《儀顧堂續跋》（臺北：廣文書局，民國57年3月初版），卷五，頁211。

〔註52〕靜嘉堂文庫編，《靜嘉堂文庫宋元版圖錄‧解題篇》（東京：汲古書院，平成四年四月第一刷），頁14。

〔註53〕（日）森立之，《經籍訪古志》（臺北：廣文書局，民國70年7月再版），頁132。

版式：左右雙邊（23.0×17.4 米厘），有界、每半葉九行，每行十六字，注文雙行十七字，版心線黑口，單黑魚尾，刻者姓名，大小字數（不定）〔註54〕。

宋諱字：玄、弦、泫、眩、縣、懸、朗、軒、敬、儆、警、驚、竟、鏡、弘、殷、匡、恇、胤、恒、禎、貞、徵、懲、曙、署、樹、澍、豎、讓、勖、桓、完、瑗、搆、溝、講、購、遘、慎等，係避欽宗、高宗之名，行款避諱與《前漢書》同〔註55〕。

刻者姓名：（宋刻）王允成（允成）、王永從、朱安明、龐汝升、林志遠、袁佾、王永、王榮、王渙、王石、王全、王中、王仲、華定、郭惇、丘旬、古玄、吳佐、吳仕、蔡仁、朱明、周清、周茂、章英、章駒、章旼、全山、孫彥、卓受、張宗、陳彥、陳興、陳至、陳從、陳伸、陳振、陳震、陳仲、陳敏、程用、童遇、毛仙、余中、楊垓、楊昌、李硯、李彥、李秀、李恂、李昇、李璋、李椿、李棠、李芳、劉仲、凌宗、林庚、林俊、林仁、林芳、（元補刻）何宗十七、胡慶十四、王德明、汪惠老、葛佛一、魏伯夫（伯夫）、丘舉之、阮明五、顧中信、吳仲明、杭宗文、施澤之（澤之）、朱子成（子成）、朱大存、徐榮祖、徐艾山、蔣佛老、任阿伴、任子敬、詹德潤、張伯口、張福一、陳邦卿、陳明二、方明四、林茂實、林茂叔、盧開三、王興、王正、王得、王明、何益、何通、葛辛、煥之、弓華、許成、景先、元亨、古賢、胡昶、吳仲、谷仲、蔡秀、士中、朱元、朱珍、壽之、周鼎、徐泳、徐宗、徐明、徐良、蔣䴥、蔣七、沈一、沈壽、辛文、任韋、任昌、青之、盛允、齊明、石寶、曹榮、曹興、曹新、曹中、孫開、孫誠、孫斌、太亨、仲召、張益、張三、張珍、張明、趙秀、趙明、陳琇、鄭埜、陶中、德裕、文昌、平山、俞榮、俞吉、李庚、李章、李岢、林茂、婁正（刻年不詳）、孫宗、陳睡、李富〔註56〕。

藏書印：「尚寶少卿袁氏忠徹印」（朱文方印）、「尚寶少卿袁記」（朱文長印）、「歸安陸樹聲所見金石書畫記」〔註57〕。

現存宋刊本：略。

（六）《後漢書》一百二十卷 　　（見書影五）
　　宋刊元修本　張月霄舊藏

〔註54〕靜嘉堂文庫編，《靜嘉堂文庫宋元版圖錄・解題篇》（東京：汲古書院，平成四年四月第一刷），頁14。

〔註55〕陸心源著，《皕宋樓藏書志・續志》第三輯（臺北：廣文書局，民國57年），頁792。

〔註56〕靜嘉堂文庫編，《靜嘉堂文庫宋元版圖錄・解題篇》（東京：汲古書院，平成四年四月第一刷），頁11。

〔註57〕同上。

（南朝宋）范曄撰　　（唐）章懷太子注

《志》三十卷　　（晉）司馬彪撰　　（梁）劉昭注補

作者：（南朝宋）范曄撰，（唐）李賢注　志三十卷（晉）司馬彪撰（梁）劉昭注補

藏書來源：張月霄舊藏

卷數：一百二十卷。陸心源認爲張月霄的《愛日精廬藏書志》所載缺五卷（缺紀一、二，志一、二、二十二，共五卷）〔註58〕應是後來補上的。

冊數：五十冊。

版式：《皕志》載每葉二十行，每行十九字，注二十五字，版心有字數及刻工姓名，大題在下，小題在上。《靜錄》亦載左右雙邊（20.5×14.5 米厘），有界，每半葉十行，每行十九字內外，注文雙行二十五字內外，版心白口，雙黑魚尾，刻者姓名，大小字數〔註59〕。

版本：張月霄《愛日精廬藏書志》載本書爲北宋刊本，版心有注大德九年、元統二年補刊，是宋刊元修之本〔註60〕。《靜錄》載本書爲南宋後期刊本（福清縣學），有元大德、至大、延祐、元統遞修（有補配）。元修版本是刻大德九年（1304）、十年、至大元年（1309）、延祐二年（1315）、元統二年（1334）的補刊年。特別是大德九年的補刊最多。卷七十的卷末裡，尾題前行處陰刻著「大德九年補刊」六個字。本版是將前後漢書合刻到宋福唐郡庠的刊本內，被認爲是北宋時刊南宋時初修的景祐本的重刻。志是《後漢書》中的第幾卷大題中並沒有列出卷數，不把志放在紀與傳之間而以舊形保留下來。原刻的紙頁所存不多，幾乎都是在元朝時補修的版本。卷五十五到五十八這四卷用的是元代大德九年的寧國路儒學刊本（四週無邊，每半頁十行，每行二十二個字）。補配的寧國路學儒在卷五十五的卷末尾題的地方有一行「寧國路學正王師道校正」的字樣，卷五七及五八的尾題後有「王師道校正」五個字。缺頁有補抄頁〔註61〕。

序目：後漢書目錄（第三頁抄補、第十五頁缺葉）。（卷九十卷末次葉）景祐元年

〔註58〕張金吾著，《愛日精廬藏書志》（臺北：文史哲出版社，民國71年），頁261。

〔註59〕靜嘉堂文庫編，《靜嘉堂文庫宋元版圖錄·解題篇》（東京：汲古書院，平成四年四月第一刷），頁12。

〔註60〕張金吾，《愛日精廬藏書志》（臺北市：文史哲出版社，民國71年3月景印初版），頁261。

〔註61〕靜嘉堂文庫編，《靜嘉堂文庫宋元版圖錄·解題篇》（東京：汲古書院，平成四年四月第一刷），頁12。

（1034）九月秘書丞余靖上言（第二頁缺葉）〔註62〕。

宋諱字：（含元修）玄、弦、泫、眩、玹、縣、朗、敬、儆、警、驚、鏡、境、竟、弘、殷、匡、恇、筐、胤、恒、貞、楨、徵、樹、桓、構、講、購等，元統二年修「敦」字缺〔註63〕。

刻者姓名：葛文、鄭埜、鄭立、鄧堅、（大德九〔1305〕、十年補刻）江世亨（世亨）、劉震卿（震卿）、連子美（子美）、禾甫、魏埜、玉泉、君玉、君祥、君甫、公直、公迪、江亨、庚平、洪信、士堅、子華、子月、子高、子青、子通、子敏、子龍、眞心、仁父、正父、生禾、宗正、仲和、陳惠、傳甫、東蒙、得中、德中、德忠、巴山、伯玉、文震、文足、文仲、余仁、劉通、龍禾、呂才、（至大元年〔1308〕補刻）志、辰、宸、林、（延祐二年〔1315〕補刻）宸、埜、（元統二年〔1334〕補刻）梁德右、安卿、君祐、秀甫、仲明、丁宥、文仲〔註64〕。

藏書章：「歸安陸樹聲叔桐父印」〔註65〕。

現存宋刊本：

1、國家圖書館存宋紹興至乾道監刊宋元明遞修本六十二卷（二十三冊，存列傳一至十一卷、十四至二十七卷、三十至三十八卷、四十八至四十九卷、五十五至八十卷）；同刊本二十三卷（九冊，存紀四至八卷、傳四十八至四十九卷、六十四下至六十六卷、七十一至七十二下卷、七十六至七十七卷、志一至二卷、六至九卷、十三至十五卷）；南宋福唐郡庠刊元大德至大延祐元統及明初遞修本五十五卷（十二冊，存志一至七卷、十七至二十三卷、列傳一至六卷、七至二十卷、三十至四十二卷、四十五至五十二卷）；宋慶元間建安劉元起刊本一卷（一冊，存〈方術傳〉卷上）〔註66〕。

2、國立故宮博物院圖書館存宋刊元大德元統及明初遞修補十行本（十二冊，存志一至七上、十七至二十三卷，列傳一至六卷、七至二十卷、三十至四十二卷、四十五至五十二卷）；宋紹興間國子監刊元明補修本（九冊，存四至八卷、傳四十八至四十九卷、六十四至六十六卷、七十一卷、七十二卷下、七十六至七十七卷、志一至二、六至九、十三至十五卷）；另存同刊本（二十三冊，存列傳一至十一

〔註62〕同上。

〔註63〕同上，頁13。

〔註64〕同上。

〔註65〕同上。

〔註66〕http://nclcc.ncl.edu.tw/ttscgi/ttsweb?@@3293951848，民國89年4月10日取自國家圖書館《臺灣地區善本古籍聯合目錄》。

卷、十四至二十七卷、三十下至三十八卷、四十八至四十九卷、五十五至八十卷）
〔註67〕。

3、中研院傅斯年圖書館存一百三十卷（二十冊，首有鄧邦述「題正闇學人」手題記，卷內有配鈔及朱筆校，卷末有蘇齋、覃谿、紫珊所得善本，紫珊，吉壽堂圖書、群碧校讀、群碧樓諸印記。）〔註68〕

4、北京圖書館存北宋刻遞修本一百零六卷（存一至十卷、十二至四十八卷、五十至五十七卷、六十至六十三卷、六十六至八十四卷、八十六卷、八十九至九十卷、志一至三、九至三十。其中十六卷、十八至十九卷、二十五至二十六卷、三十二卷、三十五至三十九卷、六十一至六十三卷、六十六至六十九卷、七十三卷、七十九卷、志二十二卷、二十四至三十卷配宋黃善夫刻本；目錄、一至二卷、十卷下、十七卷、二十至二十四卷、二十七至三十卷、三十三至三十四卷、四十至四十八卷、五十至五十七卷、六十卷、七十四下至七十八卷、八十一至八十四卷、八十九至九十卷、志一至二卷、十至二十卷、二十三卷配宋嘉定元年蔡琪一精堂刻本。四十冊，十行十九字小字雙行二十五字白口左右雙邊）；宋刻遞修本一百十五卷（存一至二卷、六至十卷、十一至九十卷、志三至三十卷。其中目錄、一卷、七十至七十二卷、志二十一至二十二配清初抄本；四十五至四十七卷、六十四至六十六卷、六十八至六十九卷、七十八至八十三卷、志三十卷配宋刻元修本。三十八冊，十行十九字小字雙行二十三字白口左右雙邊）；北宋刻遞修本三卷（存五十九卷、六十四至六十五卷，二冊，十行十九字小字雙行二十六字白口左右雙邊）；宋紹興江南東路轉運司刻宋元遞修本一百三十卷（十二至十六卷配抄本，四十冊，九行十六字小字雙行二十字白口左右雙邊）；宋紹興江南東路轉運司刻宋元遞修本六十三卷（存一至三卷、十七至十八卷、二十六至二十九卷、三十五至四十卷上、四十九至五十一卷、五十五至六十一卷、六十八至七十四卷上、七十七至八十五卷、八十八至九十卷、志六至九卷、十三至十五卷、十九至三十卷，二十三冊，九行十六字小字雙行二十字白口左右雙邊）；宋紹興江南東路轉運司刻宋元遞修本二卷（存二十二卷、二十四卷，一冊，九行十六字小字雙行十七至十九字白口左右雙邊）；宋紹興江南東路轉運司刻宋元遞修本四十四卷（存十四至十六卷、二十五至二十九卷、三十二至三十四卷、四十三至五十四卷、六十三至六十五卷、七十四至七十九卷、志十一至二十二卷，十四冊，九行十六字

〔註67〕同註66。
〔註68〕同上。

小字雙行二十字白口左右雙邊）；宋白鷺洲書院刻本一百三十卷（八十冊，八行十六字小字雙行細黑口四周雙邊有耳）；宋王叔邊刻本一百三十卷（四十卷下配另一宋刻本，四十冊，十三行二十一至二十三字小字雙行二十八字白口左右雙邊）；宋刻元修公文紙印本一百三十卷（四十冊，九行十九字小字雙行二十五字白口左右雙邊）；宋刻元明遞修本十七卷（存三十志三十四卷、四十二志四十五卷、志一至八卷，三冊，九行十九字小字雙行二十五字至二十六字白口左右雙邊）；宋刻元明遞修本一百三十卷（志十至十九配清抄本，六十冊，九行十九字小字雙行二十五字黑口左右雙邊）；宋黃善夫刻本二卷（存五十六卷、八十二卷下，二冊，十行十八至十九字小字雙行二十四字四周雙邊有耳）〔註69〕。

5、北京大學圖書館存宋黃善夫刻本一百二十卷（（清）潘祖蔭跋）〔註70〕

6、上海圖書館、天津圖書館存四十九卷（存三至三十五卷、五十卷、五十七至七十卷、八十一卷）〔註71〕

（七）《三國志》六十五卷　　（見書影六）

　　宋衢州刊本

　　（晉）平陽侯相陳壽撰　　（宋）裴松之注　中書侍郎西鄉侯裴松之進表（元嘉六年）

作者：（晉）陳壽撰。

卷數：六十五卷。

冊數：二十五冊。

版本：南宋前期刊（衢州州學）元、明嘉靖八至十年遞修。

版式：左右雙邊（20.7×14.4 米厘）有界，每半葉十行，每行十九字，版心白口，單黑魚尾（嘉靖十年，西元1352年，補刻線黑口），刻者姓名。森立之《經籍訪古志》載青歸書屋藏南宋槧本，其版式為十行十八字，長六吋六分，幅四吋一分，四周雙邊，有烏絲外標題，每冊首有真淨院朱印，惜陰墨印相重之捺之，永野光彥跋該書出自足利學舊藏〔註72〕。

序目：三國志注表 元嘉六年（429）七月二十四日中書侍郎西鄉侯臣裴松之上。三

〔註69〕北京圖書館編，《北京圖書館古籍善本書目》史部（北京：書目文獻），頁227～228。

〔註70〕中國古籍善本書目編輯委員會編，《中國古籍善本書目》史部（上）（上海：上海古籍出版社，1993年4月第一版），頁47。

〔註71〕同上。

〔註72〕（日）森立之，《經籍訪古志》（臺北：廣文書局，民國70年7月再版），頁136。

國志目錄上（第一冊）、中（第十五冊）、下（第十九冊）晉平陽侯相陳壽撰，宋邵松之注。

宋諱字：玄、警、匡、徵、桓等。

刻者姓名：（宋元補刻）王壽、王智、虎壽、邵賢、孫牧、張補、步遷（嘉靖九年補刻）、黃琢、陸奎。

校正者姓名：右修職郎衢州錄事參軍蔡宙校正兼監呂版、左迪功郎衢州州學教授陸俊民校正。

藏書印：「歸安陸樹聲叔桐父印」

現存宋刊本：

1、國家圖書館存宋紹興間（1131～）衢州州學刊元明修補本六十五卷（二十冊，十四卷末有□右修職郎衢州錄事參軍蔡宙校正兼監鏤版及□右迪功郎衢州州學教授陸俊民校正二行，此帙大部分為明代修補頁，遞經修補迄明嘉靖己未年有「監生李之芳刊」。）；宋紹興間衢州州學刊明嘉靖萬曆間南監修補本二十卷（共三冊，存吳志，有清何焯校語並手書題記。）〔註73〕

2、北京圖書館存宋刻本六十五卷（二卷、四十至四十一卷配清影宋抄本，三十二冊，十行十八至十九字小字雙行二十三至二十四自白口四周雙邊）；宋刻本九卷（存七至九卷、二十五至三十卷，韓應陛跋，七冊，十三行二十五字小字雙形同白口左右雙邊）；宋刻本三卷（存十六至十八卷，一冊，十行十八字小字二十三字黑口四周雙邊）；宋刻遞修公文紙印本六十五卷（十六冊，十行十九字小字雙行二十一字白口左右雙邊）；宋刻元明遞修本六十五卷（目錄、一至二卷配清抄本，十六冊，十行十九字小字十九至二十一字不等白口左右雙邊）〔註74〕。

3、北京大學圖書館、上海圖書館、甘肅圖書館、天一閣文物保管所存宋衢州州學刻元明遞修本六十五卷〔註75〕。

4、安徽圖書館存宋刻元明遞修本六十五卷〔註76〕。

5、上海圖書館存宋刻元明遞修本十六卷〔註77〕。

〔註73〕http://nclcc.ncl.edu.tw/ttscgi/ttsweb?@@2279870467，民國89年4月10日取自國家圖書館《臺灣地區善本古籍聯合目錄》。

〔註74〕北京圖書館編，《北京圖書館古籍善本書目》史部（北京：書目文獻），頁231。

〔註75〕中國古籍善本書目編輯委員會編，《中國古籍善本書目》史部（上）（上海：上海古籍出版社，1993年4月第一版），頁55。

〔註76〕同註75。

〔註77〕同上。

（八）《吳志》三十卷　（見書影七、八）
　　宋咸平刊本　黃蕘圃舊藏
　　（晉）平陽侯相陳壽撰　　（宋）裴松之注

作者：（晉）陳壽撰。

藏書來源：本書得自黃蕘圃，黃蕘圃得自郁松年。黃蕘圃曾言及得書情況，其手跋曰：

> 嘉慶癸亥九月七日，友人招飲旗亭，至晚始歸，大兒玉堂以書友所攜二種首冊呈覽，曰此山堂翠古齋之夥送來者，余閱之，一爲《吳志》，一爲《史記》，皆宋鐫本，而《吳志》尤剩餘《史記》，始猶惜《吳志》爲國志之一，究是未全之書，及閱其目錄牒文，自一卷至十，分爲上袠，十一卷至二十卷，分爲下袠，並載中書門下牒一通，乃知此書非不全者，因檢毛汲古、錢述古兩家書目，皆載有《吳志》二十卷，本益信其爲專刻本矣。特毛錢未言專刻，而外間又少流傳，故世人不知耳，余獲讀此，未見書，何其幸耶〔註78〕！

冊數：共六冊。

卷數：關於卷數，《皕志》載三十卷，應是刊誤，《儀顧堂題跋》之「宋槧吳志跋」及《蕘圃藏書題識》、《靜錄》解題篇均載二十卷，且《蕘圃藏書題識》中黃氏手跋中有云：

> ……及閱其目錄牒文，自一卷至十，分爲上袠，十一卷至二十卷，分爲下袠，並載中書門下牒一通，乃知本書非不全者，因檢毛汲古、錢述古兩家書目，皆載有《吳志》二十卷，本益信其爲專刻本矣〔註79〕。

版本：黃蕘圃、陸心源皆認爲是宋咸平刊本，陸心源依宋避諱字，如匡、殷、玄、敬、貞、徵、桓、恒皆缺避，認定是宋咸平中國子監刊本，而徽宗時修補者〔註80〕。日本靜嘉堂文庫判定本書是以北宋咸平本爲本，在徽宗朝的崇寧、大觀中刊行，南宋初年有將《吳志》的單行本重刻，其他應是後來修補者。本書當爲宋版中之佳本，亦是當今僅存之孤本，故日本將本書列爲「重要文化財」，此外根據《皕志》中引顧純手跋曰：

> 癸亥除夕，蕘翁記疏於百宋一廛，時已二鼓，以書招余與兔香，往觀

〔註78〕黃丕烈撰，繆荃孫等輯，《蕘圃藏書題識》（上）（臺北：廣文書局，民國77），頁96～97。
〔註79〕黃丕烈撰，繆荃孫等輯，《蕘圃藏書題識》（上）（臺北：廣文書局，民國77），頁97。
〔註80〕陸心源著，《儀顧堂題跋》（臺北：廣文書局，民國57年）上，頁103。

且曰：今歲所得書以此為第一，故列史部之首，予既為題籤并記數語於卷末〔註81〕。

陳鱣亦描繪黃丕烈對此書之看重，謂：

> 去冬偕蕘翁泛舟虎邱訪購是書，自謂追隨樂事，今春過士禮居，蕘翁出示則裝潢已就，適徐君欄雲亦在坐，相與展玩，並讀跋語，歎賞不置，甲子三月陳鱣記〔註82〕。

版式：左右雙邊（19.8×13.8 米厘），有界，每半葉十四行，每行二十三字，小字雙行，版心白口（細線黑口），雙黑魚尾、刻者姓名、大小字數。

宋諱字：玄、弦、炫、眩、絃、縣、朗、敬、警、驚、竟、境、鏡、弘、殷、匡、胤、恒、禎、貞、楨、徵、懲、讓、勗、桓、完、構、搆、溝、遘、慎。「慎」字全部缺筆，目前僅存〈吳主傳〉的十四、十五頁，〈張顧諸葛步傳〉的第九頁看得到，其他幾乎不清楚，可能是避當時孝宗的名諱〔註83〕。

刊記：

列銜1、（目錄末　咸平六〔1003〕年中書門下牒及列銜）中書門下牒吳志牒奉敕書契已來，簡編咸備，每詳觀於淑慝，實昭示於勸懲，矧三國肇分，一時所紀，史筆頗彰，於遺直策書用者於不刊諒載籍之前言助人文之，至化年衹寢遠惕謬居多，爰命學徒俾其校正，宜從摸印式廣頒行牒，至准敕故牒咸平六年十月二十九日牒，左諫議大夫參知政事、工部侍郎參知政事、兵部侍郎同中書門下平章事、門下侍郎同中書門下平章事、左僕射同中書門下平章事。2、（卷二十卷末　列銜）咸平三年十月二十三日奉敕定雕印校勘官宣德郎守太常丞直集賢院騎都尉臣宋皋、校勘官朝散大夫行尚書駕部員外郎崇文院檢討直秘閣上輕車都尉賜紫金魚袋臣劉蒙叟、校勘官銀青光祿大夫行光祿少卿直秘閣上柱國臣黃夷簡、詳校官宣德郎守密書著作佐郎充秘閣校理臣戚綸、詳校官朝奉郎守秘書丞直史館騎都尉臣劉錯、詳校官中散大夫行尚書虞部員外郎充史館檢討上柱國臣董元亨、詳校官朝散大夫行尚書駕部員外郎崇文院檢討直秘閣上輕車都尉賜紫金魚袋臣杜鎬、內侍高班內品朝奉郎守內侍省內謁者監秘閣圖書三館書籍兼幹富國子監兵吏部官告院事武騎尉臣劉崇超、都大主管催促宮苑使同幹當皇城司提舉內東崇政殿萬安宮等門提點鼓司登聞院今紫光祿大夫檢校司徒使持節勝州諸軍事勝州敕史兼御大夫上柱國彭城郡開國公食邑二千五百

〔註81〕陸心源著，《皕宋樓藏書志‧續志》第三輯（臺北：廣文書局，民國57年），頁812。
〔註82〕同上。
〔註83〕靜嘉堂文庫編，《靜嘉堂文庫宋元版圖錄‧解題篇》（東京：汲古書院，平成四年四月第一刷），頁14。

戶臣劉承珪、宣德郎守起居舍人之制誥判史館事上騎都尉賜金魚袋臣李宗諤、翰林侍讀學士朝奉大夫守尚書戶部侍郎兼秘書監權主判吏部流內銓柱國護郡開國侯食邑一千戶食實封貳伯戶賜子紫金魚袋臣夏侯。

刻者姓名：王溢、王洵、王珣、王稹、王敏、王問、郭喜、郭康、甘正、韓通、丘迪、許元、元仲、阮青、吳聳、吳浦、江受、高庚、高宣、蔣馭、蔣深、蔣達、齊昌、宋貴、孫受、孫老、張棐、陳逸、陳斌、陳歸、陳章、陳聰、陳長、陳得、陳武、陳兵、丁保、丁明、鄭勤、鄭受、鄭通、范亮、潘元、付及、付立、楊順、李昱、李保、六喜、林俊、林足、林茂。（補刻）王仁、王太、王椿、王文、何生、周泗、周中、周文、周琳、鍾才、張佐、張遂、陳英、陳忻、陳慶、陳從、陳中、鄭榮、鄭寶、鄭友、付才、付宥、李傑、林申。

校正者名：承直郎守辟雍正臣趙宵校正（卷二末題）、從事郎試辟雍正臣吳存校正（卷六、十四、十六、十八末）。

藏書章：計有「百宋一廛」、「丕烈」、「蕘夫」、「士禮居」、「汪士鐘印」、「源眞賞」、「郁松年印」、「泰峰」、「歸安陸樹聲所見金石書畫記」、「歸安陸樹聲叔桐父印」。

現存宋刊本：無

案：陸心源藏書係罕見本。

（九）《晉書》一百三十卷　　（見書影九）
宋刊本
唐太宗文皇帝御撰

作者：（唐）房玄齡等奉敕撰。

藏書來源：不詳。

冊數：四十冊。

版本：《皕志》載本書爲宋刊本；《儀顧堂續跋》之〈宋刻晉書跋〉載本書蓋南宋監本遞修至元止，宋刊字體勁，正版心有字數及刊工姓名，元修版無且多俗體僞字〔註84〕。《靜錄》解題篇載卷九第八、九的位置是版心上象鼻處「府劉校」爲明代的校正者，刻工「伯茂」在元代覆刻南宋中期建安刊本十史中看得到，這本或許是元代覆刻本〔註85〕。

版式：左右雙邊（18.7×12.6 米厘），有界，每頁二十行，每行十九字內外，左線外

〔註84〕陸心源著，《儀顧堂續跋》（臺北：廣文書局，民國 57 年 3 月初版），卷五，頁 219。
〔註 85〕靜嘉堂文庫編，《靜嘉堂文庫宋元版圖錄・解題篇》（東京：汲古書院，平成四年四月第一刷），頁 17。

有篇名，正版心有字數，及刊工姓名，粗黑口，雙黑魚尾〔註86〕。

序目：修晉書詔。貞觀二十年（646）閏二月（抄補）。晉書目錄。唐太宗文皇帝御撰。（第40冊）晉書音義序。天寶六年（747）載天王左史弘農楊齊宣字正衡序。目錄。

宋諱字：匡、胤、恒、貞、桓、構、慎、敦等〔註87〕。

刻者姓名：一八、伯茂、（明補刻）朱通口人（刻者姓名因卷頁損毀模糊、多判讀不明）〔註88〕

藏書印：「歸安陸樹聲叔桐父印」。

1、北京圖書館存宋嘉泰四年（1204）至開禧元年（1205）秋浦郡齋刻本六十四卷（存四至五卷、七至十一卷、十六至十八卷、二十卷、三十三至三十四卷、四十四至四十五卷、四十八至五十五卷、六十二至六十八卷、七十一至七十二卷、七十六至七十九卷、八十六至八十九卷、九十五至九十七卷、九十九卷、一百零一至一百零三卷、一百零七至一百一十二卷、一百十五至一百十八卷、一百二十二至一百二十五卷、一百二十八至一百三十五卷。九至十卷、十六至十八卷、六十二至六十六卷配明萬曆六年周若年、丁孟嘉刻本，三十七冊，九行十六字白口左右雙邊）；宋刻本一百三十卷（三十六冊，十四行二十七字白口左右雙邊）；宋刻本一百卷（存一至一百卷。四十六至五十三卷、八十二至一百卷配清影宋抄本，錢泰吉、邵懿辰、蔣光蕡跋，三十二冊，十四行二十六字白口左右雙邊）〔註89〕。

2、南京圖書館存宋刻本一百三十卷（其中八至十卷、二十八至三十卷、四十三至四十五卷、一百零一至一百零五卷、一百十五至一百二十一卷配明抄本，清丁丙跋）〔註90〕。

3、普林斯敦大學葛斯德東方圖書館存南宋刊十行本（元明修補）一百三十卷音義三卷（四十八冊，十行二十字，所謂三朝本，補版年代為正德十年，嘉靖九年、十年、三十七年，萬曆二年、三年、四年、五年、七年、十年，以嘉靖三十七年及萬曆三年補版最多。）〔註91〕

〔註86〕陸心源著，《儀顧堂續跋》（臺北：廣文書局，民國57年3月初版），卷五，頁219。

〔註87〕同上。

〔註88〕靜嘉堂文庫編，《靜嘉堂文庫宋元版圖錄・解題篇》（東京：汲古書院，平成四年四月第一刷），頁17。

〔註89〕北京圖書館編，《北京圖書館古籍善本書目》史部（北京：書目文獻），頁234～235。

〔註90〕中國古籍善本書目編輯委員會編，《中國古籍善本書目》史部（上）（上海：上海古籍出版社，1993年4月第一版），頁62。

〔註91〕屈萬里撰，《普林斯敦大學葛斯德東方圖書館中文善本書志》（臺北：藝文印書館，

（十）《晉書音義》三卷
　　　宋刊本

作者：（唐）何超撰，字令升。

藏書來源：不詳。

卷數：三卷。

版本：宋刊本

版式：每葉二十行，每行二十字，與《晉書》同。

序目：本書有自序及楊齊宣序。何超（何超字令升，所纂齊宣之內弟）自言本書仿《經典釋文》之例，注字以朱映，朱映是以朱勾勒之，今不可見矣，所引書如《字林》、《珠叢》之類，今皆不傳〔註92〕。

宋諱字：參考《晉書》。

刻者姓名：參考《晉書》。

現存宋刊本：臺灣地區無宋刊本。

（十一）《宋書》一百卷　　（見書影十）
　　　宋刊元修本

作者：（梁）沈約撰。

藏書來源：任濬舊藏。

卷數：一百卷。

冊數：二十冊。

版本：《皕志》載本書是宋刊元修本；陸心源於《儀顧堂續跋》之〈宋槧明修宋書跋〉則載：

　　　　　《宋書》一百卷，……紹興眉山刻七史之一，有宏治四年。嘉靖八年、
　　　九年、十年修版〔註93〕。

其「宏治」應爲「弘治」；《靜錄》解題篇亦載：

　　　南宋前期刊宋、元、明弘治四年、嘉靖八至十年遞修〔註94〕。

又載：

　　　民國63），頁97。

〔註92〕陸心源著，《儀顧堂續跋》（臺北：廣文書局，民國57年3月初版），卷五，頁220。

〔註93〕陸心源著，《儀顧堂續跋》（臺北：廣文書局，民國57年3月初版），卷五，頁225。

〔註94〕靜嘉堂文庫編，《靜嘉堂文庫宋元版圖錄·解題篇》（東京：汲古書院，平成四年四月第一刷），頁17。

　　　　卷四十六的尾題處有校語，原刻紙缺頁不全，版心的地方無法判讀，
　　卷七十四第三十三的位置版心下象鼻處，刻有「至元十八年杭州介弼刊」
　　等字，明時所修的版心上象鼻多處刻有「弘治四年」、「嘉靖八年補刊」、「嘉
　　靖九年刊‧補刊」、「嘉靖十年刊‧補‧補刊」等語〔註95〕。

版式：《皕志》載每葉十八行，每行十八字。左右雙邊（23.0×17.7 米厘），有界，
版心線黑口，以橫單線區畫五筆劃，雙黑魚尾，刻者姓名，元修，大小字數〔註96〕。

序目：宋書目錄（首二頁缺）〔註97〕

宋諱字：玄、弦、敬、警、弘、殷、恒、貞、徵、桓、愼等。〔註98〕

刻者姓名：（宋刻）龐汝升、王惠、王明、許茂、吳中、高榮、施昌、周通、占慶、
張昇、張明、陳壽、鄭埜、陸春、（至元十八年〔1281〕補刻）介弼、（元補刻）胡
慶十四、汪惠老、應子華、金文榮（文榮）、阮明五、吳文昌、朱子壽、朱長二、徐
榮祖、徐艾山、章文一、孫日新、張慶三、陳國才、滕太口、茅化龍、熊道瓊、林
茂實（茂實）、盧開二、王榮、王何、王高、王興、王全、王智、王付、王六、王良、
汪惠、汪亮、應華、可川、何益、何建、何宗、何通、葛辛、弓華、丘之、虞良、
古賢、胡昶、吳玉、吳祥、吳文、洪福、谷仲、蔡秀、士元、子成、朱六、周明、
徐泳、徐文、徐良、章演、章文、葉禾、蔣七、沈壽、辛文、青之、盛允、齊明、
石寶、曹榮、曹興、孫斌、趙良、陳仁、范華、茅龍、茂五、孟三、俞榮、俞信、
俞聲、楊春、李祥、李岧、李澄、李寶、林茂、婁正、（弘治四〔1491〕年補刻）監
生劉子宇、監生劉子與、監生劉子、監生王相、監生王太、監生王泰、監生姜滄、
監生黃徽、監生肖漢、監生蕭漢、監生陳澤、監生范祚、監生姚岳、監生李秘、（嘉
靖八年〔1529〕補刻）黃雲、黃瑾、黃琇、黃碧、黃寶、黃龍、（嘉靖九年補刻）七、
（刻年不詳）余原山、楊伯之、榮之、翁良、禾仁、黃珞、蔡之、蔡宗、德泳、李
之〔註99〕。

校正者：雖然晁公武於南齊、梁、陳、魏、周各書皆言何人所校，惟宋書獨闕，但
陸心源根據本書志第十二末之校語及列傳第六有「臣穆等案」之語，判定本書係宋
鄭穆所校訂。陸心源云：

〔註95〕靜嘉堂文庫編，《靜嘉堂文庫宋元版圖錄‧解題篇》（東京：汲古書院，平成四年四月
　　　　第一刷），頁17。
〔註96〕同上。
〔註97〕同上。
〔註98〕同上。
〔註99〕靜嘉堂文庫編，《靜嘉堂文庫宋元版圖錄‧解題篇》（東京：汲古書院，平成四年四月
　　　　第一刷），頁17。

汲古本志十二，連正文列傳六列于後，愚謂此皆嘉祐諸臣校語也。晁公武於南齊、梁、陳、魏、周各書皆言何人校上，《宋書》獨闕，今以穆等二字推之，蓋鄭穆所校也，穆在館閣三十年，嘗編集賢院書籍，見《宋史》本傳，嘉祐校刊七史，諸臣校上皆序其端，此書必有穆序，惟晁公武不能辨為穆校，恐紹興重刻時序已缺矣〔註100〕。

藏書章：「歸安陸樹聲藏書之記」、「任潛之印」、「太史氏」。

現存宋刊本：

1、國家圖書館存南宋初期刊宋元明弘治嘉靖遞修九行本一百卷（三十冊，正文卷端題「陳慎日新撰」，九行十七字，左右雙欄，版心白口，單魚尾）；南宋初期刊宋元明弘治嘉靖遞修九行本一百卷（三十二冊）；南宋初期刊宋元明弘治嘉靖遞修九行本一百卷（五十四冊，22.9×19 公分，九行十八字，左右雙欄，版心形式不一，殘存之原刻葉有線黑口，以橫單線區分六格，下象鼻記刻工名，亦間記字數，明南監之修補版，上象鼻記有「明弘治四年」下象鼻記監生某某之刻工名、「明嘉靖八年補刊」、「明嘉靖九年補刊」、「明嘉靖十年刊」、「明嘉靖十年補刊」，此係由二殘本配成，每冊首尾鈐有「禮部官書」，藏印者有四十冊，版遞修補至明初，於十四冊無官印者，版遞修補至明嘉靖十年）〔註101〕。

2、國立故宮博物院圖書館存宋紹興年間刊明初修補九行版五十八卷（三十一冊，缺一至三卷、十三卷、二十五卷、二十六卷、二十九卷、三十二至三十八卷、四十卷、四十九至五十一卷、六十六至七十四卷、八十卷、八十一卷、八十四至九十二卷、九十七至一百卷）〔註102〕。

3、北京圖書館存宋刻宋元明遞修本三十六卷（存二至三卷、六至七卷、十五至十八卷、二十三至二十八卷、三十至三十一卷、四十一卷、五十二至五十七卷、六十一至六十二卷、六十六至七十二卷、八十至八十一卷、九十七至九十八卷，二十冊，九行十七至十八字白口左右雙邊）；同刊本一卷（存第十四卷，一冊，九行十七至十八字不等白口左右雙邊）；同刊本一百卷（三十冊，九行十八字白口左右雙邊）〔註103〕。

〔註100〕陸心源著，《儀顧堂續跋》（臺北：廣文書局，民國57年3月初版），卷五，頁226。

〔註101〕http://nclcc.ncl.edu.tw/ttscgi/ttsweb? @@2407247572，民國89年4月10日取自國家圖書館《臺灣地區善本古籍聯合目錄》。

〔註102〕同上。

〔註103〕北京圖書館編，《北京圖書館古籍善本書目》史部（北京：書目文獻），頁236。

4、上海圖書館存宋刻宋元明初遞修本二卷（存七十三至七十四卷）〔註104〕。

5、南京圖書館存宋刻宋元明初遞修本一百卷，清丁丙跋〔註105〕。

6、北京大學圖書館、上海圖書館、遼寧省圖書館、吉林省圖書館、南京圖書館存宋刻宋元明初遞修本一百卷〔註106〕。

（十二）《南齊書》五十九卷　　（見書影十一）
　　　　宋刊明修本

作者：（梁）蕭子顯撰。

藏書來源：不詳。

卷數：五十九卷。

冊數：八冊。

版本：南宋前期刊宋、元、明嘉靖八至十年遞修。

版式：左右雙邊（22.5×17.4米厘），有界，每半葉九行，每行十八字，版心線黑口，以橫線區分五筆畫，白口單黑魚尾、白口橫線一條、白口區不一定無線（嘉靖修本有上象鼻補刊年紀），刻者姓名，大小字數。

序跋：（校定上書敘錄）臣恂臣寶臣穆臣洙臣覺臣彥若臣鞏謹敘目錄昧死上（第一、二頁缺葉）。南齊書目錄。

宋諱字：玄、朗、敬、驚、弘、殷、匡、胤、恒、禎、貞、偵、徵、樹、桓、愼。

刻者姓名：（宋刻）王桂、王辰、高文、蔡邠、（嘉靖八〔1529〕、九、十年補刻）易宣、黃琯、黃珪、黃琇。

藏書章：「汪璿之印」、「太史氏」。

現存宋刊本：

1、國家圖書館存南宋初期刊宋元明嘉靖遞修九行本五十九卷（十二冊）；南宋初期刊宋元明嘉靖遞修九行本五十九卷（十四冊）〔註107〕。

2、北京圖書館存宋刻宋元明遞修本五十九卷（繆荃蓀、楊守敬、張鈺跋，沈曾植題識，二十冊，九行十八字白口或黑口左右雙邊）；宋刻宋元明遞修本五十九卷（十

〔註104〕中國古籍善本書目編輯委員會編，《中國古籍善本書目》史部（上）（上海：上海古籍出版社，1993年4月第一版），頁68。

〔註105〕同上。

〔註106〕中國古籍善本書目編輯委員會編，《中國古籍善本書目》史部（上）（上海：上海古籍出版社，1993年4月第一版），頁68。

〔註107〕http://nclcc.ncl.edu.tw/ttscgi/ttsweb? @@1704054678，民國89年4月10日取自國家圖書館《臺灣地區善本古籍聯合目錄》。

二冊,九行十九字白口左右雙邊);宋刻宋元明遞修本五十九卷(卷五配清抄本,八冊,九行十八字白口左右雙邊);宋刻宋元明遞修本五十九卷(二十至二十四卷配清抄本,潘康保跋,張鈺校並跋,十二冊,九行十八字白口左右雙邊)〔註108〕。

3、中國歷史博物館、上海圖書館、遼寧省圖書館、吉林省圖書館、西北大學、南京圖書館、南京博物院、浙江圖書館、天一閣文物保管所、開封市圖書館、許昌市圖書館、武漢大學圖書館、湖南省圖書館、重慶市圖書館、四川大學圖書館、雲南省圖書館存宋刻宋元明遞修本五十九卷〔註109〕。

(十三)《梁書》五十卷　　(見書影十二)
　　　　宋刊明修本

作者:(唐)姚思廉等奉敕撰。

藏書來源:不詳。

卷數:《皕志》載五十卷,《儀顧堂續跋》及《靜錄》皆載五十六卷。

冊數:十二冊。

版本:《皕志》載宋刊明修本;《儀顧堂續跋》之〈宋槧明修梁書跋〉中載本書修至嘉靖十年(1531)止,其行款、格式與《宋書》同,惟字畫、刊工均不及宋、齊、北齊、陳、魏、周六書之精〔註110〕;《靜嘉堂文庫宋元版圖錄解題篇》亦載南宋前期刊,宋、元、明初至嘉靖八至十年遞修。明時所修的版心上象鼻多處刻有「弘治四年」「嘉靖八年補刊」「嘉靖九年刊、補刊」「嘉靖十年刊、補、補刊」等語〔註111〕。

版式:左右雙邊(21.7×17.7米厘),有界,每半葉九行,每行十八字,版心線黑口,魚尾,用橫線無魚尾區分五格。補刻的是白橫一線、線黑口,橫線區畫。魚尾也有單黑魚尾、雙黑魚尾等,刻者姓名,(大小字數補刻)〔註112〕。

序跋:梁書序,臣鞏等謹敘目錄昧死上(鈔補),梁書目錄(第一至五丁抄補)。

宋諱字:玄、懸、警、驚、弘、殷、匡、竟、鏡、恒、貞、徵。

〔註108〕北京圖書館編,《北京圖書館古籍善本書目》史部(北京:書目文獻),頁237。

〔註109〕中國古籍善本書目編輯委員會編,《中國古籍善本書目》史部(上)(上海:上海古籍出版社,1993年4月第一版),頁67。

〔註110〕陸心源著,《儀顧堂續跋》(臺北:廣文書局,民國57年3月初版),卷五,頁233。

〔註111〕靜嘉堂文庫編,《靜嘉堂文庫宋元版圖錄・解題篇》(東京:汲古書院,平成四年四月第一刷),頁18。

〔註112〕靜嘉堂文庫編,《靜嘉堂文庫宋元版圖錄・解題篇》(東京:汲古書院,平成四年四月第一刷),頁18。

刻者姓名：（宋刻）王元亨、王元、高文、徐瑛、張成、趙良、陳壽、德裕、余敏、楊榮、（元補刻）王德明、朱玉文、范雙評、盧開三、王高、王明、何建、許成、彥明、雇茂、高顯、蔡彥、任昌、大用、太亨、繆謙、茂山、茂實、（嘉靖八年〔1529〕補刻）黃雲、黃琯、黃球、黃鏮、黃珪、黃琇、黃琢、黃碧、黃瑜、黃、（嘉靖九年補刻）易堂、胡章、張昆、劉元、（刻年不詳）龐知實、中后〔註113〕。

藏書章：「琴江翁氏珍藏」。

現存宋刊本：

1、國家圖書館存南宋初期刊宋元修九行本四十卷（十四冊）〔註114〕。

2、國立故宮博物院圖書館存宋紹興間刊明初遞補九行本四十卷（十四冊，缺七至十卷、爾十二至二十五卷、四十二至四十五卷、四十九至五十卷、五十五至五十六卷）〔註115〕。

3、北京圖書館存宋刻宋元明遞修本五十六卷（十四冊，九行十八字白口或黑口左右雙邊）；宋刻宋元明遞修本五十六卷（十四冊）〔註116〕。

4、上海圖書館、復旦大學圖書館、華東師範大學圖書館存宋刻宋元明遞修本五十六卷〔註117〕。

5、南京圖書館存宋刻宋元明遞修本五十六卷〔註118〕。

（十四）《陳書》三十六卷　（見書影十三）
宋刊宋印本　文衡山舊藏
（唐）散騎常侍姚思廉撰

作者：（唐）姚思廉等奉敕撰。

藏書來源：本書來自文衡山。文衡山即為文徵明，長州人，初名璧，以字行，更字徵仲，別號衡山，父林，溫州知府，叔父森，右僉都御史〔註119〕。

卷數：三十六卷。

〔註113〕同上。

〔註114〕http://nclcc.ncl.edu.tw/ttscgi/ttsweb?@@863997182，民國89年4月10日取自國家圖書館《臺灣地區善本古籍聯合目錄》。

〔註115〕同上。

〔註116〕北京圖書館編，《北京圖書館古籍善本書目》（北京：書目文獻）史部，頁237。

〔註117〕中國古籍善本書目編輯委員會編，《中國古籍善本書目》史部（上）（上海：上海古籍出版社，1993年4月第一版），頁67。

〔註118〕同上，頁68。

〔註119〕（清）張廷玉撰，《明史》（臺北：洪氏出版社，民國64年11月）列傳一七五，文苑三，文徵明傳，頁7361。

冊數：十六冊。

版本：《皕志》載宋刊宋印本，全書無修版；《儀顧堂續跋》載宋槧宋印蜀大字本，此本宋刻宋印，絕無修版，誠可寶也；《靜嘉堂文庫宋元版圖錄》解題篇載本書係南宋前期刊，宋、元修。對於本書是否有增修，陸心源與靜嘉堂文庫間的看法有差異。

版式：左右雙邊（22.4×17.8 米厘），有界，每半葉九行，每行十八字，版心線黑口，魚尾以橫單線區畫五格，補刻白口單黑魚尾、雙黑魚尾等不定，刻者姓名，大小字數〔註120〕。

序目：首有陳書目錄。（目錄後是校定上書敘錄）臣恂臣穆臣藻臣覺臣彥若臣洙臣鞏謹敘。

宋諱字：《儀顧堂續跋》載弘、匡、胤、敬、恒、貞、徵、慎皆為字不成〔註121〕，《靜錄》則詳記玄、炫、鉉、縣、朗、敬、警、驚、竟、鏡、弘、殷、匡、恇、胤、敬、恒、貞、楨、禎、徵、構、覯、慎等字皆諱字〔註122〕。

刻者姓名：王才、王太、王廷、吳明、史忠、朱言、張禹、陳立、田永、田時、（宋補刻）沈思忠、沈仁舉、丁松年、李思忠、王玩、王恭、王春、王信、王政、王椿、王能、王敷、何昇、賈祚、許忠、許茂、金榮、金滋、金震、金祖、吳志、吳春、吳宗、高異、高寅、高文、高諒、項仁、蔡邠、施寔、施珍、朱光、朱梓、朱春、周明、徐杞、徐琪、徐高、徐凌、蔣榮、沈昌、沈忠、沈珍、沈旻、沈文、沈茂、宋琚、宋昌、宋苐、宋琳、孫春、張榮、張亨、陳浩、陳壽、陳仁、鄭春、童遇、方至、方中、毛端、余敏、楊昌、李憲、李詢、李正、李忠、李良、陸永、陸春、劉志、劉昭、劉文、（元補刻）胡慶十四、王細孫、翁子和、何九萬、阮明五、徐榮祖、徐友山（友山）、章亞明、章文一、詹德潤、楚慶一、孫開一、陳文玉、陳邦卿、陳萬二、茅化龍、茅文龍、務陳秀、熊道慶、楊十三、盧開三、王圭、王桂、王興、王全、王付、汪亮、何益、何慶、何建、葛辛、金友、胡昶、雇茂、吳洪、吳祥、子華、施昌、朱曾、朱六、周鼎、徐泳、徐榮、徐文、邵夫、葉禾、蔣矗、沈壽、沈祖、孫斌、單侶、張一、張三、丁銓、天賜、陶春、滕慶、北陳、繆恭、毛文、楊采、李端、李寶、劉仁、婁正〔註123〕。

〔註120〕靜嘉堂文庫編，《靜嘉堂文庫宋元版圖錄・解題篇》（東京：汲古書院，平成四年四月第一刷），頁18。

〔註121〕陸心源著，《儀顧堂續跋》（臺北：廣文書局，民國57年3月初版），卷五，頁251。

〔註122〕靜嘉堂文庫編，《靜嘉堂文庫宋元版圖錄・解題篇》（東京：汲古書院，平成四年四月第一刷），頁18。

〔註123〕靜嘉堂文庫編，《靜嘉堂文庫宋元版圖錄・解題篇》（東京：汲古書院，平成四年四月第一刷），頁18～19。

藏書章：本書卷四、十四、二十二、三十六後有「史西邨人」（白文方印）、「子孫保之」（白文方印）、「史鑑之印」（白文方印。史鑑，字明古，吳江人，號西邨，隱居不仕，藏書畫甚富，著有《西邨集》。），間有「文徵明印」（白文方印）〔註124〕、 另有「汪士鐘字春霆號琅園書畫印」、「朱氏井叔」、「抗朱賴叔氏」、「歸安陸樹聲叔桐父印」〔註125〕。

現存宋刊本：

1、國家圖書館存南宋初期刊宋元明嘉靖遞修九行本三十六卷（六冊，正文卷端題「散騎常侍姚思廉撰」，九行十八字，左右雙欄，版心白口，單魚尾。）；同刊本三十六卷（十二冊）；同刊本三十六卷（十一冊，22.8x19公分，九行十八字，左右雙欄，版心線黑口，上記字數，下記刻工名，宋諱徵字缺筆。）；同刊本三十六卷（六冊）；南宋初期元大修補九行本二十五卷（存紀一、五至六卷，傳二至四卷、十一至十六卷、十八至三十卷）〔註126〕。

2、國立故宮博物院存宋紹興間刊九行本（存紀五，傳一至四，共四冊。）；宋紹興間刊元代補修九行本（存紀一、傳二至四、十一至十六、十八至三十，共七冊）；宋紹興間刊元代補修九行本（存列傳十一至十五、二十五至二十七）〔註127〕。

3、北京圖書館存宋刻宋元遞修本三十六卷（十冊，九行十八字白口左右雙邊）；宋刻宋元遞修本一卷（存第六卷，一冊，九行十八字白口左右雙邊）；宋刻宋元明遞修本三十六卷（十二冊，九行十八字白口左右雙邊）；宋刻宋元明遞修本三十六卷（八冊）；宋刻宋元明遞修本十卷（存二十七至三十六卷，傅增湘校，二冊，九行十八或十九字白口左右雙邊）〔註128〕。

4、北京大學存宋刻宋元明遞修本三十六卷〔註129〕。

（十五）《魏書》一百十四卷　　（見書影十四）
　　　　宋刊明修本

〔註124〕陸心源著，《儀顧堂續跋》（臺北：廣文書局，民國57年3月初版），卷五，頁253。
〔註125〕靜嘉堂文庫編，《靜嘉堂文庫宋元版圖錄‧解題篇》（東京：汲古書院，平成四年四月第一刷），頁19。
〔註126〕http://nclcc.ncl.edu.tw/ttscgi/ttsweb? @@4113743554，民國89年4月10日取自國家圖書館《臺灣地區善本古籍 聯合目錄》。
〔註127〕同上。
〔註128〕北京圖書館編，《北京圖書館古籍善本書目》史部（北京：書目文獻），頁238。
〔註129〕中國古籍善本書目編輯委員會編，《中國古籍善本書目》史部（上）（上海：上海古籍出版社，1993年4月第一版），頁68。

作者：（北齊）魏收奉敕撰。

藏書來源：不詳。

卷數：一百十四卷。

冊數：四十二冊。

版本：宋、元、明初至明嘉靖八至十年（1529～1531）遞修。明修的很多版心上象鼻刻有「嘉靖八年補刊」「嘉靖九年刊、補」「嘉靖十年刊、補刊」等〔註 130〕。

版式：陸心源於跋文中謂本書之行款格式、宋諱闕避皆與宋書同。本書左右雙邊（23.1×17.8 米厘），有界，每半葉九行，每行十八字，版心線黑口，魚尾，以橫線區劃五格，補刻白口單黑魚尾，雙黑魚尾等一定，刻者姓名，大小字數。另卷十六第十六字、卷四十一第六字、卷六十第十九字、卷四第十字、卷一百零九第十二字（這五個字用空格代替，在最後一行印著原本缺的字樣）〔註 131〕。

序跋：《魏書》目錄（首半葉缺）。（校定上書敘錄）臣邠臣恕臣燾臣祖禹謹敘目錄，陸心源詳述「邠」是指劉邠，「恕」是指劉恕，「燾」是指梁燾，「祖禹」是指范祖禹。且本書卷三、卷十二至十五、卷十七至十九上、卷二十五、卷三十、卷三十三、卷八十二至八十四、卷八十六至八十七、卷九十至九十二、卷一百一至一百二、卷一百五至一百六皆有校語，即序言中各疏于卷末者是也。汲古本相同，改作雙行小字，此與北監本、乾隆官本有差異〔註 132〕。《靜錄》載校語出現之卷，稍與陸心源所述不同，爲卷三、十二至十五、十七至十九、三十、三十三、四十四、五十三、八十三、八十四、八十六、八十七、九十至九十二、一百零一、一百零二、一百零五、一百零六，各卷的卷末有校語〔註 133〕。

宋諱字：玄、弦、縣、警、弘、殷、匡、筐、竟、胤、恒、貞、徵、桓、遘、慎等

刻者姓名：（宋刻）丁之才、丁松年、王圭、王成、王定、許忠、金滋、顧澄、吳志、吳春、項仁、朱光、朱梓、周明、徐高、邵亨、沈定、宋琚、宋通、宋芾、宋琳、孫阮、張明、陳浩、德裕、余益、李信、李諒、陸永、陸春、（元補刻）王壽三、王富四、歐志淑、金辰保、金文榮、虞保山、倪順昌、吳榮二、吳文昌、江子名、黃四崇、蔡彥舉、朱玉文、徐怡祖、徐榮祖、章亞明、章文一、薛志良、張一秀、張

〔註 130〕靜嘉堂文庫編，《靜嘉堂文庫宋元版圖錄·解題篇》（東京：汲古書院，平成四年四月第一刷），頁 20。

〔註 131〕同上，頁 19。

〔註 132〕陸心源著，《儀顧堂續跋》（臺北：廣文書局，民國 57 年 3 月初版），卷五，頁 229。

〔註 133〕靜嘉堂文庫編，《靜嘉堂文庫宋元版圖錄·解題篇》（東京：汲古書院，平成四年四月第一刷），頁 19～20。

名遠、陳允升、陳國才、陳士通、陳德全、陳邦卿、鄭子和、滕太初、（太初）付善可、茅化龍、茅文龍、務陳秀、毛原敬、余彥文、林伯福、盧開三、王垚、王高、王壽、王正、王付、王良、應華、何建、弓華、吳祥、吳福、吳六、江厚、洪福、子成、謝杞、朱春、朱六、徐信、徐明、蔣七、沈諒、太亨、張成、陳新、鄭埜、陶春、范華、范元、范壽、平山、毛文、孟三、俞修、俞信、李五、（嘉靖八年〔1529〕補刻）易宣、黃璦、黃雲、黃楚、黃銑、黃球、黃玉、黃瑾、黃琇、黃琰、黃琯、黃琢、黃寶、黃瑜、黃瑢、黃龍、黃林、黃琳、黃鐮、黃瓏、葉棣、陳清、劉傑、（嘉靖九年補刻）黃旦、（嘉靖十年補刻）劉尾、嘉靖補刻刻者姓名很多、（明補刻）吳壽、（刻年不詳）劉子口、宋琇、宋董、貞新、潘裕。

藏書章：不詳。

現存宋刊本：

1、本書臺灣地區無宋版。

2、北京圖書館存宋刻宋元明初遞修本七十二卷（存目錄、一至四十卷、四十三至四十四卷、五十四至七十卷、七十八至八十九卷、一百零六卷上，二十八冊，九行十八至十九字白口左右雙邊）；宋刻宋元明初遞修本二十六卷（存二十二至二十六卷、三十六至四十七卷、七十二至七十五卷、九十二至九十四卷、一百零七至一百零八卷之一，七冊，九行十八至十九字白口左右雙邊）；宋刻宋元明初遞修本一百十四卷（六十四冊，九行十八字白口左右雙邊）；宋刻宋元明初遞修本一百十四卷（四十冊，九行十八至十九字白口左右雙邊）；宋刻宋元明初遞修本六卷（存十九卷、一百零六至一百零九卷、一百一十二卷，十二冊，九行十八至十九字白口左右雙邊）；宋刻宋元遞修公文紙印本一百十四卷（配宋元明遞修本，四十冊，九行十八字白口左右雙邊）；宋刻宋元明遞修公文紙印本十七卷（存一至十七卷，十二冊，九行十八字白口左右雙邊）〔註134〕。

3、上海圖書館存宋刻宋元遞修公文紙印本十二卷（存四十五至四十六卷、六十一至六十五卷、八十二至八十三卷、八十六至八十八卷）〔註135〕。

4、四川省圖書館存宋刻宋元遞修公文紙印本二卷（存四十七卷、八十一卷）〔註136〕。

〔註134〕北京圖書館編，《北京圖書館古籍善本書目》史部（北京：書目文獻），頁238～239。
〔註135〕中國古籍善本書目編輯委員會編，《中國古籍善本書目》史部（上）（上海：上海古籍出版社，1993年4月第一版），頁69。
〔註136〕同上。

5、南京大學存宋刻宋元遞修公文紙印本一卷（存四十一卷）〔註137〕。

6、北京大學圖書館、吉林省圖書館、甘肅省圖書館、青島市博物館、南京圖書館、蕭田縣圖書館、武漢大學圖書館、雲南圖書館存宋刻宋元明遞修公文紙印本一百十四卷〔註138〕。

（十六）《北齊書》五十卷 　（見書影十五）
　　　　宋刊明修本　汪氏傳書樓舊藏

作者：（唐）李百藥等奉敕撰。

藏書來源：汪氏傳書樓舊藏。

卷數：五十卷。

冊數：八冊。

版本：宋刊明修本（宋、元、明初至明嘉靖八至十年遞修）。本書殘缺不全之處甚多，如陸心源謂此書多明修之版，又多斷爛之文，無法逐一校正〔註139〕。靜嘉堂文庫亦載：

　　　　原刻頁已闕，明修部分亦大都不全，宋修及元修的剝落很多，宋修部
　　分補修的刻者姓名也大都不見了〔註140〕。

版式：左右雙邊（22.2×17.6 米厘），有界，每半葉九行，每行十八乃至十九字，版心白口單黑魚尾、白口雙黑魚尾、白口魚尾、線黑口橫一線、線黑口單黑魚尾等不定，刻者姓名，大小字數〔註141〕。

序跋：（目錄）（首半葉缺、目錄末題「北齊書目錄」）

宋諱字：玄、敬、驚、弘、匡、恒、貞、徵、樹、構、轟。

刻者姓名：明嘉靖刊以外，版心、版面漫滅激、判讀不明。丙口多原山（原山）、許茂、金滋、吳亮、周明、張亨、張明、趙良、（元補刻）丘舉之、吳文昌、徐友山、林茂叔、洪來、（嘉靖八年〔1529〕補刻）雇文舉、袁口、何祥、高成、章悅、陳口、李受、李潮、呂機、呂奎、口元、（嘉靖九年補刻）盛應鵬、徐敖、陸奎、（嘉靖十年補刻）顧岩、陳朴、（刻年不詳）吳老、務厚。

〔註137〕中國古籍善本書目編輯委員會編，《中國古籍善本書目》史部（上）（上海：上海古籍出版社，1993 年 4 月第一版），頁 69。

〔註138〕同上。

〔註139〕陸心源著，《儀顧堂續跋》（臺北：廣文書局，民國 57 年 3 月初版），卷五，頁 242。

〔註140〕靜嘉堂文庫編，《靜嘉堂文庫宋元版圖錄‧解題篇》（東京：汲古書院，平成四年四月第一刷），頁 20。

〔註141〕同上。

藏書章：「汪氏傳書樓珍藏書畫印」、「歸安陸樹聲藏書之記」。

現存宋刊本：

1、國家圖書館存南宋初期刊宋元遞修九行本一卷（存第四十八卷）〔註142〕。

2、國立故宮博物院存南宋初期刊宋元遞修九行本十六卷（共五冊，存列傳二十七至四十二）〔註143〕。

3、北京圖書館存宋刻宋元明遞修本五十卷（十五冊，九行十八自白口左右雙邊）；刻宋元明遞修本五十卷（十冊，九行十八自白口左右雙邊）〔註144〕。

4、北京大學圖書館、中國人民大學圖書館、中共北京市委圖書館、上海圖書館、遼寧省圖書館、吉林省圖書館、南京圖書館、南京博物院、浙江圖書館、開封市圖書館、湖北省圖書館、武漢大學圖書館、雲南省圖書館、四川大學圖書館存宋刻宋元明遞修本五十卷，清丁丙跋〔註145〕。

（十七）《後周書》五十卷　　（見書影十六）
宋刊明修本

作者：（唐）令狐德棻等奉敕撰。

藏書來源：不詳。

卷數：五十卷。

冊數：十冊。

版本：南宋前期刊（宋元明初至明嘉靖八至十年遞修）。陸心源於跋文中云此版本不佳：

> 本書爲紹興十四年蜀眉山刊本，修至明嘉靖十年止，以汲古閣本校一過，毛本僞奪甚多，乃知宋本之善。……宋嘉祐以唐抄付刊改之未淨者，梁鸞等序不言有缺失，不應紹興眉山覆刊，遽以《北史》補之，其與《北史》同者，安知非同採柳、牛二史乎？《文淵閣書目》有周書四部，想其時宋刊完本必多，明人刊書粗荼，兩監重刊，並不求善本補全，北監雖較勝南監，亦如唯之與阿，毛氏重雕竟以南監爲祖，由是此書無

〔註142〕http://nclcc.ncl.edu.tw/ttscgi/ttsweb?@@1442216222，民國89年4月10日取自國家圖書館《臺灣地區善本古籍聯合目錄》。

〔註143〕同上。

〔註144〕北京圖書館編，《北京圖書館古籍善本書目》史部（北京：書目文獻），頁239～240。

〔註145〕中國古籍善本書目編輯委員會編，《中國古籍善本書目》史部（上）（上海：上海古籍出版社，1993年4月第一版），頁70。

完本矣〔註146〕。

清邵懿辰亦謂諸史之中，爲《北齊書》與《周書》斷爛最甚〔註147〕。靜嘉堂文庫載本書原刻紙頁不大相同，宋修版本亦同，大部分是元修及明修的紙頁，明時所修的版心象鼻多處刻有「嘉靖八年補刊」、「嘉靖九年刊・補刊」、「嘉靖十年刊・補・補刊」等語〔註148〕。

版式：高廣 32.7×22.0 米厘。左右雙邊（22.3×17.8 米厘），有界，每半葉九行，每行十八字，版心線黑口，魚尾，橫一線，白口，單黑魚尾，雙黑魚尾等不定，刻者姓名，大小字數。（明初所修幾乎有刻者姓名及大小字數）〔註149〕列傳第二十二、二十三後有校語兩行，卷數以紀傳爲起訖〔註150〕。

序跋：後周書目錄。（上周書敘）臣燾臣安國臣希校上序（燾者梁燾，安國者王安國，希者林希）〔註151〕。

宋諱字：玄、敬、境、弘、匡、恇、恒、貞、徵、懲、讓、桓、搆、構。

刻者姓名：（宋刻）沈仁舉、高異、高文、朱光、徐杞、張堅、陳山、陳全、李成、（元補刻）何宗十七、王元亨、丘舉之、朱長二（長二）、曹德新、茅化龍、茅文龍、林茂叔、王正、王全、汪亮、翁升、可原、何建、何浩、雇恭、谷仲、士元、子成、周明、章東、章文、沈英、沈山、沈壽、青之、石寶、張珍、趙良、陳新、鄭、范元、茂五、茂實、劉仁、（嘉靖八年〔1529〕補刻）琰、缶、求、瑾、先、碧、寶、容、（嘉靖十年補刻）人、先、龍、（刻年不詳）防夫口、君吳〔註152〕。

藏書章：「存齋四十五歲小像戊寅二月某石并刊」。

現存宋刊本：

1、國家圖書館存南宋初期刊宋元遞修九行本五十卷（十冊，23×18.9 公分，九行十八字，左右雙欄，版心白口或線黑口，單魚尾或雙魚尾，或以橫線區分等，上記大小字數，下記刻工名，如王信、王渙、高異、高文、朱光、張堅、沈仁舉、李

〔註146〕陸心源著，《儀顧堂續跋》（臺北：廣文書局，民國 57 年 3 月初版），卷五，頁 243～250。

〔註147〕（清）卲懿辰撰，《增訂四庫簡明目錄標注》（臺北：世界書局，民國 66 年 8 月三版）（上），頁 200。

〔註148〕靜嘉堂文庫編，《靜嘉堂文庫宋元版圖錄・解題篇》（東京：汲古書院，平成四年四月第一刷），頁 20。

〔註149〕同上。

〔註150〕陸心源著，《儀顧堂續跋》（臺北：廣文書局，民國 57 年 3 月初版），卷五，頁 243。

〔註151〕同上。

〔註152〕靜嘉堂文庫編，《靜嘉堂文庫宋元版圖錄・解題篇》（東京：汲古書院，平成四年四月第一刷），頁 20。

正、李成等，宋諱炫匡樹等字缺筆。）；存南宋初期刊宋元遞修九行本十卷（存一至十卷，三冊。）

2、上海圖書館存宋刻元修本一卷（存第四十卷）〔註153〕。

3、北京圖書館、北京大學圖書館、華東師範大學圖書館、吉林省圖書館、甘肅圖書館、南京圖書館、湖南省圖書館、雲南省圖書館存宋刻宋元明遞修本五十卷〔註154〕。

4、北京圖書館存宋刻宋元明遞修本五十卷，清周星貽跋〔註155〕。

5、南京圖書館存宋刻宋元明遞修本五十卷，清丁丙跋〔註156〕。

（十八）《隋書》八十五卷
宋刊配元覆本

作者：（唐）魏徵等奉敕撰。

藏書來源：不詳。

卷數：八十五卷。

版本：《皕志》載宋刊配元覆本，《靜嘉堂文庫漢籍目錄》只載收藏十萬卷樓元刊本及守先閣明刊本。

版式：每頁二十行，每行十九字，左線外有篇名。

序跋：無

宋諱字：慎、貞、恆、桓、構。

刻者姓名：不詳。

藏書章：不詳。

現存宋刊本：

1、本書臺灣地區無宋刊本。

2、北京圖書館存宋刻遞修本六十五卷（存一至九卷、十三至十五卷、十九至二十六卷、三十二至七十六卷）宋刻本五卷（存二十四至二十五卷、八十三至八十五卷，李盛鐸跋、袁克文跋，二冊，十行十九字細黑口左右雙邊）〔註157〕；宋刻遞修

〔註153〕中國古籍善本書目編輯委員會編，《中國古籍善本書目》史部（上）（上海：上海古籍出版社，1993年4月第一版），頁70。

〔註154〕同上。

〔註155〕同上。

〔註156〕同上。

〔註157〕中國古籍善本書目編輯委員會編，《中國古籍善本書目》史部（上）（上海：上海古籍出版社，1993年4月第一版），頁71。

本八十五卷（沈曾植題款，十二冊，十四行二十五至二十六字白口左右雙邊）〔註158〕。

3、上海圖書館存宋刻本一卷（存第十一卷）〔註159〕。

（十九）《北史殘本》八十一卷　　（見書影十七）
　　　　宋刊本

作者：（唐）李延壽撰。

藏書來源：不詳。

卷數：存八十一卷（卷二、卷六至十八、卷二十至二十九、卷三十一至八十、卷九十三至九十八、卷一百）〔註160〕。

冊數：八十冊。

版本：建本，南宋中期刊。

版式：高廣 20.4×16.7 米厘。左右雙邊（20.77×12.7 米厘），有界，每半葉十行，每行十八字，版心線黑口，雙黑魚尾，耳格（小題帝名）〔註161〕。

序跋：不詳。

宋諱字：《皕志》載匡、恒、貞、徵、樹、桓、構、慎、敦、廓，皆缺筆，爲宋寧宗時刊本，且本書字畫清朗，紙質瑩潔，係宋版宋印之精者〔註162。〕靜嘉堂文庫增加本書諱字有玄、朗、驚、弘、禎、讓、燉〔註163〕。

刻者姓名：不詳。

藏書章：「季振宜藏書」、「歸安陸樹聲叔桐父印」。

現存宋刊本：

（1）臺灣地區無宋刊本。

（2）北京圖書館存宋刻本二十七卷（存十三至三十八卷、四十九卷，十三冊，十行十八字細黑口左右雙邊）〔註164〕。

〔註158〕北京圖書館編，《北京圖書館古籍善本書目》史部（北京：書目文獻），頁240。
〔註159〕同註157。
〔註160〕陸心源著，《皕宋樓藏書志・續志》（臺北：廣文書局，民國57年），頁821。
〔註161〕靜嘉堂文庫編，《靜嘉堂文庫宋元版圖錄・解題篇》（東京：汲古書院，平成四年四月第一刷），頁21。
〔註162〕同註160。
〔註163〕同上。
〔註164〕北京圖書館編，《北京圖書館古籍善本書目》史部（北京：書目文獻），頁242。

（二十）《唐書》二百五十卷　　（見書影十八）
　　　北宋杭州刊本　　（宋）李安詩克齋舊藏

作者：（宋）歐陽修、宋祁奉敕撰。

藏書來源：宋李安詩克齋舊藏。《皕志》中載無名氏跋：

> 此書逮今一百四十餘年，來自杭之桂翁，桂翁年逾八袠，見饟予余，以囊橐暫乏，託之友人宋節，賈來旬日，始償價書，以示吾子孫，當謹保之，毋忽。時大明永樂八年歲次庚寅夏五月望日錢唐。……此宋板唐書爲錢唐李氏藏本，予愛其字畫無訛，標抹詳好，珍收有年，第中多殘缺，茲以燕閒抄錄，裝繕俾成完璧，書示子孫，使知先賢之嗜學與予之心尚其寶護無□云，時萬曆癸巳重九充菴居士識〔註165〕。

至於李安詩是何人，陸心源根據全書皆經點抹，卷中多有會稽李安詩題語（出現於紀第四、第十，志第十七上、二十五、四十四、五十，列傳第七、四十七、六十六、一百五十），自景定甲子迄咸淳丁卯點完（景定爲理宗年號，咸淳爲度宗年號），判定李安詩爲宋季人，又根據宋嘉定壬申刊本大事記，末有記「免解進士充府學直學李安詩同校正」之銜名，而嘉定壬申距景定甲子五十二年，應當是李安詩所屬的年代〔註166〕。

卷數：《皕志》載本書共二百五十卷。靜嘉堂文庫卻記載本書一百八十八卷，缺卷與抄補爲卷十二至十七、卷一百五十九至百八十九；缺頁爲卷一第二頁，卷七十五下第十五至二十九頁；萬曆二十一年抄補卷十一、卷十八至二十四、卷七十一上第一至四、六、七、十七、十九、二十三、二十四、二十九至三十二、三十四、九十八至一百、一百三十一至一百三十四頁。補配卷爲卷六十八、六十九、十一、十二、一百三十五、一百三十六。

冊數：九十冊。

版本：《皕志》載北宋杭州刊本，陸心源依避諱字甚謹不及英宗以下，應爲嘉祐進書時刊本〔註167〕。靜嘉堂文庫則載本書係宋紹興南宋前期修且列爲重要文化財〔註168〕。

版式：左右雙邊（21.2×14.0 米厘），有界，每半葉十四行，每行二十四乃至二十五

〔註165〕陸心源著，《皕宋樓藏書志・續志》（臺北：廣文書局，民國57年），頁824～825。
〔註166〕陸心源著，《儀顧堂題跋》上（臺北：廣文書局，民國57年），卷二，頁124～125。
〔註167〕同上，頁123。
〔註168〕靜嘉堂文庫編，《靜嘉堂文庫宋元版圖錄・解題篇》（東京：汲古書院，平成四年四月第一刷），頁21。

字，注文雙行三十一乃至三十三字，版心白口，單黑魚尾，刻者姓名〔註169〕。

序跋：前有（曾公亮上進書表）嘉祐五年（1060）六月日提舉編修推忠佐理功臣正奉大夫尚書禮部侍郎參知政事臣曾公亮上表，卷末題唐書凡二百二十六篇，摠二百五十卷。十三志，五十篇，五十六卷；三表，十五篇，二十二卷；列傳，一百五十篇，一百六十卷；錄，二卷等字凡五行〔註170〕。唐書錄卷上　推忠佐理功臣正奉大夫尚書禮部侍郎參知政事柱國盧陵郡開國公食已（邑）二千一百戶食實封貳伯戶賜紫金魚袋臣曾公亮奉敕提舉編修（第五至十七丁抄補）。唐書錄卷下（第一至十八抄補）李安詩每卷有跋〔註171〕。

宋諱字：朗、匡、徹、靈、恒、桓、鏡、竟、敬、貞皆缺避，宋仁宗時刊本。靜嘉堂文庫另載玄、弦、泫、炫、玹、鉉、驚、境、弘、泓、殷、禎皆缺避。

刻者姓名：董三六、董四三、李十娘、衛祥、王益、王介、王芥、王昌、王眞、王震、王成、王祖、王端、王賓、華元、虞集、雇中、雇仲、吳諧、吳邵、吳紹、蔡舉、史復、謝氏、周志、周祥、周詳、周畢、周煇、周富、徐氏、章彥、章中、章忠、章立、蔣濟、蔣先、沈章、董安、董易、董暄、莫中、莫忠、毛易、余俊、李孜、李敏、李謀、李攸、六通、（補刻）王昇。王祚、嚴詵、胡寔、顧諲、蔡通、施珣、施澤、朱明、徐用、章宇、章受、章容、錢端、孫容、戴全、張通、陳說、董暉、董昕、莫允、莫中、李崧、呂昕〔註172〕。

藏書章：「李安詩伯之克齋藏書」（朱文方印，有百餘印）、「滄葦」、「季振宜印」（朱文兩印）、「季振宜藏書」（朱文長印）〔註173〕。靜嘉堂文庫載本書藏書章另有「錢唐梁氏珍藏畫記」、「子子孫孫永用之」、「樹德堂子孫保之」、「媟谷圖書」、「仲履」、「充菴」、「申源」、「浦充端印」、「毛褒」、「華伯」、「在在處處有神物護持」、「汪士鐘印」、「閬源眞賞」、「歸安陸樹聲叔桐父印」〔註174〕。

現存宋刊本：

1、國家圖書館存宋紹興刻宋元遞修公文紙印本一百三十二卷，目錄二卷（共二十二

〔註169〕同上。

〔註170〕陸心源著，《儀顧堂題跋》上（臺北：廣文書局，民國57年），卷二，頁123。

〔註171〕靜嘉堂文庫編，《靜嘉堂文庫宋元版圖錄・解題篇》（東京：汲古書院，平成四年四月第一刷），頁21。

〔註172〕靜嘉堂文庫編，《靜嘉堂文庫宋元版圖錄・解題篇》（東京：汲古書院，平成四年四月第一刷），頁21。

〔註173〕陸心源著，《皕宋樓藏書志・續志》（臺北：廣文書局，民國57年），頁825。

〔註174〕靜嘉堂文庫編，《靜嘉堂文庫宋元版圖錄・解題篇》（東京：汲古書院，平成四年四月第一刷），頁21。

冊，缺卷為卷四十四、卷四十八至七十、卷七十一至七十三、卷七十六至九十一、卷一百一十至一百五十五、卷二百一十六至二百一十九、卷二百二十三至二百二十五）；存南宋中期建安魏仲立宅刊本一百九十三卷（共六十七冊，版式為十行十九字，註雙行，左右雙欄，版心線黑口，雙魚尾，上間記字數。缺志卷三十四至四十三，表卷十上、卷十四，傳卷四十至四十三、卷六十一至六十四、卷一百二十四至一百二十九、卷一百三十八至一百四十二、卷一百四十八至一百四十九，凡三十二卷）〔註175〕。

2、北京圖書館存宋紹興刻宋元遞修公文紙印本一百三十二卷（存目錄、一至四十三卷、四十五至四十七卷、七十卷下、七十四至七十五卷、九十二至一百零九卷、一百五十六至二百十五卷上、二百二十至二百二十二卷）；宋刻本八卷（存七十二卷中下、七十四卷、二百十五至二百二十卷）：宋刻本一百二十四卷（存九十七至二百零七卷、二百十二至二百二十二卷中、二百二十四下至二百二十五卷，其中一百六十三至一百六十四卷、二百十二至二百十三卷配明刻本）；宋刻本二卷（存二十七卷下、二十八卷）〔註176〕。

3、南京圖書館存宋刻本一百五十五卷（存一至十八卷、二十四至四十六卷、五十至五十七卷、六十一至七十一卷上、七十一下至七十二卷上、七十三至八十五卷、八十七至一百零四卷、一百零七至一百一十卷、一百十九至一百二十卷、一百三十三至一百三十五卷、一百四十七至一百五十六卷、一百六十四至一百七十七卷、一百八十三至一百九十二卷、一百九十六至二百零一卷、二百十一至二百十四卷、二百十五下至二百二十卷、二百二十三卷）〔註177〕。

案：本書係罕見本。

（二一）《唐書》二百五十五卷
宋刊中字本

作者：（宋）歐陽修、宋祁奉敕撰。

藏書來源：不詳。

卷數：二百五十五卷。

〔註175〕http://nclcc.ncl.edu.tw/ttscgi/ttsweb? @@4080184786，民國89年4月10日取自國家圖書館《臺灣地區善本古籍聯合目錄》。
〔註176〕中國古籍善本書目編輯委員會編，《中國古籍善本書目》史部（上）（上海：上海古籍出版社，1993年4月第一版），頁74～75。
〔註177〕同上。

版本：南宋官刻本，本書頁頁皆原刻，無一修補之頁。

版式：每頁二十行，每行十九字，版心有刻工姓名及字數，大題在下。

序跋：進表。

宋諱字：匡、胤、殷、敬、靈、恒、貞、頊、構、皆缺避。

刻者姓名：略。

藏書章：略。

現存宋刊本：略。

案：靜嘉堂文庫有藏此書，但未拍成爲微縮資料，亦限制閱覽原件。

（二二）《資治通鑑殘本》二百二十四卷 （見書影十九、二十）
北宋刊大字本 （元）靜江路儒學舊藏

作者：（宋）司馬光奉敕撰。《資治通鑑》〈進資治通鑑表〉載：

> 臣光言，先奉敕編集歷代君臣事蹟，又奉聖旨賜名《資治通鑑》，今已了畢，伏念臣性識愚魯學術荒疏，凡百事爲皆出人下，獨於前史嘗盡心，自幼至老嗜之不倦，每患遷、固以來，文字繁多，自布衣之士讀之不遍，況於人主日有萬幾，何暇周覽，臣常不自揆，欲刪削冗長，舉撮機要，專取關國家興衰繫生民休戚，善可爲法惡可爲戒者，爲編年一書，使先後有倫、精粗不雜，私家力薄無由可成，伏遇英宗皇帝資睿智之性，敷文明之治思，歷覽古事用恢張大猷，爰詔下臣俾之編集，臣夙昔所願一朝獲伸，……〔註178〕。

《直齋書錄解題》載：

> 資治通鑑凡二百九十四卷，目錄三十卷，攷異三十卷。丞相溫公司馬光君實傳，初光嘗約戰國至秦二世，如左氏體爲志八卷以進，英宗悅之，遂命論次歷代君臣事蹟，起周威烈王，迄乎五代，就秘閣置局，神宗御製序賜名《資治通鑑》〔註179〕。

藏書來源：元靜江路儒學舊藏。

卷數：殘卷二百二十四卷（存卷爲卷六至十六、卷十九、卷二十一至三十四、卷三十八至五十四、卷五十七至七十、卷七十二至一百一十一、卷一百十三至一百十七、卷一百二十二至一百二十九、卷一百三十五至一百三十九、卷一百四十一至一百五

〔註178〕司馬光撰，《資治通鑑》（臺北：新文豐出版社，民國72年）司馬光進表，頁7。
〔註179〕（宋）陳振孫撰，《直齋書錄解題》（臺北：廣文書局，民國68年），卷四，頁265。

十五、卷一百五十七、卷一百六十一至一百八十六、卷一百八十八至一百九十、卷一百九十四至二百三十、卷二百三十三至二百五十、卷二百五十四、卷二百五十五、卷二百六十至二百六十五、卷二百七十一）〔註180〕，靜嘉堂文庫存卷爲二百二十三卷，缺第二百二十六卷〔註181〕。

冊數：一百二十冊。

版本：南宋前期刊（鄂州孟太師府三安撫位鵠山書院）元修　（至元二十六至二十八年福建行中書省參知政事魏天祐覆南宋前期鄂州鵠山書院刊本）〔註182〕

版式：左右雙邊（23.9×17.9　米厘），有界，每半葉十一行，每行十九字，注文雙行二十三字，版心白口，雙黑魚尾，刻者姓名，大小字數〔註183〕。

序跋：（卷六十八尾題　後　雙邊兩行木記）鄂州孟太師府三安撫／位刊梓于鵠山書院

宋諱字：玄、炫、絃、鉉、朗、敬、驚、弘、殷、匡、恇、筐、胤、徵、恒、貞、曙、讓、佶、桓、構、媾、講、溝、搆、愼、敦、郭等〔註184〕。

刻者姓名：許德清、蔡元老（元老）、張俊義（俊義）、劉康臣（康臣）、奕之、王益、王瑗、葛文、魏文、胡寧、吳進、興宗、徐君、鍾興、沈顯、仁仲、陳琚、陳洪、鄧堅、潘梓、文虎、李先、劉松、劉文、林茂、（元補刻）王吉甫（吉甫）、徐友益（友益）、魏埜、（刻年不詳）楊庚、林祚〔註185〕。

藏書章：「闕借官書常加愛護此亦士大夫百行之一也仍令司書明白附簿一月一點毋致久假或頓壞去失依／理追償收匿者聞公議罰」（朱文官印）、「靜江路學係籍官書」、「長州顧仁效水東館攷藏圖籍私印」（朱文長印）、「顧仁效印」、「陽山顧氏攷藏」、「汪士鐘藏」、「歸安陸樹聲叔桐父印」〔註186〕。

現存宋刊本：

1、國家圖書館存資治通鑑目錄南宋初刊宋元遞修本三十卷（共十二冊，版式為橫十三行，行字數不定，左右雙欄，版心黑口，有清莫有芝手書題記）〔註187〕。

〔註180〕陸心源著，《皕宋樓藏書志‧續志》（臺北：廣文書局，民國57年），頁865～866。
〔註181〕靜嘉堂文庫編，《靜嘉堂文庫宋元版圖錄‧解題篇》（東京：汲古書院，平成四年四月第一刷），頁22。
〔註182〕同上。
〔註183〕同上。
〔註184〕同上。
〔註185〕同上。
〔註186〕同上。
〔註187〕http://nclcc.ncl.edu.tw/ttscgi/ttsweb？@@3560558288，民國90.5.23取自國家圖書館《臺灣地區善本古籍聯合目錄》。

2、北京圖書館存宋紹興三年兩浙東路茶鹽司公使庫刻本二百九十四卷目錄三十卷
（一百十六冊，十二行二十四字白口左右雙邊）；宋紹興三年兩浙東路茶鹽司公
使庫刻本二百九十四卷（配其他五種宋本，一百零八冊）；宋刻本二百九十四卷
（一百三十九至一百四十卷、二百十四至二百十六卷、二百六十五至二百六十七
卷配清抄本，一百二十冊，十一行二十一字白口左右雙邊）；宋刻本九十四卷（存
四至二十四卷、六十七至八十七卷、一百四十一卷、一百五十九至一百八十五卷、
二百三十五至二百五十七卷、二百八十八卷，七十二冊，十一行二十一字白口左
右雙邊）；宋刻本九十二卷（存三十九至六十八卷、七十六至八十七卷、一百零
六至一百零九卷、一百十一至一百十三卷、一百二十五至一百三十一卷、一百三
十五至一百四十一卷、一百四十五至一百五十一卷、一百五十三卷、一百五十四
卷、一百五十七卷、一百八十八至一百八十九卷、二百一十五至二百一十八卷、
二百二十九至二百三十卷、二百三十八卷、二百四十一至二百四十二卷、二百六
十至二百六十一卷、二百七十二至二百七十四卷、二百七十七至二百七十九卷，
三十二冊，十一行二十一字白口左右雙邊）；宋刻本七十七卷（存四至五卷、九
至十二卷、十五至十七卷、二十四至二十九卷、三十九至五十九卷、六十三至六
十五卷、七十六至八十卷、一百四十八至一百四十九卷、一百五十六卷、一百五
十八至一百六十九卷、一百七十七至一百七十九卷、二百十八卷、二百二十卷、
二百四十二至二百四十三卷、二百四十五至二百四十七卷、二百五十卷、二百五
十二至二百五十三卷、二百七十一卷、二百八十四至二百八十七卷，二十九冊，
十一行十九字白口左右雙邊）；宋刻本十五卷（存二十二至三十六卷，五冊，十
一行二十一字細黑口左右雙邊）；宋刻本三卷（存七十四至七十五卷、二百一十
卷，三冊，十一行十九字白口左右雙邊）；宋刻本一卷（存二百七十卷，一冊，
十一行十九字白口左右雙邊）〔註188〕。

3、上海圖書館存宋刻本七十四卷（存五十八至六十六卷、八十八至一百零六卷、一
百零八至一百十四卷、一百四十六志一百五十二卷、一百五十五至一百五十八
卷、一百八十六至一百九十四卷、二百十二卷、二百二十五至二百二十六卷、二
百三十四卷、二百六十二至二百六十五卷、二百七十卷）〔註189〕。

〔註188〕北京圖書館編，《北京圖書館古籍善本書目》史部（北京：書目文獻），頁263～265。
〔註189〕中國古籍善本書目編輯委員會編，《中國古籍善本書目》史部（上）（上海：上海古
籍出版社，1993年4月第一版），頁102。

（二三）《資治通鑑殘本》一百四十九卷
　　　　宋刊本

作者：（宋）司馬光奉敕撰。

藏書來源：不詳。

卷數：一百四十九卷（存卷為卷十一至十五、卷三十七至四十二、卷四十五、卷四十六、卷五十一、卷五十二、卷七十二至七十九、卷八十八、卷八十九、卷九十二至一百零一、卷一百一十至一百一十三、卷一百十七至一百三十六、卷一百四十至一百四十三、卷一百四十七至一百五十一、卷一百五十八至一百七十、卷一百七十三、卷一百七十四、卷一百八十八至二百、卷二百零九至二百十六、二百二十五至二百二十八、卷二百三十四至二百三十七、卷二百四十至二百五十五、卷二百六十三、卷二百六十四、卷二百六十六至二百七十一、卷二百七十六、卷二百七十七、卷二百八十、卷二百八十一、卷二百八十四至二百九十三）〔註190〕其中卷二百三十七《皕志》誤刻為卷二百二十七；靜嘉堂文庫所錄存卷則與《皕志》稍有差異，即卷一百一十四至一百一十六、卷一百四十四、卷二百二十九、卷二百六十五、卷二百九十四《皕志》皆缺，故靜嘉堂文庫實際蒐藏總卷數為一百五十五卷〔註191〕。

冊數：三十冊。

版本：《皕志》載宋刊本；靜嘉堂文庫判定是南宋中期刊（建安）。

版式：右雙邊（20.7×13.0 米厘），有界，每半葉十一行，每行二十一字，版心線黑口，雙黑魚尾〔註192〕。

宋諱字：玄、鉉、懸、弦、朗、敬、驚、弘、泓、殷、匡、恇、境、竟、恒、貞、偵、楨、徵、懲、署、樹、讓、驤、桓、完、構、購、慎、惇、敦、燉、郭等〔註193〕。

校正者名：卷二百四十九末題次行，有「左文林郎知紹興府嵊縣丞臣季祐之校正」〔註194〕。

藏書章：「汪士鐘印」、「源眞實」、「嚴蔚」、「希之」、「二酉齋藏書」、「二酉齋」、「吳郡欽叔家藏」、「萬卷堂圖書印」、「裛古閣藏」〔註195〕。

〔註190〕陸心源著，《皕宋樓藏書志·續志》第三輯（臺北：廣文書局，民國57年），頁868〜869。

〔註191〕靜嘉堂文庫編，《靜嘉堂文庫宋元版圖錄·解題篇》（東京：汲古書院，平成四年四月第一刷），頁23。

〔註192〕同上。

〔註193〕同上。

〔註194〕同上。

〔註195〕同上。

現存宋刊本：略

（二四）《資治通鑑考異》三十卷
　　　　　宋刊本
作者：（宋）司馬光奉敕撰。
卷數：三十卷。
版本：宋刊本。
版式：每頁二十行，每行二十字，注文二十三字，版心有刻工姓名及字數。
序目：無。
刻工姓名：無。
宋諱字：朗、匡、胤、敬、貞、恒皆缺避，「桓」字不避。
現存宋刊本：
1、臺灣地區無宋刊本。
2、北京圖書館存宋紹興二年（1132）兩浙東路茶鹽司公使庫刻宋元遞修本二十七卷
　　（存一至二十七卷，二十冊、行字不等白口左右雙邊）；宋紹興二年兩浙東路茶
　　鹽司公使庫刻宋元遞修本三十卷（二十七至三十卷抄補，十四冊，十一行二十字
　　小字雙行白口左右雙邊）；宋刻本二十六卷（存一至二卷、五至十六卷、十九至
　　三十卷，十二冊，十行二十二字小字雙行同白口四周雙邊）；宋刻本八卷（存十
　　一至十八卷，二冊，十一行二十字小字雙形同白口左右雙邊）〔註196〕。

（二五）《陸狀元集百家註資治通鑑詳節》一百二十卷
　　　　　宋刊本
作者：（宋）司馬光撰，（宋）陸唐老集注。
卷數：一百二十卷（卷一看通鑑法，卷二通鑑總例、通鑑圖譜，卷三至卷五通鑑舉
要歷，卷六至十二通鑑君臣事實分紀，卷十五十六通鑑外紀，卷十七至一百二十通
鑑。）此書《四庫》不收，付存其目〔註197〕。
版本：南宋麻沙本。
版式：每頁二十八行，每行二十三字，小字雙行，每行二十六字，版心有字數，小
黑口。

〔註196〕北京圖書館編，《北京圖書館古籍善本書目》史部（北京：書目文獻），頁267。
〔註197〕陸心源著，《皕宋樓藏書志‧續志》第三輯（臺北：廣文書局，民國57年），卷二
　　　　十，頁873。

序目：神宗御製資治通鑑序、獎諭詔書、溫公進表、溫公資治通鑑序、劉秘丞外紀序、溫公外紀、通鑑釋文序、敘撰十七史姓名、集注十七史姓名。

宋諱字：朗、殷、匡、貞、恒、桓、慎、構皆缺避〔註198〕。

刻者姓名：不詳。

藏書章：「臣陸樹聲」、「新又新」、卷三十末「顏氏家訓曰借人典籍，皆須愛護，先有缺壞，就為補治，此亦士大夫百行之一，或有狼籍，凡章分散部佚，多為幼童婢妾所點污，風雨犬鼠所毀傷，實為累德」、「歸安陸樹聲之印」等。

現存宋刊本：無。

（二六）《通鑑釋文》三十卷　（見書影二一）
宋刊本

作者：（宋）史炤撰。《直齋書錄解題》載：

> 左宣義郎眉山史炤見可撰，馮時行為之序，今攷之公休之書，大略同而加詳焉，因其舊而附益之者也〔註199〕。

《儀顧堂集》載：

> ……馮時行序詳哉言之，見可履官行事不甚著稱，見於結銜者，知其官宣義郎，監成都糧料院，見於《縉雲文集》者，知其名炤，字見可，眉山人，清卿曾孫，時行為見可作序，時在紹興三十年已云，年幾七十，好學之志不衰，其人當生於元祐末年，而終於孝宗時，常熟瞿氏藏書記，以度宗紀之，利州路統制史炤當之，繆矣〔註200〕。

卷數：三十卷。

版本：《皕志》載宋刊本，靜嘉堂文庫載南宋刊（建安）。光緒年間陸心源重刊本書，計四冊（十五函，臺大圖書館有藏此刊本），陸心源於〈重雕宋本通鑑釋文〉對三種音釋略加評論，謂：

> 胡身之未注資治通鑑以前，音釋者凡三，一為司馬公休，一為廣都費氏，一為史見可炤也，公休本刊於海陵，郡齋襲史書而託名公休，費本全采史書，略參已見，世謂之龍爪本，惟見可精索粗用，深探約見，積十年而成書，……其書在宋時甚行，故偽公休本、費氏本皆襲之，字胡身之辯

〔註198〕同上。
〔註199〕陳振孫，《直齋書錄解題》（上）（臺北：廣文書局，民國68年5月再版），卷四，頁269。
〔註200〕陸心源著，《儀顧堂集》（臺北：臺聯國風出版社，民國59年），卷六，頁231。

誤出，而此書遂微，身之所糾固多中見可之失，然其長處亦有不可沒者，竹汀錢氏謂：胡氏長於地理，見可精於小學，二者未可偏廢，誠篤論也，明以後傳本甚稀，「升菴外集」一再徵引，此外罕著於錄，余所藏為黃氏百宋一廛舊物，完善無缺，因仿雕以廣其傳〔註201〕。

版式：四周雙邊（20.4×12.7 米厘），有界，每半葉十二行，每行二十二字，注文雙行三十字，版心線黑口，雙黑魚尾，大小字數〔註202〕。

序跋：資治通鑑釋文序，紹興三十年（1160）三月日左朝散郎權發遣黎州軍州主管學事縉雲馮時行序。序文的末四行可能被刪去，而刊記部分亦被刪去，卷末有嘉慶己卯仲春琴水桐生手跋〔註203〕。

宋諱字：恒、橫、貞、桓、構。卷一（周紀一）的「威公」下方將「桓」字注釋「犯宋孝慈淵聖御名」、卷十七（梁紀二十二）欽皇帝下的「敬」字注釋「犯翼祖廟諱金改作欽」〔註204〕。

藏書章：「平陽汪氏藏書印」、「汪士鐘印」、「士鐘」、「閬源父」、「宋本」、「三十五峰園主人」、「泰峰審定」、「醒齋真鑑」、「田耕堂藏」、「得樹樓藏書」、「南書房史官」、「海寧查慎行字夏重又曰悔餘」、「十萬卷樓」、「存齋讀過」、「存齋四十五歲小像戊寅二月某石並刊」、「歸安陸樹聲叔桐父印」〔註205〕。

現存宋刊本：

1、臺灣地區無宋刊本。

2、北京圖書館存宋刻本三十卷（十二冊，十二行十九字小字雙行約二十六字白口或黑口左右雙邊）〔註206〕。

（二七）《續資治通鑑長編撮要》一百八卷　（見書影二二）
　　　　　宋刊抄補本
　　　　　（宋）李燾撰

作者：（宋）李燾撰。《宋史》載：

　　　　李燾，字仁甫，眉州丹陵人，唐宗室曹王之後也，父中登第，燾甫冠，

〔註201〕陸心源著，《儀顧堂集》（臺北：臺聯國風出版社，民國59年），卷六，頁231。

〔註202〕靜嘉堂文庫編，《靜嘉堂文庫宋元版圖錄‧解題篇》（東京：汲古書院，平成四年四月第一刷），頁24。

〔註203〕同上。

〔註204〕同上。

〔註205〕同上。

〔註206〕北京圖書館編，《北京圖書館古籍善本書目》史部（北京：書目文獻），頁268。

憤金讎未報，著《反正議》十四篇，皆救時大務，紹興八年，擢進士第，……　熹恥讀王氏書，獨博極載籍，搜羅百氏，慨然以史自任，本朝典故尤悉力研覈，仿司馬光《資治通鑑》例，斷自建隆，迄於靖康，爲編年一書，名曰長編，浩大未畢，仍效光體爲百官公卿表，史官以聞，詔給札來上。……　熹性剛大，特立獨行，早著書，……平生生死文字間，長篇一書用力四十年，葉適以爲春秋以後纔有此書〔註207〕。

藏書來源：不詳。

卷數：陸心源謂：

> 《建康景定志》〈書籍門〉載：「通鑑長編有全本，有節本。」今影抄一百八卷本，刪去節要二字，與全本混淆莫辨，轉成疑實，以此書證之，一百八卷者節本也，一千六十三卷者全本也，李氏初意，蓋以節本配資治通鑑，以長編配長編耳，若非宋本僅存，安知一百八卷爲節本乎〔註208〕？

本書係撮要節本，存卷爲三十至三十四、卷三十八之一至四十之一、卷五十七之二至七十五之二、卷七十九至八十八、卷九十一之二至一百、卷一百一之一、卷一百五之一至一百六之二，餘影寫補全，其書起建隆元年迄英宗治平四年閏五月，凡一百八年，爲一百八卷，其事蹟多者，一卷之中又分子卷，有分三卷或四卷、五卷者，總分一百七十二卷，以大典五百二十卷本校勘，節去十分之三，故曰撮要也〔註209〕。

冊數：三十二冊。

版本：《皕志》載宋刊補抄本，靜嘉堂文庫載本書爲南宋刊本。

版式：左右雙邊（18.4×12.4 米厘　四周雙邊）、每半葉十三行、每行二十三字、注文雙行二十三字、大小字數〔註210〕。

宋諱字：玄、弦、眩、絃、鉉、警、驚、懲、署、讓、桓、完、構、講、購、愼等語，涉　及宋帝則上面空格〔註211〕。

刻者姓名：無。

藏書章：「金匱蔡氏醉經軒攷藏章」、「醉經主人」、「梁溪蔡氏」、「蔡廷楨印」、「卓

〔註207〕（元）脫脫等撰，《宋史》（臺北：洪氏出版社，民國64年初版），卷三八八，列傳一四七，頁11914～11920。

〔註208〕陸心源著，《皕宋樓藏書志・續志》（臺北：廣文書局，民國57年），卷二十，頁891～892。

〔註209〕陸心源著，《儀顧堂題跋》上（臺北：廣文書局，民國57年），卷三，頁147～149。

〔註210〕靜嘉堂文庫編，《靜嘉堂文庫宋元版圖錄・解題篇》（東京：汲古書院，平成四年四月第一刷），頁24。

〔註211〕同上。

如」、「廷相」、「伯卿甫」、「汪士鐘曾讀」、「宋本」（二種）、「功甫借觀」、「吳門」、「君謙私印」、「歸安陸樹聲叔桐父印」〔註212〕。

現存宋刊本：

1、臺灣地區無宋刊本。

2、北京圖書館、上海圖書館、山東大學圖書館存宋刻本一百零八卷（殘本）（八至二十九卷、三十五至三十八卷之（一）四十一之二至六十一卷、六十七至六十九、八十一之三至八十二之（三）八十七至八十八卷配清乾隆八年楊濬抄本，楊濬、蔣重光跋，四十八冊，十三行二十三字細黑口左右雙邊）〔註213〕。

（二八）《大事記》十二卷　　《通釋》三卷　　《解題》十二卷
　　　　　宋刊本

作者：（宋）呂祖謙編。《宋史》載：

> 呂祖謙字伯恭，尚書右丞好問之孫，自其祖始居婺州，祖謙之學本之家庭，有中原文獻之傳，常從林之奇、汪應辰、胡憲游，既又友張栻、朱熹，講索益精。初，蔭補入官，後舉進士，復中博學宏詞科，……閱三年，除秘書郎、國史院編修、實錄院檢討官，以修撰李燾薦，重修徽宗實錄，……祖謙學以關、洛為宗，而旁積載籍，不見涯涘，心平氣和，不立崖異，一時英偉卓犖之士皆歸心焉，……朱熹嘗言：「學如伯恭方能變化氣質。」其所講畫，將以開物成務，雖臥病，而任重道遠之意未衰，居家之政，皆可為後世法，修讀詩記、大事紀，皆未成書，考定古周易、書說、閫範、官箴、辨志錄、歐陽公本末，皆行於世，晚年會友之地曰麗澤書院〔註214〕。

藏書來源：不詳。

卷數：二十七卷。《直齋書錄解題》卷四、《欽定天祿琳琅書目》卷五、《黃氏日鈔》卷五十四、《明文衡》卷四十五、《四庫全書總目提要》卷四十七均有載本書。

版本：宋刊本。

版式：不詳。

序跋：呂祖謙伯恭序（淳熙七年正月一日）、李大有書。

〔註212〕同上。

〔註213〕中國古籍善本書目編輯委員會編，《中國古籍善本書目》史部（上）（上海：上海古籍出版社，1993年4月第一版），頁145。

〔註214〕（元）脫脫等撰，《宋史》（臺北：洪氏出版社，民國64年初版），卷四三四，列傳一九三，儒林四，頁12872～12874。

宋諱字：不詳。

校者姓名：同校正鄉貢免解進士充府學直學鄭應奇、同校正鄉貢免解進士充府學直學李安詩、同校正國學內舍免解進士充府學錄郁雲、同校正迪功郎新摯州武義縣主簿充府學正周浩然。

藏書章：不詳。

現存宋刊本：

（1）國家圖書館存大事記通釋宋嘉定壬申五年吳郡學舍刊本二卷（一冊）〔註215〕。

（2）國立故宮博物院圖書館存大事記通釋宋嘉定壬申五年吳郡學舍刊本二卷（一冊）〔註216〕。

案：靜嘉堂文庫存影宋刊精鈔本，卷末有黃虞稷跋語：

> 中字時可，晉江人，淳祐七年，廷尉第六人教授肇慶府，除國史實錄院，檢閱上書言當去小人之根草，賊吏之弊，遷國子監，丞兼崇正殿說書，言人能正心則是不足為人，君能正心則事不足治理，理宗嘉納之，以予給歸召為秘書郎，丁大全忌之，出知汀州，尋復舊官，主管成都玉局，觀乎是書予得之，戊子春迄今丁巳已三十年矣，鄉後學黃虞稷題〔註217〕。

（二九）《皇朝編年綱目備要》二十五卷　《補刊編年備要》五卷

（見書影二三）

宋刊抄補本　袁壽階舊藏

作者：（宋）陳均撰。《文獻通考》書錄解題載：

> 均字平甫，號雲巖，福建莆田人，謚正獻俊卿知從孫也，濡染家世舊聞，又時親炙於從父復齋先生宓，刻勵日奮，初肄業太學，及以累舉恩當大對不就，歸著此書。端平初簽書樞密院鄭姓之言於朝，有旨令本軍繕錄以進，授迪功郎，不受，郡守楊棟延入郡學為矜式，力辭不獲，深衣大帶，一至而返，閩帥王居安聞其名，延至福州，甚禮敬之，年七十餘卒。性之題其墓曰：篤行君子，著有編年舉要備要、中興舉要備要〔註218〕。

〔註215〕http://nclcc.ncl.edu.tw/ttscgi/ttsweb? @@2730636450，民國 90.5.23 取自國家圖書館《臺灣地區善本古籍聯合目錄》。

〔註216〕同上。

〔註217〕靜嘉堂文庫存影宋刊精鈔本，2001.3.13 錄自日本東京靜嘉堂文庫。

〔註218〕（元）馬端臨撰，《文獻通考》（二）（臺北：新興書局，民國 52 年），卷一九三，經籍篇，頁 1639。

《四庫全書簡明目錄》載：

> 宋陳均撰，用通鑑綱目之例，暨北宋九朝事蹟，大舉據日曆實錄，參以李燾長篇，則繁舉要，而稍以他書附益之，意存簡約，故苟非大事率略不書〔註219〕。

藏書來源：《儀顧堂題跋》云本書係嚴豹人舊藏，後歸黃氏「百宋一廛」者也〔註220〕。《皕志》載袁壽階舊藏。

卷數：三十卷（含補刊）。

版本：《皕志》載宋刊本，靜嘉堂文庫推定為南宋宋刊本（抄補）靜嘉堂秘笈之一，並列為重要文化財〔註221〕。

版式：周單邊（18.6×11.7米厘），有界，每頁十六行，每行大十六字，小二十四字，編年下有空字二格，列目止於二十五卷，後別為一行，云：「已後五卷，見成出售〔註222〕。」版心線黑口，雙黑魚尾，耳格（年號）〔註223〕。

序跋：（序）前太學生甫田陳均拜手稽首謹識。（序）紹定二年（1229）三月辛卯建安真德秀謹書。（序）紹定己丑（二年）中秋長樂鄭性之書。（序）紹定二年冬十一月南至朝議大夫直敷文閣新知漳州林邑敬書。皇朝編年綱目備要參用凡例。皇朝編年綱目備要引用諸書。皇朝編年綱目備要目錄　壺山陳均編。

宋諱字：朗、匡、光、義、貞、勗、桓、完、講、搆、購、惇、敦、愼等〔註224〕。

藏書章：「嚴蔚」（白文印）、「二酉齋藏書」（朱文印）、「士禮居」（朱文印）、「丕烈」（朱文印）、「蕘夫」、「汪士鐘印」、「源真賞」、「臣陸樹聲」、「歸安陸樹聲叔桐父印」〔註225〕。

現存宋刊本：

1、臺灣地區無宋刊本。

2、上海圖書館存宋紹定刻本三十卷，（清）錢大昕跋〔註226〕。

〔註219〕（清）永瑢《欽定四庫簡明目錄》（臺北：洪氏出版社，民國71年），卷五，頁196。
〔註220〕陸心源著，《儀顧堂題跋》上（臺北：廣文書局，民國57年），頁143。
〔註221〕靜嘉堂文庫編，《靜嘉堂文庫宋元版圖錄·解題篇》（東京：汲古書院，平成四年四月第一刷），頁25。
〔註222〕陸心源著，《皕宋樓藏書志·續志》第三輯（臺北：廣文書局，民國57年），頁924。
〔註223〕靜嘉堂文庫編，《靜嘉堂文庫宋元版圖錄·解題篇》（東京：汲古書院，平成四年四月第一刷），頁25。
〔註224〕靜嘉堂文庫編，《靜嘉堂文庫宋元版圖錄·解題篇》（東京：汲古書院，平成四年四月第一刷），頁25。。
〔註225〕同上。
〔註226〕中國古籍善本書目編輯委員會編，《中國古籍善本書目》史部（上）（上海：上海古籍

案：陸心源藏書係罕見本。

（三十）《通鑑紀事本末殘本》二十九卷　（見書影二四）
宋刊細字本　徐虹亭舊藏

作者：（宋）袁樞撰〔註227〕。

藏書來源：徐虹亭舊藏。

卷數：二十九卷（存卷為卷一、卷三至五、卷十一至十四、卷十九至二十七、卷三十一至四十二，其中缺頁為卷一第三十至最後、卷四第一至三十二頁、卷五第一至三十五頁、卷十九第一至三十七頁、卷二十七第三十八至最後、卷三十一第一至四十二頁、卷四十二第四十三至最後；抄補者為卷十九第三十八至七十四頁、卷二十四第一至七十七頁、卷三十八至四十）〔註228〕。

冊數：五十一冊。

版本：本書《皕志》載宋刊細字本，《儀顧堂續跋》載宋淳熙嚴州刊本。《靜錄》載宋淳熙刊（嚴州郡庠）。章大醇（字景孟，東陽人，寶慶二年進士，淳祐五年以朝奉郎知嚴州，轉朝散郎，六年十月，除侍左郎官，在任有惠政，官至大府少卿。）序是書刊於淳熙乙未，修於端平甲午至淳祐丙午，大醇守嚴州又重修之，本書書法秀整，體兼顏柳，偽字極少，遠勝大字本〔註229〕。

版式：左右雙邊（20.2×15.0 米厘），有界，每半葉十三行，每行二十四字，版心白口，雙黑魚尾，刻者姓名，大小字數〔註230〕。

序目：（序）是書刊于淳熙乙未（二年〔1175〕）修于端平甲午（一年〔1234〕）重修于淳祐丙午（六年〔1246〕）云季夏立秋日東陽章大醇景孟書。通鑑紀事本末總目　建安袁樞編

宋諱字：玄、弦、眩、縣、敬、驚、警、弘、殷、匡、胤、恒、貞、偵、禎、徵、懲、讓、勗、桓、構、溝、搆、媾、購、完、慎、敦等〔註231〕。

出版社，1993年4月第一版），頁146。

〔註227〕陸心源著，《儀顧堂續跋》（臺北：廣文書局，民國57年3月初版），卷七，頁299。

〔註228〕靜嘉堂文庫編，《靜嘉堂文庫宋元版圖錄・解題篇》（東京：汲古書院，平成四年四月第一刷），頁25。

〔註229〕陸心源著，《儀顧堂續跋》（臺北：廣文書局，民國57年3月初版），卷七，頁297～298。

〔註230〕靜嘉堂文庫編，《靜嘉堂文庫宋元版圖錄・解題篇》（東京：汲古書院，平成四年四月第一刷），頁25。

〔註231〕同上。

刊記：（章大醇的序後兩行銜名）待省進士州學直學兼釣台書院講書胡自得、掌工承直郎差充嚴州州學教授章士元董局。

刻者姓名：毛元亨、王永、王信、翁晉、翁眞、翁祐、季大、金彥、金昇、阮卞、吳玉、吳琮、吳中、吳仲、江漢、江郜、江淮、朱明、葉松、宋圭、宋昌、陳震、陳全、陳通、方淳、方昇、方先、方忠、方通、方范、方茂、毛杞、毛森、余元、余昌、楊永、楊暹、蘆洪、蘆適、（補刻）江大亨、方文虎、李德正、劉士永、翁珍、翁寧、虞文、江榮、江楫、蔡方、徐仁、蔣松、童泳、范石、方堅、方申、余斌、（刻年不詳）翁林、徐宥、馬生、方華、方哉、林昌〔註232〕。

藏書印：「吳江徐氏記事」（朱文長印）、「汪士鐘藏」（白文長印）、「柏山張氏省軒恒甫印」、「豫園主人」（龍文之丸印）、「歸安陸樹聲叔桐父印」〔註233〕。

現存宋刊本：

1、國家圖書館存宋淳熙二年（1175）嚴州郡庠刊、宋端平淳祐元初間遞修本三十五卷（共三十五冊，存三十五卷，存卷為卷一、卷二、卷二十九、卷三十一、卷三十三、卷三十五、卷三十八）；宋寶祐五年（1257）湖州刊本四十二卷（共一百冊）；同上刊本存三十六卷（共八十三冊，存卷一至三十六）；同上刊本存十八卷（共十八冊，存卷二、卷四、卷六、卷七、卷十一、卷十三至十八、卷二十、卷二十四、卷二十七、卷三十一、卷三十七、卷三十九、卷四十一）；同上刊本配補抄本存九卷（共九冊，存卷十九、卷二十四、卷二十六、卷二十八、卷三十、卷三十三、卷三十九至四十一；卷二十四及二十八係鈔配）；同刊本存五卷（共五冊，存卷七、卷十六、卷十八、卷十九、卷四十一）〔註234〕。

2、國立故宮博物院圖書館存宋寶祐五年（1257）湖州刊本配補抄本存九卷（共九冊，存卷十九、卷二十四、卷二十六、卷二十八、卷三十、卷三十三、卷三十九至四十一；卷二十四及二十八係鈔配）；同刊本存十八卷（共十八冊，存卷二、卷四、卷六、卷七、卷十三至十八、卷二十、卷二十四、卷二十七、卷三十一、卷三十七、卷三十九、卷四十一）；同刊本存五卷（共五冊，存卷七、卷十六、卷十八、卷十九、卷四十一）；宋淳熙二年嚴陵郡庠刻本三十五卷（共三十五冊，缺卷一、

〔註232〕同上。

〔註233〕陸心源著，《儀顧堂續跋》（臺北：廣文書局，民國57年3月初版），卷七，頁299。卷七，頁299；同見《靜嘉堂祕籍志》（大正六年，靜嘉堂排印本，1917年），卷五，頁2及《靜錄》頁25。

〔註234〕http://nclcc.ncl.edu.tw/ttscgi/ttsweb?@@4169428643，民國89年4月8日取自國家圖書館《臺灣地區善本古籍聯合目錄》。

卷二十九、卷三十一、卷三十三、卷三十五、卷三十八）〔註225〕。

3、北京圖書館存宋淳熙二年（1175）嚴陵郡庠刻本四十二卷（清顧廣圻、石韞玉跋、
　宗舜年跋；　共四十二冊，十三行二十四字或二十五字，白口，左右雙邊）；宋淳
　熙二年嚴陵郡庠刻本三卷（存二卷、十二至十三卷，清韓應陛跋、曹元忠跋）；
　同上刊本存二卷（存卷十七及十九）；同刊本存二卷（存卷二十五及三十六）；宋
　寶祐五年（1257）趙與篤刻本存一卷（存卷二）；同上刊本存二十二卷（存卷二
　至五、卷八至十、卷十二、卷十四、卷十五、卷二十一、卷二十三至二十八、卷
　三十至三十四）；同上刊本（共五十二冊，十一行十九字，白口，左右雙邊）；宋
　寶祐五年趙與篤刻元明遞修本四十二卷（其中十三至十七卷、十九卷、二十二卷、
　二十九卷配清抄本）；宋寶祐五年趙與篤刻元修本存四卷（共四冊，存卷一、卷
　二十九、卷三十八、卷四十一，十一行十九字，白口，左右雙邊）；宋寶祐五年
　趙與篤刻元延祐六年嘉禾學宮重修本四十二卷（八十四冊，十一行十九字，白口，
　左右雙邊）；宋寶祐五年趙與篤刻元明遞修本（朱錫庚跋，共八十冊，十一行十
　九字，白口，左右雙邊，卷十三、卷十九、卷二十二、卷二十九係配清抄本）；
　同上刊本（共八十三冊，十一行十九字，白口，左右雙邊，卷三十六至三十七配
　清抄本）；同上刊本存三十二卷（共七十四冊，十一行十九字，白口，左右雙邊，
　存卷二至九、卷十一至十九、卷二十一至二十二、卷二十七至三十三、卷三十五、
　卷三十七至四十一）；同上刊本存三卷（共三冊，十一行十九字，白口，左右雙
　邊，存卷三、卷十二、卷二十四）〔註226〕。

4、北京師範學院圖書館、中共北京市委圖書館、上海圖書館、山東省博物館、南京
　圖書館、浙江圖書館〔註227〕。

5、中共中央黨校圖書館、中國歷史博物館、天津圖書館、吉林省圖書館、甘肅省圖
　書館、中國科學院新疆分院圖書館、重慶圖書館存宋寶祐五年趙與篤刻本四十二
　卷〔註228〕。

6、南京大學圖書館、復旦大學圖書館、中國科學院新疆分院圖書館存宋寶祐五年趙
　與篤刻元延祐六年嘉禾學宮重修本四十二卷〔註229〕。

〔註225〕同上。

〔註226〕北京圖書館編，《北京圖書館古籍善本書目》（北京：書目文獻）史部，頁303～305。

〔註227〕中國古籍善本書目編輯委員會編，《中國古籍善本書目》史部（上）（上海：上海古
　　　　籍出版社，1993年4月第一版），頁189。

〔註228〕同上。

〔註229〕同上。

7、北京大學圖書館、清華大學圖書館、中央民族學院圖書館、中國社科院文學研究
所、中國歷史博物館、北京市文物局、上海圖書館、天津圖書館、南開大學圖書
館、吉林省圖書館、吉林大學圖書館、濟寧圖書館、山東省博物館、浙江圖書館、
天一閣文物保管所、杭州大學圖書館、廈門市圖書館、武漢大學圖書館、湖南省
圖書館、重慶市圖書館、四川師範學院圖書館存宋寶祐五年趙與篪刻元明遞修本
四十二卷〔註230〕。

8、上海圖書館存宋寶祐五年趙與篪刻元明遞修本四十二卷，明唐寅跋；宋寶祐五年
趙與篪刻元明遞修本四十二卷，袁克文跋〔註231〕。

9、南京圖書館存宋寶祐五年趙與篪刻元明遞修本四十二卷，清丁丙跋〔註232〕。

10、上海辭書出版社圖書館存宋寶祐五年趙與篪刻元明遞修本四十二卷（清楊守敬、
繆荃孫、葉德輝跋。）〔註233〕

（三一）《通鑑紀事本末》四十二卷
宋寶祐刊本　孫淵如舊藏

作者：（宋）袁樞撰。

藏書來源：本書來自孫淵如（1753～1818）。孫淵如即孫星衍，字淵如，號季逑，江
蘇陽湖人，為清代中葉著名之藏書家與刻書家，閱歷豐富，頗勤於購訪海內秘籍，
星衍處於樸學鼎盛之乾隆時期，沈潛經學覽百家，收藏又富，又適逢四庫開館，所
見書益加以處於交通便利，物力殷富之金陵蘇杭刻鎮，遂開啓其刻書事業。星衍刻
書不為謀利，所刻遍及經史子集四部。其三部有名目錄為：《孫氏祠堂目錄》內編四
卷、外編三卷，《館鑒藏書籍記》三卷、續編一卷、補遺一卷，《廉藏書記》內編一
卷、外編一卷，不僅得藉以考見書藏概況，於目錄學上亦甚有貢獻。

卷數：四十二卷。

冊數：八十冊。

版本：宋寶祐湖州刊本。（《儀顧堂續跋》云本書係湖州趙與篪刊本，趙與□字德淵，
秀王之後，嘉定十三年進士，官至吏部尚書，居湖州城內之叢桂坊，因嚴陵本字小
且訛，乃為大字，精加讎校，以私錢重刊之，則是書乃趙與□居湖州時所刻，嚴州

〔註230〕同上。
〔註231〕同上，頁190。
〔註232〕同上。
〔註233〕中國古籍善本書目編輯委員會編，《中國古籍善本書目》史部（上）（上海：上海古
　　　　籍出版社，1993年4月第一版），頁190。

本為袁樞教授嚴州時所刻，寫刻精良，遠勝此本，德淵因其字小而改大字重刊之。）
〔註234〕

版式：左右雙邊（25.7×19.0米厘），有界，每半葉十一行，每行十九字，版心白口，單黑魚尾，刻者姓名，大小字數，（明補刻，小黑口，大小字數）〔註235〕。

序目：通鑑紀事本末敘　淳熙元年（1174）三月戊子盧陵楊萬里敘。（序）寶祐丁巳（五年〔1257〕）秋七月朔古汴趙與□謹書（《通鑑紀事本末總目》第九至十一頁抄補）

宋諱字：玄、鉉、朗、敬、弘、泓、殷、匡、恇、恒、貞、偵、徵、樹、讓、頊、勗、煦、桓、垣、完、瑗、構、媾、搆、愼、敦等〔註236〕。

刻者姓名：王亨祖、王興宗（興宗）、鍾季升（季升）、陳必達、范仲實（仲實）、方得時、王介、王亨、王春、王燁、賈端、金永、吳炎、蔡成、史祖、周嵩、徐侃、徐洪、徐琪、徐高、徐嵩、沈杞、沈宗、張榮、張成、范仲、劉霽、劉孚、（元補刻）王大用、沈昌祖、余和甫（和甫）、梁貢甫、林嘉茂、王珪、王興、均佐、徐松、沈祖、馬良、余甫、余和、劉拱、林嘉、林茂、（明補刻）周春孫、陳添孫、董繼恩、彭崇得、楊東浙、羅嗣秀、梁仁甫、汪鐶、伍秀、史京、朱銘、仁端、中成、丁璧、劉瀾、（刻年不詳）何文政、葉椿年、濮仲質（濮仲）、翁期、何祖、何豫、虞源、虞桐、顧祺、黃佑、蔡虎、周松、徐元、徐洗、徐楠、茹鎮、茹寶、章泳、錢玗、錢瑛、曹戩、中明、得春、卜仲、熊杲、陸位、劉隱、劉共〔註237〕。

藏書章：卷首有「東魯觀察使者孫星衍印」（白文兩方印）、「歸安陸樹聲藏書之記」。

現存宋刊本：略

（三二）《東都事略》一百三十卷　（見書影二五、二六）
　　　　宋刊配明覆本

作者：（宋）王稱撰。《適園讀書志》載：

　　　　稱字季平，眉州人，父賞，紹興中為實錄撰修，稱承其家學，旁搜九

〔註234〕陸心源著，《儀顧堂題跋》上（臺北：廣文書局，民國57年），卷七，頁301～302。
〔註235〕靜嘉堂文庫編，《靜嘉堂文庫宋元版圖錄・解題篇》（東京：汲古書院，平成四年四月第一刷），頁26。
〔註236〕同上。
〔註237〕靜嘉堂文庫編，《靜嘉堂文庫宋元版圖錄・解題篇》（東京：汲古書院，平成四年四月第一刷），頁26。

朝事蹟，採集成編，洪邁修四朝國史，奏進其書，以承議郎知龍州特授直秘閣，其書爲本紀十二、世家（五）列傳一百五，附錄八，事約而該，議論皆持平，良史也〔註238〕。

藏書來源：黃蕘圃有二跋，序得書之由甚詳。

卷數：一百三十卷，內有十卷爲黃蕘圃舊藏。

冊數：二十冊。

版本：陸心源於《皕志》中載本書宋刊配明覆本，本書明覆本亦刊甚精，幾與宋刻莫辨，爲版心則一律作棗幾，與宋本之參差者較異耳〔註239〕。又於《儀顧堂題跋》中云：

> 本書爲蘇州汪士鐘零星湊配而成，有初印者，有後印者，有明覆本配者〔註240〕。

《讀書敏求記》亦載：

> 陸心源有宋槧本，爲汪閬源參配而成，有初印者，有後印者，有明覆本配者，內有十卷爲黃蕘圃舊藏〔註241〕。

《靜錄》載南宋刊（蜀眉山‧程舍人宅）（修‧有配）並載本書係集原刻、後印、補刻數種之大成，從那些版本、字樣可以認定一種是南宋刊本的增修並將他本混入，第二種是元朝或明朝的覆刻本，刊記所刻目錄用字是明代的，《中國訪書志》（阿部隆一著）中提到雖然國立中央圖書館（臺灣）、宮內廳書陵部、靜嘉堂文庫三種都是在目錄末題有「眉山程舍人宅刊云云」的刊記，但並不在同版中，而是在別版上有相互覆刻的關係，「這三種版本分別刊於別版，或是舍人宅刊刻的版目而傳世的，然後再經過後世的修繕，希望後人能加以考證〔註242〕。」《經籍訪古志》再求古樓藏宋版本一百三十卷，其中卷八十六至九十三缺，其版式爲每半版長六吋一分半，幅四吋三分，雙邊，十三行二十四字〔註243〕。

版式：左右雙邊（18.9×12.6米厘），有界，每半葉十二行，每行二十四字，版心線黑口（黑口、白口等不一定），雙黑魚尾，大小字數（卷8－29.30 一部等）。

序目：洪邁奏進劄子（抄補）。告詞（抄補）。王稱謝表（抄補）。事都事略目錄（第

〔註238〕張均衡撰，《適園讀書志》（臺北：廣文書局，民國57年初版），頁160～161。
〔註239〕陸心源著，《儀顧堂續跋》（臺北：廣文書局，民國57年3月初版），卷五，頁312。
〔註240〕同上，頁311～312。
〔註241〕（清）錢曾撰，張鈺校證《讀書敏求記附校證》（臺北：廣文書局，民國76），頁256。
〔註242〕靜嘉堂文庫編，《靜嘉堂文庫宋元版圖錄‧解題篇》（東京：汲古書院，平成四年四月第一刷），頁26～27。
〔註243〕（日）森立之，《經籍訪古志》（臺北：廣文書局，民國70年7月再版），頁138。

一、二頁抄補）。

刊記：（目錄尾題後面雙邊兩行木記）眉山程舍人宅刊行／已申上司不許覆板（目錄係明代的紙葉）

宋諱字：眩、朗、貞、讓、完、溝、惇、敦、廓。

刻者姓名：不詳。

藏書章：「廷相」、「伯卿甫」、「梁溪蔡氏」、「醉經主人」、「翰墨緣」、「蔡廷楨印」（二種）、「蔡廷楨」、「卓如眞賞」、「卓如」（兩種）、「濟陽蔡氏圖書」、「佞宋」、「汪士鐘藏」、「汪士鐘印」、「藝芸主人」、「趙宋本」「宋本」、「瑞卿」（朱文方印）、「筠生」、「歸安陸樹聲叔桐父印」、「口口圖書」（官印，在卷四八末、卷八七下末）〔註244〕。

現存宋刊本：

國家圖書館存宋紹興間眉山程舍人宅刊本一百三十卷（二十四冊，每頁十二行，每行二十四字，左右雙欄，版心線黑口，雙魚尾，上間記大小字數，下記刻工姓名，避諱字至「惇」字，寧宗以下廟諱不避。）〔註245〕。

（三三）《國語》二十一卷　　（見書影二七）

　　　　宋刊本　孫慶增舊藏

作者：（三國吳）韋昭注。《直齋書錄解題》載本書：

　　　吳尚書僕射侍中吳郡韋昭撰，采鄭眾、賈逵、虞翻、唐固合五家爲之注。昭，字子正，事孫皓，以忤旨誅死，吳志避晉諱作韋曜〔註246〕。

《國語韋氏解》載韋昭解敍云：

　　　昭以末學淺印因闇寡聞，階數君織成訓，思私事義之是非，愚心頗有所覺，今諸家並行，是非相貿，雖聰明、疏達、識機之士，之所去就，然淺聞初學，猶或未能怯過，切不自料，復爲之解〔註247〕。

藏書來源：本書得自孫慶增。孫從添，字慶增，江蘇常熟人，清初著名藏書家，生平從醫，頗有聲名，行醫之餘，又喜好藏書，常與藏書家互相參閱善本，校勘異同，

〔註244〕靜嘉堂文庫編，《靜嘉堂文庫宋元版圖錄・解題篇》（東京：汲古書院，平成四年四月第一刷），頁27。

〔註245〕http://nclcc.ncl.edu.tw/ttscgi/ttsweb? @@2691013098，民國90.5.23取自國家圖書館《臺灣地區善本古籍聯合目錄》。

〔註246〕陳振孫，《直齋書錄解題》（上）（臺北：廣文書局，民國68年5月再版），卷三，頁135。

〔註247〕（三國吳）韋昭撰、札記清黃丕烈撰，《國語韋氏解》（臺北：世界書局，民國64年.8三版），頁6。

對於版本優劣、抄本粗細無所不知，更能分辨眞僞，黃丕烈譽之爲「兼收藏、賞鑑兩家」。其藏書室名「上善堂」，藏書萬卷以上，以經、史爲主，子、集次之。編有《上善堂書目》一卷；更累積藏書經驗，及各家整治圖書之法，撰成《藏書紀要》一卷，並以此書聞名於世。

卷數：二十一卷。

冊數：十二冊。

版本：《皕志》載本書：

> 南宋官刊本，……讓字缺筆，蓋孝宗時刻本也，明弘治覆本，行款同，惟字體粗惡耳〔註248〕。

靜嘉堂文庫推定本書是南宋前期刊同中期、元、明遞修。宋朝的元刻及宋、元修頁所剩不多，祇能就此幾頁修補而已〔註249〕。

版式：左右雙邊（21.5×1.9 米厘　補刻　四周雙邊），有界，每半葉十行，每行二十字，注文雙行二十字，版心白口（明修之白口、線黑口），雙黑魚尾，刻者姓名，大小字數〔註250〕。

序跋：（第十冊卷頭）國語補音敍錄　宋庠撰。目錄。

宋諱字：玄、敬、儆、殷、匡、境、恒、貞、徵、讓、桓、愼等。

刻者姓名：（宋刻）詹世榮、王介、王玠、江泉、徐義、徐文、卓宥、張明、陳彬、馬松、駱元、李杲、李棠、劉寶、（元補刻）王壽三、范雙評（范雙）、茅文龍、李德瑛、王榮、王六、魏海、江厚、洪福、今友、朱曾、蔣蠶、盛允、齊明、曹榮、張三、范太、范茂、文玉、繆珍、李祥、（明初補刻）吳五、（明補刻）監生鄧志昂（志昂）、監生秦淳、監生陳浚、監生留成、（刻年不詳）左通〔註251〕。

藏書章：「李承祖印」、「西齋」、「虞山孫氏慈封丙舍圖書」、「虞山孫仲孝維收藏圖書」（朱文方印）、「主司巷舊家」（朱文長印）、「子子孫孫承之口口」、「松陽郡」、「小山勞長齡章」、「寶晉山房」、「閩楊浚雪滄冠悔堂藏本」、「歸安陸樹聲叔桐父印」、「臣陸樹聲」、「歸安陸樹聲所見金石書畫記」〔註252〕。

現存宋刊本：

〔註248〕陸心源著，《皕宋樓藏書志・續志》（臺北：廣文書局，民國57年）第三輯，頁1014。

〔註249〕靜嘉堂文庫編，《靜嘉堂文庫宋元版圖錄・解題篇》（東京：汲古書院，平成四年四月第一刷），頁27。

〔註250〕同上。

〔註251〕同上。

〔註252〕陸心源著，《皕宋樓藏書志・續志》第三輯（臺北：廣文書局，民國57年），頁1014。

1、國家圖書館存宋紹興十九年（1149）刊明弘治間南監補修本存十九卷（共七冊，
　缺卷一及卷二，版式為十行二十字，註小字雙行，左右雙欄，版心白口，單魚尾，
　下記刻工姓名如張明、王玠、江泉、宋修、盛久、洪福、朱曾、繆珍、熊道瓊、
　茅文龍等，宋諱字如玄、弦、匡、敬、竟、殷、徵等缺筆，此帙遞經修補，迄明
　弘治監，上象昇處有「明弘治十七年補刊」）〔註253〕。
2、北京圖書館存宋刻宋元明遞修本二十一卷，另國語補音三卷〔註254〕。

（三四）《國語補音》三卷
宋刊本
作者：（宋）宋庠撰。《宋史》載：

> 宋庠字公序，安州安陸人，後徙開封之雍丘，……天聖初，舉進士，……
> 庠字應舉時，與祁（其弟）俱以文學名擅天下，儉約不好聲色，讀書至老
> 不倦，善正訛繆，嘗舊訂《國語》，撰《補音》三卷，又輯《紀年通譜》，
> 區別正閏，為十二卷，《掖垣叢志》三卷、《尊號錄》一卷、《別集》四十
> 卷，天資忠厚，嘗曰：「逆詐恃明，殘人衒才，吾終身弗為也。」〔註255〕

《儀顧堂題跋》有云：

> 《國語》有舊音一卷，不著撰人名氏，文憲據犬戎樹惇句解有鄩州羌
> 語，攷唐以前無鄩州之名，改善鄩國為鄩州，實始於唐，定為唐人所著，
> 為音釋簡陋不足名書，因而廣之，凡成三卷，故曰「補音」，目錄末云，
> 補音三卷，庠自撰附予末，附於末者，附於《國語》韋昭注之後，非散附
> 各條之末也，宋初刊書，注疏音義皆別行，……至南宋而有附陸氏音義於
> 諸經各條之後者，此本別行，固宋代撰音義者之通例也〔註256〕。

卷數：三卷。
版本：南宋官刊本，與《國語》韋昭注同時所刊〔註257〕。《四庫全書總目提要》收

〔註253〕http://nclcc.ncl.edu.tw/ttscgi/ttsweb? @@3801583592，民國89年4月8日取自國家圖
　　　　書館《臺灣地區善本古籍聯合目錄》。
〔註254〕中國古籍善本書目編輯委員會編，《中國古籍善本書目》（上海：上海古籍出版社，
　　　　1993年4月第一版）史部（上），頁209。
〔註255〕（元）脫脫等撰，《宋史》（臺北：洪氏出版社，民國64年初版），卷二百八十四，
　　　　宋庠傳，頁9590。
〔註256〕陸心源著，《儀顧堂題跋》上（臺北：廣文書局，民國57年），卷三，頁167～168。
〔註257〕同上，頁167。

衍聖公孔昭煥家藏本〔註258〕。

版式：《國語補音》行款與《國語》同。

序目：敘錄。

現存宋刊本：

1、國家圖書館存宋紹興間刊明南監修補本（三冊，每頁十行，每行二十字，註小字雙行，左右雙欄，版心白口，上記大小字數，下記刻工姓名，宋修刻工為徐義、詹世榮；元修為王壽三、江和、今友、沈貴、范茂、李祥；此帙遞經宋元明代之修補，原刻頁極少，版面漫漶，刻工難認，大部分為明修之葉。）〔註259〕日本阿部隆一推定爲南京前期刊本〔註260〕。

2、吉林省圖書館存宋科員名遞修公文紙印本三卷〔註261〕。

（三五）《燕翼詒謀錄》五卷
宋刻本

作者：（宋）王栐撰。王栐，字叔永，自署稱晉陽人，寓居山陰，號求志老叟。本書大旨以宋至南渡而後，典章放失，祖宗之良法美政俱廢格不行，而變爲一切苟且之治，故採成憲之可爲世守者，上起建隆，下迄嘉祐，凡一百六十二條，并詳及其興革得失之由，以著爲鑑戒，蓋亦魚藻之義，自序謂悉攷之國史、實錄、寶訓、聖政等書，凡稗官小說，悉去不取，今觀其臚陳故實，如絲聯繩貫，本末燦然，誠雜史中之最有典據者也〔註262〕。

卷數：五卷。

版本：宋刻本。《靜嘉堂秘籍志》將本書歸爲《十萬卷樓藏書》。

版式：不詳。

序跋：不詳。

宋諱字：不詳。

〔註258〕（清）永瑢、紀昀等撰，《四庫全書總目提要》（臺北：臺灣商務印書館，民國72年10月），卷五一，頁2～148。

〔註259〕http://nclcc.ncl.edu.tw/ttscgi/ttsweb? @@1569190157，民國89年4月8日取自國家圖書館《臺灣地區善本古籍聯合目錄》。

〔註260〕阿部隆一，《中國訪書志》（東京：汲古書院，民國72〔昭和58年〕），頁470。

〔註261〕中國古籍善本書目編輯委員會編，《中國古籍善本書目》史部（上）（上海：上海古籍出版社，1993年4月第一版），頁210。

〔註262〕（清）永瑢、紀昀等撰，《四庫全書總目提要》（臺北：臺灣商務印書館，民國72年10月），卷五一，頁2～155。

刻者姓名：不詳。

藏書章：不詳。

現存宋刊本：臺灣地區無宋刊本。

案：靜嘉堂文庫存《學津討原叢書》，半頁九行二十一字，有張海彭跋語。

（三六）《陸宣公奏議殘本》二卷　（見書影二八）
宋刊細字本　黃蕘圃舊藏

作者：（唐）陸贄撰。《舊唐書》載：

> 陸贄，字敬輿，蘇州嘉興人。……少孤，特立不群，頗勤儒學。……
> 近代論陸宣公，比漢之賈誼，而高邁之行，剛正之節，經國成務之要，激
> 切仗義之心，出蒙天子重知，末塗淪躓，皆相類也〔註263〕。

藏書來源：黃蕘圃舊藏。

卷數：二卷（存卷五、六），《直齋書錄解題》卷二十三及《文獻通考》卷二四七均
載本書二十卷，又名《牓子集》。

冊數：一冊。

版本：《皕志》載宋刊細字本，靜嘉堂文庫載南宋刊本。

版式：每頁二十四行，每行二十二字。四周雙邊（16.5×11.4 米厘），有界，每半葉
十二行，每行二十二字，版心白口，雙黑魚尾，刻者姓名，大小字數〔註264〕。另版
心有字數及議五、議六等字，下有宋字，疑即刊工之姓〔註265〕。

序跋：無。

宋諱字：玄、眩、弘、殷、慇、匡、恇、恒、貞、徵、署、豎、讓、桓、完、搆、
慎等，諱字至「慎」字止，當是孝宗時刊本〔註266〕。

刻者姓名：杲、正、宋、潘。

藏書章：「馬玉堂」、「笏齋」、「稽瑞樓」（白文長印，陳子準之藏書樓。陳子準，常
熟人，嘉慶中其藏書與張月霄相當。）〔註267〕、「中吳毛敬叔攷藏書畫印」（朱文長

〔註263〕（後晉）劉昫等撰，《舊唐書》（臺北：洪氏出版社，民國66年6月），卷139列傳
　　　　89，頁3818。

〔註264〕靜嘉堂文庫編，《靜嘉堂文庫宋元版圖錄·解題篇》（東京：汲古書院，平成四年四
　　　　月第一刷），頁27。

〔註265〕陸心源著，《儀顧堂續跋》（臺北：廣文書局，民國57年3月初版），卷七，頁335。

〔註266〕同上。

〔註267〕陸心源著，《儀顧堂續跋》（臺北：廣文書局，民國57年3月初版），卷七，頁335。

印）、「毛表庸叔」（白文方印。毛表，字庸叔，子晉之子。）〔註268〕、「陸氏伯子」、「陸心源印」、「存齋讀過」、「湖州陸氏所藏」、「十萬卷樓」、「存齋四十五歲小像戊寅二月某石並刊」、「三品風憲一品天民」〔註269〕。

現存宋刊本：

　　國家圖書館存宋紹熙間刊本十一卷（存卷十至二十，版式為每頁十二行，每行二十一字，註小字雙行，左右雙欄，版心線黑口，雙魚尾，上間記大小字數，避諱字為弘作洪，慎作謹，敦作崇、煦作撫、勾作管、殷作富、匡輔作楎補、尊讓作相遜等。）〔註270〕

（三七）《石林奏議》十五卷　　（見書影二九）
　　宋開禧刊本　黃蕘圃舊藏

作者：（宋）葉夢得撰。《宋史》本傳載：

　　　　葉夢得，字少蘊，蘇州吳縣人，嗜學蚤成，多識前言往行，談論亹亹不窮，紹聖四年，登進士第，調丹徒慰，徽宗朝，自婺州教授召為議禮武選編修官，用蔡京薦，召對，……上異其言，特遷祠部郎官。二年，累遷翰林學士，極論士大夫朋黨之弊，……三年，以龍圖閣直學士知汝州，……紹興初，起為江東安撫大使兼之建康府，……十八年，卒湖州，贈檢校少保〔註271〕。

陸心源於〈重刊石林奏議序〉中謂：

　　　　《石林奏議》十五卷，宋尚書左丞葉石林之所著也，左丞名夢得，字少蘊，湖州人，原籍蘇州吳縣，紹聖四年進士，以蔡京薦召為祠部郎，累遷翰林學士，數進讜言，與京忤罷歸，南渡後，長戶部丞尚書，制江東、撫福州，均著政績，與監司不合，遂致其仕，築石林精舍於卞山之陽，自號石林居士，卒年七十二〔註272〕。

〔註268〕同上。
〔註269〕靜嘉堂文庫編，《靜嘉堂文庫宋元版圖錄・解題篇》（東京：汲古書院，平成四年四月第一刷），頁27
〔註270〕http://nclcc.ncl.edu.tw/ttscgi/ttsweb? @@2912851506，民國89.4.1取自國家圖書館《臺灣地區善本古籍聯合目錄》。
〔註271〕（元）脫脫等撰，《宋史》（臺北：洪氏出版社，民國64年初版），卷四四五，文苑七，頁13132～13136。
〔註272〕陸心源著，《儀顧堂集》（臺北：臺聯國風出版社，民國59年），頁232～233。

本書光緒十一年陸心源皕宋樓影宋重刻，傅增湘校並跋，北京圖書館有存本〔註273〕。

藏書來源：本書得自黃蕘圃。

卷數：十五卷。

冊數：四冊。

版本：南宋開禧刊本（1205），《皕志》中載：「世間有一無二，，汲古閣秘本書目只有影抄本，四庫所未收也。」〔註274〕光緒十一年（1885）陸心源校皕宋樓覆宋刊重雕。陸心源於《儀顧堂集》中謂：

> 先曾自編其奏議為《志愧集》，而自序之，見《文獻通考》，今佚。此則其第三子模所編也，開禧中從孫箋知台州，始版行之。《宋史·藝文志》、陳直齋《書錄解題》。明《文淵閣書目》著於錄，其後，葉氏「菉竹堂」、陳氏「世善堂」、毛氏「汲古閣」，皆有其書入〔註275〕。

版式：左右雙邊（24.6×16.4 米厘），有界，每葉二十行，每行二十五字，版心白口，單黑魚尾，刻者姓名，大小字數。

序目：咸豐五年孫停珸跋語、丙辰五月胡珽跋語。

宋諱字：宋諱缺筆，語涉宋帝皆空一格。

刻者姓名：王震、王仲、金栯、金澤、周才、周信、徐良、陳偉、陳亨、陳成、林檜〔註276〕。

藏書章：「李先開印」、「姑蘇黃省曾印」、「吳平齋讀書記」、「吳雲私印」、「吳雲字少青號平齋晚號得樓」、「兩罍軒」、「兩罍軒藏書印」、「汪文琛」、「平陽汪氏藏書印」、「汪士鐘印」、「又字閬源」、「宋本」、「胡珽藏書」、「琳琅秘室」、「玉澗書堂」、「三品風憲一品天民」、「存齋四十五歲小像戊寅二月某石並刊」、「湖州陸氏所藏」、「十萬卷樓」、「陸心源印」、「儀顧堂」、「子剛父」〔註277〕。

現存宋刊本：

本書宋刊本已無存，惟臺大圖書館、北京圖書館存清光緒十一年陸心源皕宋樓影宋刻本十五卷（傅增湘校跋，四冊，十行二十五自白口左右雙邊）。

〔註273〕北京圖書館編，《北京圖書館古籍善本書目》史部（北京：書目文獻），頁381。

〔註274〕陸心源著，《皕宋樓藏書志·續志》第三輯（臺北：廣文書局，民國57年），頁1099。

〔註275〕陸心源著，《儀顧堂集》（臺北：臺聯國風出版社，民國59年），卷六，頁233。

〔註276〕靜嘉堂文庫編，《靜嘉堂文庫宋元版圖錄·解題篇》（東京：汲古書院，平成四年四月第一刷），頁28。

〔註277〕同上，頁28～29。

（三八）《國朝諸臣奏議》一百五十卷 　（見書影三十）
　　　　宋淳祐刊本

作者：（宋）趙汝愚編（（宋）龍圖閣直學士朝散大夫成都潼川府　州利州路安撫制
置使兼知成都軍府氏兼管內勸農使充成都府路兵馬都鈐轄祥符縣開國伯食邑九百
戶）。《宋史》載：

> 趙汝愚，字子直，漢恭憲王元佐七世孫，居饒之餘干縣，……汝愚學
> 務有用，常以司馬光、富弼、韓琦、范仲淹自期，凡平昔所聞於師友，如
> 張栻、朱熹、呂祖謙、汪應辰、王十朋、胡銓、李燾、林光朝之言，欲次
> 第行之，未果，所著詩文十五卷、太祖實錄舉要若干卷、類宋朝諸臣奏議
> 三百卷〔註278〕。

陸心源於《儀顧堂集》評本書：

> 奏議千餘首，搜羅不可爲不富，惟置胡澹菴封事不收，反錄秦檜爲太
> 學丞時上邊機三事，去取殊爲未當〔註279〕。

藏書來源：本書爲張月霄所藏，缺頁與《愛日精廬藏書志》所載相同。
卷數：一百五十卷，首目三卷。
冊數：六十四冊。
版本：本書曾鋟木蜀中，後燬於兵，其孫必愿帥閩，重刊未就，眉山史季溫繼成之
〔註280〕。張金吾云此書另有明會通館活字本，繆誤不可枚舉，不思字句之不貫，不
顧文義之隔絕，借非宋本尚存，奚從訂正其誤？《皕志》載本書係南宋刊本，比會
通館本所據缺頁較少〔註281〕。《增訂四庫簡明目錄標註》載孫詒讓之言：

> 歸安陸觀察心源有宋刊本，戊辰春，余在滬上見之〔註282〕。

版式：本書南宋刊本，每半葉十一行，每行二十三字〔註283〕。本書無元修之板，版
心間有元大德、至大補刊字樣〔註284〕。靜嘉堂文庫另有藏本係左右雙邊（22.7×15.0
米厘），有界，每半葉十一行，每行二十三字，注文雙行二十三字，版心白口，雙黑

〔註278〕（元）脫脫等撰，《宋史》（臺北：洪氏出版社，民國64年初版），卷三九二，列傳
　　　　一五一，頁11981～11993。
〔註279〕陸心源著，《儀顧堂集》（臺北：臺聯國風出版社，民國59年），卷十七，頁765。
〔註280〕同上。
〔註281〕陸心源著，《皕宋樓藏書志・續志》（臺北：廣文書局，民國57年），頁1119～1120。
〔註282〕（清）邵懿辰撰，《增訂四庫簡明目錄標註》（上）（臺北：世界書局，民國66年8
　　　　月三版），頁247。
〔註283〕靜嘉堂文庫編，《靜嘉堂秘籍志》（大正六年〔1917〕，靜嘉堂排印本，1917年），
　　　　卷五，頁18。
〔註284〕陸心源著，《儀顧堂集》（臺北：臺聯國風出版社，民國59年），頁765。

魚尾，刻者姓名，大小字數〔註285〕。

序目：諸王孫溪靜序（淳祐庚戌九月）、史季溫序（淳祐庚戌立秋）、汝愚子并序（淳熙十三年正月）〔註286〕。

宋諱字：講、慎、敦、廓等，語涉宋朝上空一格〔註287〕。

刻者姓名：本書刻者未詳，但靜嘉堂文庫與本書同為宋淳祐刊本，其書刻者為陳元茂（元茂）、丁子正（子正）、劉魏文（魏文）、口仲寶、王昭、王辰、王宸、王生、王德、何埜、葛文、官安、虞仲、倪仁、倪端、胡仁、胡正、吳才、吳生、江才、江亮、黃道、蔡青、蔡清、子政、周禾、周和、純祖、徐自、章淳、葉安、葉才、葉賓、上官、仁仲、仲正、張泗、張賜、張得、張明、陳元、陳洪、陳采、陳文、丁正、定夫、鄭榮、鄭堅、鄭信、鄭全、鄭統、鄭禮、鄧安、鄧覺、鄧堅、鄧志、范賢、俞正、俞富、有才、楊慶、楊亨、李定、林富、林文、呂拱、盧老、和叔〔註288〕。

藏書章：「儀顧堂文集」載本書有「晉江黃氏父了珍藏印」，當為黃俞邰舊物。

現存宋刊本：

1、國家圖書館存宋淳祐庚戌十年（1250）福州提舉史季溫刊元明初遞修本一百三十八卷（存卷一至十、卷十九至三十、卷三十五至一百五十。）；另一同刊本存一百二十五卷（存卷一至九十、卷一百零九至一百三十六、卷一百四十四至一百五十）；同刊本存四十四卷（存卷一至九、卷二十三至二十五、卷五十八至七十一、卷九十七至一百零（四）卷一百二十六至一百三十五）〔註289〕。

2、國立故宮博物院存宋淳祐庚戌十年（1250）福州提舉史季溫刊元明初遞修本（存卷一至九、卷二十三至二十五、卷五十八至七十一、卷九十七至一百零（四）卷一百二十六至一百三十五）；同刊本存一百二十五卷（存卷一至九十、一百零九至一百三十六、一百四十四至一百五十）；同刊本存一百三十八卷（存卷一至十、卷十九至三十、卷三十五至一百五十）；同刊本存二卷（存四十一頁）；同刊本存

〔註285〕靜嘉堂文庫編，《靜嘉堂文庫宋元版圖錄・解題篇》（東京：汲古書院，平成四年四月第一刷），頁29。

〔註286〕靜嘉堂文庫編，《靜嘉堂秘籍志》（大正六年，靜嘉堂排印本，1917年），卷五，頁19。

〔註287〕靜嘉堂文庫編，《靜嘉堂文庫宋元版圖錄・解題篇》（東京：汲古書院，平成四年四月第一刷），頁29。

〔註288〕同上。

〔註289〕http://nclcc.ncl.edu.tw/ttscgi/ttsweb? @@1354344711，民國89.4.1取自國家圖書館《臺灣地區善本古籍聯合目錄》。

一百四十五卷及目錄三卷（缺卷六十一至六十五）〔註290〕。

3、北京圖書館存宋淳祐十年史季溫福州刻元修本一百五十卷（一卷、一〇九卷、一百四十四至一百五十卷配清抄本，瞿熙邦校跋，五十冊，十一行二十三自白口左右雙邊）；同刊本存四十七卷（存三十四至三十七卷、五十八卷、六十二至六十八卷、七十八至八十九卷、九十八至一〇四卷、一百一十至一百一十一卷、一百二十六至一百三十卷、一百三十三至一百四十一卷）；另同刊本存二卷（存七十一至七十二卷，一冊）；同刊本存二十五卷（存九至十一卷、二十九至三十一卷、三十八至三十九卷、五十六至五十九卷、六十九至七十三卷、九十至九十二卷、一百十九至一百二十卷、一百四十四至一百四十六卷，十冊，十一行二十三自白口左右雙邊）；同刊本存二十四卷（存十四至十九卷、二十七至三十三卷、四十四至四十七卷、一〇三至一〇四卷、一百十二至一百十六卷，九冊）；同刊本存三十九卷（存三十六至四十二卷、九十至九十四卷、一〇一至一〇五卷、一〇八至一百一十卷、一百十三至一百十九卷、一百二十二至一百二十六卷、一百二十八至一百二十九卷、一百三十三卷、一百四十五至一百四十八卷，十四冊）；同刊本存三十五卷（存一至八卷、五十一至五十二卷、五十九卷、六十七至八十一卷、一〇九至一百一十卷、一百一十七至一百十八卷，十一冊）；同刊本存六卷（存三十四至三十九卷，一冊）〔註291〕。

4、天一閣文物保管所存宋淳祐十年史季溫福州刻元明遞修公文紙印本四十七卷（存五十四至六十卷、六十七至七十四卷、一百十一至一百十六卷、一百二十三至一百四十四卷、目錄全）〔註292〕。

5、北京大學圖書館、中國科學院圖書館、上海圖書館、吉林省圖書館、哈爾濱市圖書館存宋淳祐十年史季溫福州刻元修本五十五卷（存三十二至三十七卷、四十至五十八卷、六十二至六十八卷、七十一至七十二卷、七十四至七十六卷、七十八至八十九卷、九十八至一百零四卷、一百一十至一百十四卷、一百二十六至一百三十卷、一百三十三至一百四十一卷）〔註293〕。

6、日本京都大學人文科學研究所存宋刊大德元統間福州路補刊本二十六卷目錄二卷

〔註290〕http://nclcc.ncl.edu.tw/ttscgi/ttsweb?@@1354344711，民國89.4.1取自國家圖書館《臺灣地區善本古籍聯合目錄》。

〔註291〕北京圖書館編，《北京圖書館古籍善本書目》史部（北京：書目文獻），頁375。

〔註292〕中國古籍善本書目編輯委員會編，《中國古籍善本書目》史部（上）（上海：上海古籍出版社，1993年4月第一版），頁344。

〔註293〕同上。

　　（存卷八十二至八十八、卷九十七至一百、卷一百一十二至一百一十四、卷一百
　　一十七至一百二十二、卷一百四十五至一百五十）〔註294〕。

（三九）《韓忠獻王遺事》一卷
　　　　宋刊本
　　　　（宋）群牧判官朝奉郎尚書職方員外郎上騎都尉強至編
作者：（宋）強至撰。《郡齋讀書志》載：

　　　　群牧判官朝奉郎尚書職方員外郎上騎都尉強至編次韓魏王琦言行，始
　　韓忠燕編次，家傳王嚴叟編次別錄，至又編次其遺事〔註295〕。

《四庫全書總目提要》傳記類載：

　　　　至字幾聖，錢塘人，諸書不詳其始末，此書銜結稱群牧判官尚書職方
　　員外郎，以其祠部集中詩文考之，則登第之後，諧選得泗州據以薦，歷浦
　　江、東陽、元城三縣令，終於戶部判官尚書祠部郎中、河北都運元給事，
　　書所謂四歷州縣三任部屬者，雖不盡可考，參以此書所題尚可見其大略
　　矣，至嘗佐韓琦幕府，此編續琦遺事頗詳，世所傳琦重陽詩「不嫌老圃秋
　　容淡，且看黃花晚節香。」諸家詩話遞相援引，其始表章者，實見於此篇
　　焉〔註296〕。

藏書來源：不詳。

卷數：一卷。

版本：宋刊本。

版式：不詳。

序跋：不詳。

宋諱字：不詳。

刻者姓名：不詳。

藏書章：不詳。

現存宋刊本：

1、臺灣地區無宋刊本。

〔註294〕京都大學人文科學研究所《京都大學人文科學研究所漢籍目錄》（京都：人文科學研
　　　　究學會，民國70〔昭和56〕）
〔註295〕晁公武撰，《郡齋讀書志》（臺北：廣文書局，民國58年），卷五下，頁1602。
〔註296〕（清）永瑢、紀昀等撰，《四庫全書總目提要》（臺北：臺灣商務印書館，民國72年
　　　　10月），卷五九。頁2～316。

2、南京圖書館存宋刻《百川學海》本一卷，許心房、丁丙跋〔註297〕。

案：本書 1882 年《皕志》載本書爲宋刊本，1917 年《靜嘉堂秘籍志》載本書係宋刊本，並歸子部雜家類，1961 年《靜嘉堂文庫漢籍分類目錄》與 1992 年《靜嘉堂文庫宋元版圖錄》未收錄本書，可以推知本書曾售予靜嘉堂文庫，其後可能已遺失，故未收錄。

（四十）《范文正公鄱陽遺事錄》一卷
　　　　宋刊本

作者：（宋）陳貽範輯，《四庫全書總目提要》載：

> 貽範，天台人，初范仲淹嘗守鄱陽，有善政，饒人爲之立祠，紹聖乙亥，遺範爲通判，因取仲淹在饒日所修創堂亭遺蹟及其游賞吟詠之地採而輯之，以志遺愛，自慶朔堂至長沙王廟記，凡十有三目〔註298〕。

藏書來源：不詳。

卷數：不詳。

版本：不詳。

版式：不詳。

序跋：不詳。

宋諱字：不詳。

刻者姓名：不詳。

藏書章：不詳。

案：本書 1882 年《皕志》載本書爲宋刊本，1917 年《靜嘉堂秘籍志》載本書係宋刊本，並歸子部雜家類，1961 年《靜嘉堂文庫漢籍分類目錄》與 1992 年《靜嘉堂文庫宋元版圖錄》未收錄本書，可以推知本書曾售予靜嘉堂文庫，其後可能已遺失，故未收錄。

（四一）《王文正公遺事》一卷
　　　　宋刊本

作者：（宋）王素撰。據《宋史》載：

〔註297〕 中國古籍善本書目編輯委員會編，《中國古籍善本書目》史部（上）（上海：上海古籍出版社，1993 年 4 月第一版），頁 469。

〔註298〕 （清）永瑢、紀昀等撰，《四庫全書總目提要》（臺北：臺灣商務印書館，民國 72 年 10 月），卷五九，頁 2〜320。

　　　王素，字仲儀，太尉旦之幼子，賜進士出身，至屯田員外郎。御史中
　　丞孔道輔薦爲侍御史，道輔貶，出知鄂州，仁宗思其賢，擢知諫院，素方
　　壯年，遇事感發，……王得用進二女子，素論之，……帝動容，賜素銀緋，
　　擢天章閣侍制，淮南都轉運按察使，時新制按察，類多以苛爲明，素獨不
　　摘細故，即有貪刻，必繩治窮竟，以故下吏愛而敬之〔註299〕。

藏書來源：不詳。

卷數：一卷。《皕志》藏一卷，非完書〔註300〕。如《四庫全書總目提要》所載：

　　　　晁公武《讀書志》作四卷，註稱五百條，此本僅一卷，蓋非完書，然
　　陳振孫《書錄解題》已稱一卷，則南宋末已行此節本矣〔註301〕。

版本：《皕志》在本書係宋刊本。《靜嘉堂秘籍志》將本書列爲子部書，《靜錄》則未
載本書。

版式：不詳。

序跋：王素自序。

宋諱字：不詳。

刻者姓名：不詳。

藏書章：不詳。

現存宋刊本：

1、臺灣地區無宋刊本。

2、南京圖書館存宋刻百川學海本一卷〔註302〕。

案：本書 1882 年《皕志》載本書爲宋刊本，1917 年《靜嘉堂秘籍志》載本書係宋
刊本，並歸子部雜家類，1961 年《靜嘉堂文庫漢籍分類目錄》與 1992 年《靜嘉堂
文庫宋元版圖錄》未收錄本書，可以推知本書曾售予靜嘉堂文庫，其後可能已遺失，
故未收錄。

（四二）《新雕名公紀述老蘇先生事實》一卷　（見書影三一）
　　　宋刊本

〔註299〕（元）脫脫撰，《宋史》（臺北：洪氏出版社，民國 64 年 10 月），卷 320 列傳 79，
　　　　頁 10402～10403。
〔註300〕陸心源著，《皕宋樓藏書志・續志》（臺北：廣文書局，民國 57 年），卷二六，頁 15。
〔註301〕同上。
〔註302〕中國古籍善本書目編輯委員會編，《中國古籍善本書目》史部（上）（上海：上海古
　　　　籍出版社，1993 年 4 月第一版），頁 468。

作者：不詳。

藏書來源：不詳。

卷數：一卷。

冊數：一冊。

版本：《皕志》載宋刊本〔註303〕。靜嘉堂文庫載南宋刊本。

版式：左右雙邊（18.5×12.7 米厘），有界，每半葉十四行，每行二十四字，版心白口，雙黑魚尾。

序跋：歐陽修薦表、歐陽修撰墓誌銘、曾鞏子固哀詞並引、大資滿宗孟祭文。

宋諱字：玄、弦、眩、勗等，語涉宋朝上空格。

刻者姓名：無。

藏書章：「歸安陸樹聲所見金石書畫記」。

現存宋刊本：

案：《儀顧堂題跋》及《四庫全書總目提要》均未載本書。本書 1882 年《皕志》載本書爲宋刊本，1917 年《靜嘉堂秘籍志》載本書係宋刊本，並歸子部雜家類，1961年《靜嘉堂文庫漢籍分類目錄》載本書爲宋刊本，1992 年《靜嘉堂文庫宋元版圖錄》載本書爲南宋刊本。

（四三）《歐公本末》四卷　　（見書影三二）
　　　　宋刊元印本

作者：（宋）呂祖謙撰。《直齋書錄解題》載：

> 呂祖謙編，蓋因觀歐陽公集，攷其歷仕歲月，同官同朝之人，略著其事蹟，而集中詩文亦隨時附見，非獨歐公本末，而時事時賢之本末，亦大略可觀矣〔註304〕。

《文獻通考》卷一百九十九所載亦同。

藏書來源：不詳。

卷數：四卷。

冊數：二十冊。

版本：宋嘉定五年序刊元印，紙背係延祐四年冊紙，字有趙體，《直齋書錄解題》著

〔註303〕陸心源著，《皕宋樓藏書志・續志》（臺北：廣文書局，民國 57 年），卷二六，頁 15。
〔註304〕陳振孫撰，《直齋書錄解題》（臺北：廣文書局，民國 68 年.3 再版），卷七，頁 480 ～481。

錄本書係罕見秘籍〔註305〕。靜嘉堂文庫指出卷二第六十四及一百零四字、卷三第七字是用元延祐四年（1317年）、五年司法關係文書的紙背〔註306〕。《靜嘉堂祕籍志》載本書紙背係延祐四年紙，有趙體〔註307〕。

版式：左右雙邊（21.5×15.4米厘），有界，每半葉九行，每行十八字，注文雙行十八字，版心白口，刻者姓名，大小字數〔註308〕。

序目：（後序）壬申嘉定五（1212）正月既望嚴陵詹乂民敬書

宋諱字：畜、筐、讓、桓、完、構、搆、購、愼、敦等〔註309〕。

刻者姓名：王信、王茂、吳彥、吳琪、吳政、徐伂、徐宗、徐中、徐通、宋琳、大中、方中、方忠、方茂、濮進、李忠、李珍〔註310〕。

藏書章：「高氏鄰西閣藏書印」（朱文方印）、「當湖小重山館胡氏蓉江珍藏」、「志宛齋藏書」（朱文長印）、「畁陵左氏」（朱文圓印）、「臣陸樹聲」、「歸安陸樹聲叔桐父印」〔註311〕。

現存宋刊本：無宋刊本

（四四）《新刊名臣碑傳琬琰之集》　《前集》二十七卷　《中集》五十五卷　《下集》二十五卷　（見書影三三）

宋刊本　（宋）眉州進士杜大珪編

作者：（宋）杜大珪編。《四庫全書總目提要》載：

> 大珪，眉州人，其仕履不可考，自署稱進士，而序作於紹熙甲寅，則光宗時人矣〔註312〕。

藏書來源：不詳。

卷數：本書前集二十七卷、中集五十五卷，下集二十五卷，共一百零七卷。《四庫全書總目提要》載本書：

> 上集凡二十七卷，中集凡五十五卷，下集，凡二十五卷，起自建隆乾

〔註305〕陸心源著，《皕宋樓藏書志‧續志》第三輯（臺北：廣文書局，民國57年），頁1172。

〔註306〕靜嘉堂文庫編，《靜嘉堂文庫宋元版圖錄‧解題篇》（東京：汲古書院，平成四年四月第一刷），頁30。

〔註307〕靜嘉堂文庫編，《靜嘉堂祕籍志》（大正六年，靜嘉堂排印本，1917年），卷五，頁22。

〔註308〕同註306。

〔註309〕同上。

〔註310〕同上。

〔註311〕同上。

〔註312〕（清）永瑢、紀昀等撰，《四庫全書總目提要》（臺北：臺灣商務印書館，民國72年10月），卷五十七，史部傳記類，頁2～282。

德，迄於建炎紹興，大約隨得隨編，不甚拘時代體制，要其便繫，則上集神道碑，中集誌銘行狀，下集別傳爲多，多採諸家別集，而亦聞及於實錄、國史，一代鉅公之始末，亦約略俱是矣〔註313〕。

冊數：二十冊。

版本：宋刊本。

版式：左右雙邊（18.6×12.9 米厘），有界，每半葉 15 行，每行 25 字，版心白口，雙黑魚尾，刻者姓名，大小字數〔註314〕。

序跋：（自序）紹熙甲寅（五年〔1194〕）暮春之初謹書。新刊名臣碑傳琬琰之集目錄上　眉州進士杜大珪編。

宋諱字：桓、構、穀、愼等，語涉宋朝空格〔註315〕。

刻者姓名：可、何、立〔註316〕。

藏書章：「胡惠孚印」、「蓬江」、「當湖胡蓬江珍藏」、「臣陸樹聲」、「歸安陸樹聲藏書之記」、「歸安陸樹聲叔桐父印」、「歸安陸樹聲所見金石書畫記」〔註317〕。

現存宋刊本：

1、國家圖書館存宋建刊本五十六卷（十一冊，存上集五至十三卷、十九至二十七卷，中集一至十七卷、五十三至五十五卷，下集卷一至二十七）；同刊本四十四卷（四冊，存上集九至爾十七卷，下集醫治二十五卷）〔註318〕。

2、國立故宮博物院圖書館藏宋建刊本（四冊，存上集卷九至二十七、下集卷一至二十七）；同刊本（二十四冊，缺中集卷二十五）〔註319〕。

3、中研院傅斯年圖書館存宋紹熙間刊本（1190-1194）（三十二冊，每頁十五行，每航二十五字，缺上集卷十一、中集卷二十五）〔註320〕。

4、北京圖書館、華東師範大學、遼寧省圖書館、天一閣文物保存所存宋刻元明遞修本一百零七卷（二十四冊，十五行二十五自白口左右雙邊）〔註321〕。

〔註313〕同上。

〔註314〕靜嘉堂文庫編，《靜嘉堂文庫宋元版圖錄・解題篇》（東京：汲古書院，平成四年四月第一刷），頁 30。

〔註315〕同上。

〔註316〕同上。

〔註317〕同上。

〔註318〕http://nclcc.ncl.edu.tw/ttscgi/ttsweb? @@2130432801，民國 90.5.23 取自國家圖書館《臺灣地區善本古籍聯合目錄》。

〔註319〕同上。

〔註320〕同上。

〔註321〕中國古籍善本書目編輯委員會編，《中國古籍善本書目》史部（上）（上海：上海古

5、浙江圖書館存宋刻本一百零七卷（中集六至十二卷、二十九至三十六卷、下集一至六卷、二十至二十五卷配明抄本，清俞樾題款，四庫底本。）〔註322〕

6、上海博物館存宋刻本八十三卷（存上集十卷、十三至二十七卷、中集十一至二十四、下集全部，曹元忠跋）〔註323〕。

7、北京圖書館、上海圖書館、南京圖書館、湖南省圖書館、四川圖書館存宋刻元明遞修本一百零七卷〔註324〕。

（四五）《歷代故事》十二卷 （見書影三四）
宋刊宋印本

作者：（宋）楊次山輯。本書未著撰人，陸心源根據本書序言謂本書作者係楊次山：

> 是書不著撰人名氏，各家書目亦未著錄，序署坤寧殿題，則當為皇后所製，因以序中老見永陽郡王一語，求之知為宋楊次山所輯，序則甯宗楊皇后所製也，次山，字仲甫，后之兄也，其先開封人，家于越之上虞，少好學能文，補右學生，後受冊封，永陽郡王後封會稽郡王，卒年八十八。韓侂胄之誅，悉出其謀，事詳《宋史》外戚傳及后妃傳，史稱后涉書史知古今，其序當后所製，壬申年甯宗嘉定五年也，其書乃次山手書付刊，書法娟秀可喜，嘉定壬申距今七百餘年，完善如新，良可寶也〔註325〕。

《宋史》載：

> 楊次山，字仲甫，恭聖仁烈皇后兄也，其先開封人，……次山儀壯魁偉，少好學能文，補右學生，后受職宮中，次山霑恩得官，積階至武德郎，后為貴妃，累遷帶御器械，知閤門事，丐祠，除吉州刺史，提舉佑神觀，后冊封，除福州觀察使，尋拜岳陽節度使，后謁家廟，加太尉，韓侂胄誅，加開府儀同三司，尋進少保，封永陽郡王，……嘉定十二年卒，年八十一〔註326〕。

藏書來源：不詳。

籍出版社，1993年4月第一版），頁422。

〔註322〕同上。

〔註323〕中國古籍善本書目編輯委員會編，《中國古籍善本書目》史部（上）（上海：上海古籍出版社，1993年4月第一版），頁422。

〔註324〕同上。

〔註325〕陸心源著，《皕宋樓藏書志‧續志》（臺北：廣文書局，民國57年），頁1238～1239。

〔註326〕（元）脫脫等撰，《宋史》（臺北：洪氏出版社，民國64年初版），卷四六五，列傳二二四，頁13595～13596。

卷數：十二卷。

冊數：十二冊。

版本：宋嘉定五年序刊，日本列爲「重要文化財」〔註 327〕。

版式：左右雙邊（20.7×15.8 米厘），有界，每半葉八行，每行十六字，注文雙行字數不定，版心白口，單黑魚尾，刻者姓名（版心部分破損多，判讀不明），大小字數，眉上　頭註。

序目：兩漢目錄。（序）壬申（嘉定五年〔1212〕）歲仲春望日坤寧殿題。（第四冊卷首）兩晉目錄（抄補）。（第七冊卷首）唐書目錄。（第九冊卷首）五代史記（目錄）〔註 328〕。

宋諱字：玄、畜、驚、弘、殷、匡、恒、禎、貞、桓、完、愼、敦。〔註 329〕

刻者姓名：王玩、吳志、吳椿、高異、朱玩、宋琚、大志、趙中、方至、李倚、陸選、劉昭。〔註 330〕

藏書章：「文淵閣印」、「史允堅印」（兩種）、「杲坡父」、「梅谿精舍」、「玉蘭堂」、「辛夷館印」、「怡府世寶」、「季振宜印」、「滄葦」、「季振宜字詵兮號滄葦」、「季應召印」、「明善堂藏書畫印記」、「紹口」、「冉弓」、「臣陸樹聲」、「歸安陸樹聲叔桐父印」〔註 331〕。

現存宋刊本：無宋刊本。

案：陸心源藏書係罕見本。

（四六）《新編方輿勝覽》七十卷　　（見書影三五）
　　　　宋刊宋印本

作者：（宋）祝穆撰。呂午於本書序文中云：

　　　　建陽祝穆和父，本新安人，朱文公先生之母黨也，幼從文公諸大賢游，性溫行淳，學富文瞻雅，有意於是書，嘗往來閩浙江淮湖廣，聞所至必窮登臨，與予有連，每相見必孜孜訪風土事，經史子集稗官野史金石刻列郡志，有可採摭，必晝夜鈔錄，無倦色，蓋爲紀載張本也，且許異日成編，

〔註 327〕靜嘉堂文庫編，《靜嘉堂文庫宋元版圖錄‧解題篇》（東京：汲古書院，平成四年四月第一刷），頁 31。
〔註 328〕同上。
〔註 329〕同上。
〔註 330〕同上。
〔註 331〕同上。

當以相示，近訪予錢塘馬城之竹坡，曰編成矣，敢名以方輿勝覽，而鋟梓
以廣其傳，庶人人得勝覽也〔註332〕。

藏書來源：不詳。

卷數：七十卷。

冊數：三十二冊。

版本：《皕志》載宋刊宋印，每葉左線外標篇名，當是宋季麻沙刊本〔註333〕。靜嘉
堂文庫推定宋末元初刊（建安）〔註334〕。

版式：左右雙邊（17.2×11.3 米厘），有界，每半葉十四行，每行十五字內外，注文
雙行二十三字，版心線黑口，雙黑魚尾，大小字數，耳格（府州軍名）〔註335〕。

序目：《方輿勝覽》序。嘉熙己亥（三〔1239〕年）良月望日新安呂午序。（序）嘉
熙己亥仲冬既望建安祝穆和父書（《四庫全書總目提要》載：穆字和甫，建陽人，建
寧府志載穆父康國，從朱子居崇安，穆少名丙，與弟癸同受業於朱子，宰執程元鳳
蔡杭，錄所著書以進，除迪功郎，為興化軍涵江書院山長。）〔註336〕新編《方輿勝
覽》目錄。

宋諱字：匡、筐、桓、溝、講等（不定）〔註337〕

刻者姓名：無

藏書章：「鄒方表書畫記」、「鎮江楊州甯國三郡太守」（白文方印）、「樹經堂藏書」
（朱文方印）、「炳哲喆道人」（白文方印）、「南石翁」、「拙修堂藏書記」（朱文方印）、
「清白相承」、「讀書室」、「歸安陸樹聲叔桐父印」〔註338〕。

現存宋刊本：

1、國立故宮博物院圖書館存宋咸淳三年建安祝氏刊本五十四卷（共二十四冊，缺十
　　五至三十卷）；宋咸淳三年建安祝氏刊本七十卷（共二十冊）〔註339〕。

〔註332〕陸心源著，《皕宋樓藏書志‧續志》第三輯（臺北：廣文書局，民國57年），頁1297
　　　　～1298。

〔註333〕同上，頁1301。

〔註334〕靜嘉堂文庫編，《靜嘉堂文庫宋元版圖錄‧解題篇》（東京：汲古書院，平成四年四
　　　　月第一刷），頁31。

〔註335〕同上。

〔註336〕（清）永瑢、紀昀等撰，《四庫全書總目提要》（臺北：臺灣商務印書館，民國72年
　　　　10月），卷六八，史部地理類，頁2～455。

〔註337〕陸心源著，《皕宋樓藏書志‧續志》第三輯（臺北：廣文書局，民國57年），頁1301。

〔註338〕陸心源著，《儀顧堂題跋》上（臺北：廣文書局，民國57年），卷四，頁196及《靜
　　　　錄》，頁31。

〔註339〕國立故宮博物院編，《國立故宮博物院善本舊籍總目》上冊（臺北：國立故宮博物

2、北京圖書館存宋咸淳三年吳堅、劉震孫刻本七十卷（二十冊，七行字不等小字雙
　　行二十二字細黑口左右雙邊）〔註 340〕。

3、上海圖書館存宋咸淳三年吳堅、劉震孫刻本七十卷，清俞誠跋〔註 341〕。

（四七）《嚴州重修圖經》三卷
宋刊本

作者：（宋）董弅撰，陳亮、劉文富重修。

藏書來源：不詳。

卷數：全書本八卷，本書僅存三卷（存卷一至三）。陸心源《儀顧堂集》謂：

> 卷首爲建德府城圖，建德府全圖，卷一志嚴州府沿革，分野風俗、州
> 境、城社、戶口、學校、科舉、廨舍、館驛、倉庫、軍營、坊市、橋樑、
> 產物、稅賦、寺觀、賢牧、題名添倅、題名登科、記人物、碑碣各門；卷
> 二志建德縣；卷三志淳安縣，其分水桐盧、遂安、壽昌則佚矣。紹興中，
> 董棻弅炳知嚴州，始剏是書，名曰圖經，淳熙丙午知州陳亮命劉文富重爲
> 訂正，故陳氏書錄解題、馬氏文獻通考有新訂志之目，其實即圖經也，後
> 景定中方瑤寺撰續志，即續此書而作，續志今尚存〔註 342〕。

版本：《皕志》載本書爲宋刊本。《儀顧堂集》於〈嚴州圖經跋〉中載：

> 此書則僅存殘本耳，原本誤以圖後一葉及卷一稅賦門至學校門羼入卷
> 三後，今一一爲之釐正，是書殘宋本，藏吳門汪士鐘處，即鈔本所從出，
> 亂後不知所歸矣〔註 343〕。

《靜嘉堂秘籍志》註曰：

> 此跋爲影宋鈔本而作，云殘宋本亂後不知所歸，而藏書志所載，即殘
> 宋本也，豈陸氏後得之歟〔註 344〕？

《靜錄》推定本書爲明刊本，故未載此書。另《四庫全書總目提要》亦不收此書，

院，民國 72 年），頁 402。

〔註 340〕北京圖書館編，《北京圖書館古籍善本書目》史部（北京：書目文獻），頁 539。

〔註 341〕中國古籍善本書目編輯委員會編，《中國古籍善本書目》史部（上）（上海：上海古籍
　　　　出版社，1993 年 4 月第一版），頁 728。

〔註 342〕陸心源著，《儀顧堂集》（臺北：臺聯國風出版社，民國 59 年），卷十六，頁 754～
　　　　755。

〔註 343〕同上。

〔註 344〕靜嘉堂文庫編，《靜嘉堂秘籍志》（大正六年〔1917〕，靜嘉堂排印本，1917 年），卷
　　　　六，頁 3。

其文載：

> 《景定嚴州續志》十卷，宋鄭瑤、方仁榮同撰，所記始於淳熙，訖於
> 咸淳，標題惟曰：新訂續志，不著地名，蓋刊附紹興舊志之後，而舊志今
> 佚也〔註345〕。

故四書全書不收此書。

版式：每葉二十行，每行二十字，版心大黑口。

序目：董弅序（紹興己未正月）、劉文富序（淳熙丙午正月）。

宋諱字：不詳。

刻者姓名：不詳。

藏書章：「松雪道人」（朱文方印）、「嚴蔚豹人」（白文方印）、「歸安陸樹聲藏書之印」、
「皕宋樓」、「臣陸樹聲」。

現存宋刊本：無宋刊本。

（四八）《咸淳臨安志》九十五卷　（見書影三六、三七）
宋刊本　朱竹垞舊藏

作者：（宋）潛說友撰。《四庫全書總目》載：

> 說友字君高，處州人，宋淳祐甲辰進士，咸淳庚午，以中奉大夫權戶
> 部尚書知臨安軍府事，封縉雲縣開國男，時賈似道勢方熾，說友曲意附和，
> 故得進，閱四年以誤捕似道秩罷，明年起守平江，元兵至，棄城先遁，及
> 宋亡，在福州降元，受其宣撫使之命，後以官軍支米不得積，翁以言激眾，
> 遂為李雄剖腹死，其人殊不足道，而其書則頗有條理〔註346〕。

《咸淳臨安志》提要載：

> 朱彝尊謂宋人地志幸存者，……惟潛氏此志獨存，然其書流傳既久，
> 往往缺帙不全，舊無完集，彝尊從海鹽胡氏、常熟毛氏，先後得宋槧本八
> 十卷，又借抄一十三卷，而其碑刻七卷終闕，無可考補，今亦姑仍其舊焉
> 〔註347〕。

藏書來源：本書有黃蕘圃跋語四則，描繪其得書經過甚詳，即黃蕘圃得自朱竹垞，

〔註345〕（清）永瑢、紀昀等撰，《四庫全書總目提要》（臺北：臺灣商務印書館，民國72年
　　　　 10月），卷六八，史部地理類，頁2～463

〔註346〕同上，頁2～464。

〔註347〕潛說友撰，《咸淳臨安志》（清乾隆間（1736～1795）曲阜孔氏青棣書屋鈔本，國家
　　　　 圖書館藏）。

之後歸汪閬源，又歸於郁泰峰，光緒八年歸於皕宋樓〔註348〕。《百宋一廛賦》中云：

> 所謂臨安百卷，分豆剖刮，海鹽、常熟，會蕞竹垞者也。〔註349〕

卷數：存九十五卷首一卷（缺卷六十四、九十、九十八、一百；卷一、八十一至八十九、六十五、六十六皆抄補）

冊數：四十八冊。黃蕘圃於手跋中云：

> 此書收藏已閱五載矣，原裝三十冊，墨敝紙渝，幾不可觸手，今夏六月始，命工重裝，細加補綴，以白紙副其四周，直至冬十一月中竣事，裝潢之費，復用去數十千文，可云好事之至矣，分裝四十八冊，以原存部面挨次裝入，俾日後得見舊時面目，其中除六十五、六十六新抄外，尚有舊抄幾卷，擬仍仿諸兔床，或有宋刻可校，豈不更善乎！壬戌季冬蕘翁黃丕烈識〔註350〕。

版本：宋（咸淳）刊（有配、補寫）。

版式：左右雙邊（26.5×18.3 米厘），有界，每半葉十行，每行二十字，注文雙行二十字，版心白口，單黑魚尾，刻者姓名，大小字數〔註351〕。

序目：潛說友自序。咸淳臨安志序。中奉大夫權戶部尚書兼詳定敕令官兼知臨安軍府事兼管內勸農使兩浙西路安撫使馬步軍都總管兼點檢行在贍軍激賞酒庫所縉雲縣開國男食邑三百戶潛說友謹序。咸淳臨安志目錄〔註352〕。

宋諱字：「貞」，是上自始祖下至歷代帝王的諱字，注釋云此字所諱的有廟諱、御諱，御諱如聖祖諱、犯太祖廟諱、犯太宗諱、犯眞宗諱、犯欽宗皇帝舊諱、犯高宗廟諱、孝宗御諱、光宗嫌諱、犯甯宗皇帝嫌諱、理宗嫌諱等，都必須代換掉，注記云度宗爲現今皇帝，犯黃帝御名，他的第一個名字啓爲其舊御名，而且其他亦犯秀安僖王之名諱〔註353〕。語涉宋帝皆提行，年號亦空一格〔註354〕。

刻者姓名：皇城司陳壽（陳壽）、翁文虎、郭世昌、景口振、吳文煥、黃文彬（文彬）、蔡光大（光大）、徐璟叔、鍾桂異、盛允中、曹必貴、張興祖（興祖）、趙榮祖、陳

〔註348〕陸心源著，《儀顧堂題跋》上（臺北：廣文書局，民國57年），卷四，頁198。

〔註349〕顧廣圻、黃丕烈撰，《百宋一廛賦注》（臺北：廣文書局，民國57年），頁15。

〔註350〕黃丕烈撰，繆荃孫等輯，《蕘圃藏書題識》上（臺北：廣文書局，民國77），頁193～194。

〔註351〕靜嘉堂文庫編，《靜嘉堂文庫宋元版圖錄·解題篇》（東京：汲古書院，平成四年四月第一刷），頁31。

〔註352〕同上。

〔註353〕同上。

〔註354〕陸心源著，《儀顧堂題跋》上（臺北：廣文書局，民國57年），卷四，頁197。

永昌、陳日升（日升）、陳德達（德達）、馬士龍、范仲實（仲實）、潘必昌（必昌）、尤有明、李斗文、梁貢甫、王喜、王春、王眞、王瑞、翁文、何洪、韓玉、金珪、江輝、貢卿、沈祖、盛中、詹周、詹週、詹泉、張中、陳松、陳政、陳茂、方昇、毛梓、尤明、梁卿、梁建〔註355〕。

藏書章：「毛晉之印」（朱文方印，存在卷七十五及七十六）、「毛氏子晉」（朱文方印）、「汲古主人」、「汪士鐘印」、「閬源眞賞」、「泰峰審定」、「田耕堂藏」、「朝列大夫之章」（朱文方印）、「高平家藏」（朱文方印，存在卷二、卷四十六、卷五十四、卷六十、卷六十七、卷八十一）、「歸安陸樹聲叔桐父印」。〔註356〕

現存宋刊本：

1、臺灣地區無宋刊本。

2、北京圖書館存宋咸淳臨安府刻本一百卷（七至十卷、十七至十九卷、三十三至三十四卷、四十至四十五卷、六十一至六十三卷、七十六至七十七卷、七十九卷、九十一至九十七卷配清抄木，傅玉露、楊紹和跋，四十冊，十行二十字白口左右雙邊）。另存同版本七十八卷（存一至二十五、二十九至四十五、六十至六十三、六十五至八十九、九十一至九十七）。〔註357〕宋咸淳刻本三葉（存卷二十四第十葉、卷三十五第八葉、卷七十五第十五葉）〔註358〕。

3、南京圖書館存宋咸淳刻本九十五卷（存一至六十三卷、六十五至八十九卷、九十一至九十七卷，其中目錄一至二卷、五至十卷、十三至十九卷、三十二至五十卷、五十六至六十三卷、六十五至八十九卷、九十一至九十七配清鮑氏知不足齋抄本，清周廣業校並跋，清沈烺校跋並題詩，清丁丙跋）〔註359〕。

（四九）《重修毗陵志》三十卷　（見書影三八）
宋刊抄補本

作者：（宋）史能之撰。史能之，字子善，鄞縣人，淳熙元年進士，彌鞏子也。

藏書來源：陸心源根據缺頁推定本書可能得自吳枚菴，於《儀顧堂續跋》中謂：

〔註355〕靜嘉堂文庫編，《靜嘉堂文庫宋元版圖錄・解題篇》（東京：汲古書院，平成四年四月第一刷），頁31。

〔註356〕陸心源著，《儀顧堂題跋》上（臺北：廣文書局，民國57年），頁197～198；《靜錄》，頁31。

〔註357〕北京圖書館編，《北京圖書館古籍善本書目》史部（北京：書目文獻），頁668。

〔註358〕中國古籍善本書目編輯委員會編，《中國古籍善本書目》史部（上）（上海：上海古籍出版社，1993年4月第一版），頁850。

〔註359〕同上。

四庫未收，阮文達亦未見，乾隆己酉，趙味辛得抄本，缺十一卷至二十卷，復從吳枚菴借殘本抄補，其卷十一之第一頁，第二十卷仍缺，屬李申耆兆洛校訂而付之梓，此本卷十一缺首頁，及卷二十全缺，或即吳枚菴所藏歟！余從唐鷦安明府得之〔註360〕。

卷數：原書共三十卷，陸心源所藏應是殘本，非全本三十卷。如《皕志》中載：

咸淳四年，能之守郡重修，原本三十卷，……存卷七至十九，又第二十四卷，餘抄補，卷十二第四頁後缺，末頁有剜痕，所缺當不少，卷十三缺第十三頁，常州新刻本，以卷十二之末頁爲第五頁，……若非此本僅存，無從知其缺佚矣，重刻本從元延祐重刻出，此則咸淳原刻也，藏書家罕見著錄〔註361〕。

本書缺字位置在卷十二第五字以後（最後一頁的位置），卷二十應是卷二十四誤載，可能是卷頭的第一行刪去一部份，故版心的卷數應該將二十四的四去除，另第一冊副葉有唐翰題的手識〔註362〕。

冊數：三冊。

版本：《皕志》載宋刊抄補本。《儀顧堂續跋》在本書係宋咸淳初刊本。靜嘉堂文庫亦載本書宋咸淳刊本。

版式：每半葉九行，每行二十字，注文雙行二十字，版心白口，雙黑魚尾，大小字數〔註363〕。

序目：史能之自序。

宋諱字：語涉宋代避諱字則空一格或另起一行。

藏書章：「鷦安校勘秘籍」、「新豐卿人庚申以後所聚小」、「雲月」、「雲煙拈弄」、「臣陸樹聲」、「歸安陸樹聲叔桐父印」、「歸安陸樹聲所見金石書畫記」〔註364〕。

現存宋刊本：無宋刊本

（五十）《南方草木狀》三卷
宋刊本

〔註360〕陸心源著，《儀顧堂續跋》（臺北：廣文書局，民國57年3月初版），卷五，頁340。
〔註361〕陸心源著，《皕宋樓藏書志‧續志》第三輯（臺北：廣文書局，民國57年），頁1389～1390。
〔註362〕靜嘉堂文庫編，《靜嘉堂文庫宋元版圖錄‧解題篇》（東京：汲古書院，平成四年四月第一刷），頁33。
〔註363〕同上。
〔註364〕同上。

作者：（晉）嵇含撰（永興元年（304）十一月丙子撰）。《四庫全書總目》地理類載：

> 《隋志》、《舊唐志》俱有含集十卷（隋志云其集已亡，旦附載郭象集
> 下，舊唐書仍著錄），而不載此書，志宋志始著錄，……諸本但題譙國嵇
> 含，惟宋麻沙舊版前題曰永興元年十一月丙子振威將軍嵇含撰云云，載其
> 年月仕履頗爲詳具，蓋舊本如是，明人始刊削之，然晉書惠帝本紀永寧二
> 年正月改元，永安七月改建武，十一月復爲永安，十二月丁亥立豫章王熾
> 爲太弟，始改永興是永興元年，不得有十一月，右永興二年正月甲午，朔
> 以干支，推之丙午當在上年十二月中旬，尚在改元前十二日，其實亦未稱
> 永興，或其實改元之後併十二月一月，接追稱永興，而輾轉傳刻，又誤十
> 二月爲十一月歟！惟隋志稱廣州太守嵇含，而此作襄陽太守，考書中所載
> 皆嶺表之物，則疑襄陽或誤題也〔註365〕。

藏書來源：不詳。

卷數：三卷。

版本：《皕志》載本書爲宋刊本；《靜嘉堂祕籍志》將本書歸爲子部。《四庫全書總目》
則載：

> 其書凡分草、木、果、竹四類，共八十種，敘述典雅，非唐以後人所
> 能僞，不得以始見宋志疑之，其本亦最完整，蓋宋以後花譜地志援引者多，
> 其字句可以互校，故獨少譌闕云〔註366〕。

版式：不詳。

序跋：不詳。

宋諱字：不詳。

刻者姓名：不詳。

藏書章：不詳。

現存宋刊本：無宋刊本

案：本書1882年《皕志》載本書爲宋刊本，1917年《靜嘉堂秘籍志》載宋刊本，
並歸本書於子部雜家類，1961年《靜嘉堂文庫漢籍分類目錄》則僅錄《百川學海》
本，1992年《靜嘉堂文庫宋元版圖錄》未收錄本書，可以推定本書曾售予靜嘉堂文
庫，惟其後靜嘉堂文庫推定本書非宋刊，或本書已遺失，故未收錄。

〔註365〕　（清）永瑢、紀昀等撰，《四庫全書總目提要》（臺北：臺灣商務印書館，民國72年
　　　　10月），卷七十，史部地理類三，頁2～514。

〔註366〕　同上。

（五一）《洞天福地記》一卷
　　　宋刊本
　　　　（宋）杜光庭撰
作者：（宋）杜光庭。
藏書來源：不詳。
卷數：不詳。
版本：不詳。
版式：不詳。
序跋：不詳。
宋諱字：不詳。
刻者姓名：不詳。
藏書章：不詳。
現存宋刊本：無宋刊本。
案：本書 1882 年《皕志》載本書爲宋刊本，1917 年《靜嘉堂秘籍志》載本書爲宋刊本，並歸子部雜家類，1961 年《靜嘉堂文庫漢籍分類目錄》與 1992 年《靜嘉堂文庫宋元版圖錄》均未收錄本書，可以推定本書曾售予靜嘉堂文庫，但其後或已遺失。

（五二）《會稽三賦》三卷
　　　宋刊本　黃蕘圃舊藏
　　　　（宋）東嘉王十朋撰　琰谿周世則注　郡人史鑄增注
作者：（宋）王十朋撰，周世則注，史鑄增注。《宋史》載：

　　　王十朋字龜齡，溫州樂清人。資穎悟，日誦數千言，及長，有文行，聚徒梅溪，受業者以數百，……秦檜死，上親政，策士，……十朋以「權」爲對，……幾萬餘言，上嘉其經學淹通，議論醇正，遂擢爲第一，學者爭傳頌其策，以擬古晁、董〔註367〕。

《增訂四庫簡明目錄標註》（上）載：

　　　一曰會稽風俗賦，一曰民事堂賦，一曰蓬萊閣賦，接有關會稽之風土，嵊縣周世則嘗爲注會稽風俗賦，郡人史鑄病其不詳，乃爲增注，並後二賦

〔註367〕（元）脫脫撰，《宋史》（臺北：洪氏出版社，民國 64 年 10 月），卷 387 列傳 146，頁 11882～11883。

　　亦注之〔註368〕。

藏書來源：黃蕘圃藏書。

卷數：三卷。

版本：宋刊本。《皕志》載黃氏手跋曰：

　　　　宋本《會稽三賦注》，余所見有三本，一得諸顧八愚家，一見諸顧五
　　癡處（今歸潛研堂），一見諸顧抱沖，所八愚五癡為昆仲，其兩本悉屬舊
　　藏，若抱沖則得諸他處，非郡中物也，然皆大字不分卷，每半葉九行，每
　　行大十八字，小三十二三字不等，注中有注，此刻板式與前所見者異矣，
　　此本首載史序，第一葉與《會稽三賦》第一葉誤倒，故印記反鈐于賦之第
　　一葉，應正之，丙寅穀雨後二日蕘翁識〔註369〕。

版式：左右雙欄，小黑口，半頁十一行，每行二十字，注文三十二至三十三字，字
體多模糊之處，每頁中間襯一張紙。

序目：史鑄序（嘉定歲在丁丑），黃蕘圃手跋。

宋諱字：不詳。

刻者姓名：不詳。

藏書章：「歸安陸樹聲藏書之印」、「宋本」、「紅口畫樓」、「蕘翁籍讀」。

現存宋刊本：

1、臺灣地區無宋刊本。

2、北京圖書館存宋刻元修本一卷（顧廣圻抄補、黃丕烈跋，二冊，九行十七字或十
　　八字小字雙行三十字白口左右雙邊）；宋刻元修本　卷（三冊，九行十七字小字
　　雙行三十字白口左右雙邊）；宋刻元明遞修本一卷（一冊，九行十八字小字雙行
　　三十二字白口左右雙邊）。

案：本書 1882 年《皕志》載本書為宋刊本，1917 年《靜嘉堂秘籍志》未收錄，1961
年《靜嘉堂文庫漢籍分類目錄》則僅錄十萬卷樓明初刊本，1992 年《靜嘉堂文庫宋
元版圖錄》未收錄本書，筆者曾親至靜嘉堂文庫調閱本書，發現陸氏於本書封面標
記「宋槧本」，故可推定本書有售予靜嘉堂文庫，但靜嘉堂文庫推定本書為十萬卷樓
明初刊本。

〔註368〕（清）邵懿辰撰，《增訂四庫簡明目錄標注》（臺北：世界書局，民國66年8月三版）
　　　　上，頁314。

〔註369〕陸心源著，《皕宋樓藏書志・續志》（臺北：廣文書局，民國57年），頁1504。

（五三）《翰林志》一卷

　　　宋刊本

　　　（唐）翰林學士左補闕李肇撰

作者：（唐）李肇撰。《四庫全書總目提要》載：

　　　　肇此書成於元和十四年，唐宋藝文志皆著於錄，其記載賅備，本末粲
　　　然，於一代詞臣職掌最爲詳晰，宋洪遵輯翰苑群書已經收入，今已言翰林
　　　典故者，莫右於是書，故仍錄專木以存其朔焉〔註370〕。

藏書來源：不詳。

卷數：一卷。

版本：宋刊本。《靜嘉堂祕籍志》歸本書歸爲子部〔註371〕。

版式：不詳。

序跋：不詳。

宋諱字：不詳。

刻者姓名：不詳。

藏書章：不詳。

現存宋刊本：臺灣地區無宋刊本。

案：1882年《皕志》載本書爲宋刊本，1917年《靜嘉堂秘籍志》將本書歸爲子部雜
家類宋刊本，1961年《靜嘉堂文庫漢籍分類目錄》則僅錄百川學海本，1992年《靜
嘉堂文庫宋元版圖錄》未收錄本書，可以確定的是本書曾售予靜嘉堂文庫，其後靜
嘉堂文庫又推定本書非宋版書或本書於1961年已遺失。

（五四）《玉堂雜記》三卷

　　　宋刊本

作者：（宋）周必大撰。《宋史》載：

　　　　周必大字子充，一字洪道，其先鄭州管城人，……紹興二十年第進士，
　　　受徽州戶曹，中博學宏詞科，教授建康府，除太學錄，召試館職，高宗讀
　　　其策曰：『掌制手也』，守秘書省正字，館職復召試自此始，……自號平園

〔註370〕（清）永瑢、紀昀等撰，《四庫全書總目提要》（臺北：臺灣商務印書館，民國72年
　　　　10月），卷七九，史部職官類，頁2～652。

〔註371〕靜嘉堂文庫編，《靜嘉堂祕籍志》（大正六年〔1917〕，靜嘉堂排印本，1917年），
　　　　卷八，頁19。

老叟，著書八十一種，有平園集二百卷〔註372〕。

《四庫全書總目提要》云：

> 此書皆記翰林故事，後編入必大文集中，此乃其別行之本也，宋代掌制最號重職，往往由此致位二府，必大受知孝宗，兩入翰苑，自權直院至學士，承旨皆編爲之，凡鑾坡制度沿革及一時宣召奏對之事隨筆記錄，集爲此編所紀〔註373〕。

藏書來源：不詳。

卷數：三卷。

版本：宋刊本。

版式：不詳。

序跋：自序、丁朝佐跋（昭熙元年重五日）、蘇森跋（昭熙辛亥仲夏）〔註374〕。

宋諱字：不詳。

刻者姓名：不詳。

藏書章：不詳。

現存宋刊本：臺灣地區無宋刊本。

案：本書資料不詳，其情況與《翰林志》相仿。

（五五）《官箴》一卷

　　　　宋刊本

　　　　（宋）紫薇舍人呂本中居仁撰

作者：（宋）呂本中撰。

藏書來源：不詳。

卷數：一卷。

版本：宋刊本。

版式：不詳。

序跋：不詳。

宋諱字：不詳。

〔註372〕（元）脫脫等撰，《宋史》（臺北：洪氏出版社，民國64年初版），卷三九一，列傳一五〇，頁11965～11972，

〔註373〕（清）永瑢、紀昀等撰，《四庫全書總目提要》（臺北：臺灣商務印書館，民國72年10月），卷七九，史部職官類，頁2～654。

〔註374〕靜嘉堂文庫編，《靜嘉堂秘籍志》（大正六年〔1917〕，靜嘉堂排印本），卷八，頁19。

刻者姓名：不詳。

藏書章：不詳。

現存宋刊本：臺灣地區無宋刊本。

案：1882 年《皕志》載本書爲宋刊本，1917 年《靜嘉堂祕籍志》將本書歸爲子部雜家類宋刊本，1961 年《靜嘉堂文庫漢籍分類目錄》則僅錄日本綠靜堂木活本，1992年《靜嘉堂文庫宋元版圖錄》未載本書，可以推定本書曾售予靜嘉堂文庫，其後可能遺失。

（五六）《晝簾緒論》一卷
宋刊本

作者：（宋）胡太初撰。《四庫全書總目提要》目錄類載：

> 太初，天台人，端平乙未其外舅陶某出宰香溪，太初因論次縣令居官之道，凡十五篇以貽之後，十七年爲淳祐壬子，太初出守處州，越明年，復得是稿於其戚陶雲翔，遂鋟諸板以授屬縣，其目首曰盡己，次曰臨民，曰事上，曰寮寀，曰御吏，曰聽訟，曰治獄，曰催科，曰理財，曰差役，曰賑恤，曰行刑，曰期限，曰勢利，而終之以遠嫌，條目詳盡，區劃分明，蓋亦州縣提綱之類書也〔註375〕。

藏書來源：不詳。

卷數：一卷。

版本：宋刊本。

版式：不詳。

序跋：不詳。

宋諱字：不詳。

刻者姓名：不詳

藏書章：不詳。

現存宋刊本：臺灣地區無宋刊本。

案：1882 年《皕志》載本書爲宋刊本，1917 年《靜嘉堂祕籍志》將本書歸爲子部雜家類宋刊本，1961 年《靜嘉堂文庫漢籍分類目錄》與 1992 年《靜嘉堂文庫宋元版圖錄》未收錄本書，亦可推定本書曾售予靜嘉堂文庫，其後可能遺失。

〔註375〕（清）永瑢、紀昀等撰，《四庫全書總目提要》（臺北：臺灣商務印書館，民國 72 年10 月），卷七九，史部職官類，頁 2～663。

（五七）《子略》四卷
　　　宋刊本
　　　（宋）高似孫撰

作者：（宋）高似孫撰。《四庫全書總目提要》目錄類載：

　　　似孫有《剡錄》已著錄是書，卷首冠以目錄，始漢志所載，次隋志所
　　　載，次唐志所載，次庾仲容子鈔馬總意林所載，次鄭樵通志藝文略所載，
　　　皆削其門類而存其書名，略注撰人卷數於下，其一書而有諸家注者，則惟
　　　列本書〔註376〕。

藏書來源：不詳。

卷數：本書四卷。

版本：宋刊本。

版式：不詳。

序跋：不詳。

宋諱字：不詳。

刻者姓名：不詳。

藏書章：不詳。

現存宋刊本：臺灣地區無宋刊本。

案：1882年《皕志》載本書爲宋刊本，1917年《靜嘉堂秘籍志》將本書歸爲子部
雜家類宋刊本，1961年《靜嘉堂文庫漢籍分類目錄》則僅錄百川學海本，1992年《靜
嘉堂文庫宋元版圖錄》未收錄本書，可以推定本書曾售予靜嘉堂文庫，其後靜嘉堂
文庫推定本書非宋刊本或已遺失。

（五八）《法帖刊誤》二卷
　　　宋刊本
　　　（宋）左朝奉郎行秘書省秘書郎黃伯思撰

作者：（宋）黃伯思撰。《宋史》載：

　　　黃伯思字長睿，……好古文奇字，洛下公卿家商、周、秦、漢彝器款
　　　識，研究字畫體制，悉能辨正是非，道其本末。遂以古文名家，凡字書討
　　　論備盡。初，淳化中講求古法書，命待詔王著續正法帖，伯思病其乖僞龐
　　　雜，考其載籍，咸有依據，作「刊誤」二卷，由是篆、隸、正、行、草、

────────────

〔註376〕同上，卷八十五，史部目錄類，頁2～761。

章草、飛白皆至絕妙，得其尺牘者，多密藏〔註377〕。

又於《法帖刊誤》卷上黃伯思序言云：

> 淳化中內府既博訪古遺跡，時翰林侍書王著受詔緒正諸帖，然初不深
> 書學，又昧古今，故秘閣法帖十卷中璠雜糅，論次乖僞，世多耳觀，遂久
> 莫辨，故禮部郎米芾元章筆翰妙薦紳間，在淮南幕府日嘗，跋卷尾作數語，
> 頗有條流，但蓋舉其目，疏略甚多，故諸部中或僞跡甚著而不覺者，若李
> 懷琳所作……，其餘舛午尚多，書家責能書者備，故僕餘元章慨然古語有
> 之，善書不鑑，善鑑不書，僕自幼觀古帖至多，雖毫末積習未至，而心悟
> 神解時有所得，故作法帖刊誤，凡論眞僞皆有據，依使鍾王復生不易此評
> 矣，元章今已物故，恨不示之，後有高識賞予知言，大觀戊子歲六月七日
> 西都府院東齋序〔註378〕。

藏書來源：不詳。

卷數：二卷。

版本：宋刊本。

版式：不詳。

序跋：《靜嘉堂祕籍志》載本書有自序（大觀戊子六年）、王玠跋（政和甲午正月）、
許翰跋（政和五年三月）〔註379〕。

宋諱字：不詳。

刻者姓名：不詳。

藏書章：不詳。

現存宋刊本：無。

案：本書情況與《子略》相仿。

（五九）《法帖釋文》十卷

宋刊本

（宋）劉次莊撰

作者：劉次莊，字中叟，長沙人，熙寧六年進士，爲蔡確密客，博洽淹貫，詞翰絕

〔註377〕（元）脫脫等撰，《宋史》（臺北：洪氏出版社，民國64年初版），卷443，列傳220，
頁13106。

〔註378〕《法帖刊誤》（臺北：藝文印書館，民國54年。《百部叢書集成：百川學海》八。），
卷上并序，未載頁碼。

〔註379〕靜嘉堂文庫編，《靜嘉堂秘籍志》（大正六年〔1917〕，靜嘉堂排印本），卷八，頁46。

倫，元豐中，累官宗正丞，八年，爲殿中侍御史〔註380〕。《四庫全書總目提要》曾引曹仕冕《法帖譜系》云：

元祐間，劉次莊以家藏淳化閣帖十卷摹刻其上，除去卷尾篆題而增釋文。

又曾敏行《獨醒雜志》曰：

劉殿院次莊自幼喜書，嘗寓於新淦，所居民屋窗牖牆壁題寫殆遍，臨江郡庫有法帖十卷，釋以小楷，他法帖之所無也〔註381〕。

《郡齋讀書志》載：

元祐中，有劉次莊者模刻之石，復取帖中草書，世所病讀者爲釋文，行於世〔註382〕。

藏書來源：不詳。

卷數：十卷。

版本：宋刊本。

版式：不詳。

序跋：自序（元祐七年九月）又一編（七月）。

宋諱字：不詳。

刻者姓名：不詳。

藏書章：不詳。

現存宋刊本：無。

案：《儀顧堂題跋》有載〈法帖釋文跋〉，並詳載劉次莊言行，惟未載本書相關資料。

（六十）《法帖譜系》二卷
宋刊本
（宋）曹士冕撰

作者：（宋）曹士冕撰。《四庫全書總目》引《書史會要》載：

士冕字端可，號陶齋，昌谷之後，昌谷爲曹彥約別號，則都昌人也，其士屢無考，爲三山帥司庫，有歷代帖板本，……其書序宋代法帖源流，首爲譜系圖，上卷淳化法帖，……凡二十二種，下卷絳本舊帖，……凡十四種，蓋以淳化閣帖爲大宗，而絳帖爲別子諸本，皆其支派也，每條敘述

〔註380〕陸心源著，《儀顧堂題跋》上（臺北：廣文書局，民國57年），卷五，頁243～244。

〔註381〕（清）永瑢、紀昀等撰，《四庫全書總目提要》（臺北：臺灣商務印書館，民國72年10月），卷八六，史部目錄類，頁2～770。

〔註382〕晁公武，《郡齋讀書志》（臺北：廣文書局，民國68年），卷下，頁432。

摹刻始末，兼訂其異同，工拙頗足以資考證，書史會要稱士晃博參書法，
服習蘭亭，宜其鑒別不苟矣，古今法帖皆搨本，惟此書載有印本，法帖亦
廣異聞，書成於淳祐乙巳，前有自序〔註383〕。

藏書來源：不詳。

卷數：二卷。

版本：宋刊本。

版式：不詳。

序跋：自序（淳祐乙巳仲春）、董史跋（淳祐甲辰冬）、又一編（景定壬戌五月）〔註
384〕。

宋諱字：不詳。

刻者姓名：不詳。

藏書章：不詳。

現存宋刊本：無。

（六一）《致堂先生讀史管見》八十卷　（見書影三九、四十）
　　　　宋刊本

作者：（宋）胡寅撰。《直齋書錄解題》載：

　　　胡寅字明仲，已通鑑事備而義少，故為此書，議論宏偉嚴正，間有感
　　於時事，其於熙豐以來接於紹興權姦之禍，由全權寓意焉，晦翁綱目亦多
　　取之〔註385〕。

藏書來源：不詳。

卷數：八十卷，序目一卷。本書抄補處，計有卷一至四、卷六、卷八至十，卷三十
一（陳高祖）的版心中縫以及下象鼻上有「陳一」，卷三十三（高宗上）的版心下象
鼻有「陳三」，卷三十四（高宗下）的版心上象鼻縫中有「陳四」，卷三十五（長城
公）的版心下象鼻有「陳五」，卷四十六（中宗中的版心下象鼻有「中」、「中中」），
卷五十八（德宗下）的版心中縫即下象鼻有「應」、「德」，卷六十九（昭宗上）的版

〔註383〕（清）永瑢、紀昀等撰，《四庫全書總目提要》（臺北：臺灣商務印書館，民國72年
　　　　10月），卷八六，史部目錄類，頁2～774。

〔註384〕靜嘉堂文庫編，《靜嘉堂秘籍志》（大正六年〔1917〕，靜嘉堂排印本），卷八，頁46。

〔註385〕陳振孫，《直齋書錄解題》（上）（臺北：廣文書局，民國68年5月再版），卷四，頁
　　　　275。

心中縫的「昭」及各篇名〔註386〕。

冊數：二十四冊。

版本：《皕志》載宋淳熙九年刊。《儀顧堂題跋》載：

> 據大正序，淳熙以前無刊本，至大正官溫陵，始刊于州治之中和堂，乃此書初刊本，其後嘉定十一年，其孫某守衡陽，刊于郡齋，并為三十卷，與書錄解題合，有猶子大壯序，明季有重刊本，即四庫附存其目之本也。……此書在宋凡三刊，元人又重刊之，其為當時所重可知，惟嘉定本與此本卷帙懸殊，未知有無刪削，惜架上無三十卷本，無從互校耳〔註387〕。

版式：左右雙邊（17.6×11.6 米厘），有界，每半葉十二行，每行二十二字，注文雙行二十二字，版心白口（線黑口），雙黑魚尾，刻者姓名〔註388〕。

序目：（孫胡大正序）淳熙壬寅（九〔1182〕年）首夏初吉孫男奉議郎簽書平海軍節度判官廳公事賜緋魚袋大正拜手敬書。致堂先生讀史管見目錄　微猷閣直學士左朝請郎提舉江州太平觀保定縣開國男食邑七百戶賜紫金魚袋胡寅明仲撰

刊記：（序目末題裏頁雙邊四行木記）淳熙壬寅中夏既望刊修于州治之中和堂奉議郎簽書平海軍節度判官廳公事兼南外宗正簿賜緋魚袋胡大正謹識

宋諱字：敬、警、驚、殷、匡、筐、恒、貞、楨、桓、構、遘、觀、講、慎〔註389〕。

刻者姓名：宇、元、工、二、日、上、人、先、天〔註390〕。

藏書章：「泰峰」、「歸安陸樹聲叔桐父印」〔註391〕。

現存宋刊本：

1、國家圖書館存宋寶祐二年（1254）江南宛陵郡齋刊本十二卷：（存卷三、卷四、卷九至卷十六、卷十八、卷二十七；共 7 冊）；同刊本七卷（存卷一至卷三、卷二十五至卷二十八；共 7 冊）；存元覆刊宋寶祐本六卷（存卷三、卷四、卷十一、卷十二、卷十九、二十；共五冊）〔註392〕。

2、國立故宮博物院圖書館存宋寶祐二年江南宛陵郡齋刊本七卷（卷一至三、卷二五

〔註386〕靜嘉堂文庫編，《靜嘉堂文庫宋元版圖錄・解題篇》（東京：汲古書院，平成四年四月第一刷），頁 33。

〔註387〕陸心源著，《儀顧堂題跋》（臺北：廣文書局，民國 57 年）上，卷五，頁 261～262。

〔註388〕靜嘉堂文庫編，《靜嘉堂文庫宋元版圖錄・解題篇》（東京：汲古書院，平成四年四月第一刷），頁 33。

〔註389〕同上。

〔註390〕同上。

〔註391〕同上。

〔註392〕http://nclcc.ncl.edu.tw/ttscgi/ttsweb？@@3144526360，民國 90.5.23 取自國家圖書館《臺灣地區善本古籍聯合目錄》。

至二八,共七冊);同刊本七卷(存卷三,卷四,卷九至十六,卷十八,卷二十七;共七冊);同刊本三十卷,共三十冊〔註393〕。

3、北平圖書館存宋嘉定十一年衡陽郡齋刻本三十卷(五至六卷、九至十卷、十三至三十配元刻本,三十冊,十二行二十三字白口左右雙邊)〔註394〕。

4、北京大學圖書館、上海圖書館存宋嘉定十一年衡陽郡齋刻本四卷(存卷十七至十八、卷二十一至二十二)〔註395〕。

5、重慶市北碚區圖書館存宋寶佑二年科元明遞修本三十卷〔註396〕。

　　以下為〔皕宋樓藏書志‧續志〕

(六二)《後漢書》一百二十卷　　(見書影四一、四二)
　　　　(宋)嘉定中蔡琪一經堂刊本
　　　　(宋)萱誠太守范曄撰　　(唐)章懷太子李賢注

作者:(宋)范曄撰,(唐)李賢注。

藏書來源:不詳。

卷數:《皕志》所藏非全本,存七十二卷(存紀一下至十下、志四至九、二十三至三十、傳一至四十八)〔註397〕而《靜錄》則存七十五卷,其中志存一至九,餘皆同〔註398〕。

冊數:三十二冊。

版本:宋嘉定元年刊,建甯書舖建安蔡琪一經堂刊本,刻手精良,字大悅目,蔡琪所刻尚有前漢書,行款悉同,核其款式即為蔡本〔註399〕。

版式:四周雙邊(21.1×13.1米厘),有界,每半葉八行,每行十六字,注文雙行二十一字,版心線黑口,單黑魚尾,刻者姓名,大小字數,耳格(篇名)〔註400〕。

〔註393〕同上。
〔註394〕中國古籍善本書目編輯委員會編,《中國古籍善本書目》史部(上海:上海古籍出版社,1993年4月第一版),頁1511。
〔註395〕同上。
〔註396〕同上。
〔註397〕陸心源著,《皕宋樓藏書志‧續志》第十二輯(臺北:廣文書局,民國57年),頁5450。
〔註398〕靜嘉堂文庫編,《靜嘉堂文庫宋元版圖錄‧解題篇》(東京:汲古書院,平成四年四月第一刷),頁14。
〔註399〕陸心源著,《儀顧堂題跋》上(臺北:廣文書局,民國57年),卷三,頁102。
〔註400〕陸心源著,《皕宋樓藏書志‧續志》第十二輯(臺北:廣文書局,民國57年),頁5450。

序目：景祐元年（1034）九月秘書丞余靖上言。後漢書目錄。

刊記：（目錄後　三行木記）昔嘉定戊辰（元年〔1208〕）季春既望刊于一經堂　將諸本校證並無一字訛舛建安蔡琪純父謹咨〔註401〕。

宋諱字：玄、絃、弘、匡、恒、貞、讓、桓、構、愼、敦等。〔註402〕宋諱有缺筆有不缺筆，至甯宗諱止〔註403〕。

刻者姓名：官仁（序文第一頁）〔註404〕。

藏書章：「浙右項篤壽子長藏書」、「項篤壽印」、「項氏子長」、「項氏萬卷堂圖籍印」、「肇錫余師嘉名」、「取書堂印」、「歸安陸樹聲叔桐父印」〔註405〕。

（六三）《陸狀元集百家註資治通鑑詳節》一百二十卷　（見書影四三、四四）
宋刊本
（宋）會稽陸唐老集注

作者：（宋）司馬光撰，（宋）陸唐老集注。

卷數：一百二十卷，首目一卷。《皕志》載本書缺卷九，卷十係抄補，卷二十三至三十及卷八十五至九十係以別本創改卷數，補入撤出附後〔註406〕。此推定與靜嘉堂文庫相同。

版本：《皕志》載：

> 集注姓氏後有蔡氏家塾校正六字，案：「百宋一廛賦注」云孫尚書内簡尺牘十六卷，幕後有蔡氏家塾校正六字，予向有趙靈均校元本，首有鈔補序一通，云慶元三祀閏餘之月，梅山蔡建侯行父謹序云云，知是本為甯宗時蔡建侯刊本也〔註407〕。

《靜嘉堂文庫宋元版圖錄》亦載本書南宋中期刊（建安蔡氏家塾）補配，元覆同本、

〔註401〕陸心源著，《皕宋樓藏書志·續志》第十二輯（臺北：廣文書局，民國57年），頁5450。

〔註402〕同上。

〔註403〕陸心源著，《儀顧堂題跋》上（臺北：廣文書局，民國57年），卷三，頁99。

〔註404〕靜嘉堂文庫編，《靜嘉堂文庫宋元版圖錄·解題篇》（東京：汲古書院，平成四年四月第一刷），頁14。

〔註405〕同上。

〔註406〕陸心源著，《皕宋樓藏書志·續志》第十二輯（臺北：廣文書局，民國57年），頁5451。

〔註407〕陸心源著，《皕宋樓藏書志·續志》第十二輯（臺北：廣文書局，民國57年），頁5451。

元末刊本、有鈔配〔註408〕。

版式：左右雙邊（18.9×12.9 米厘），有界，每半葉十三行，每行二十二字，注文雙行二十七字，版心白口，雙黑魚尾，刻者姓名，大小字數，傍線，斷句，耳格（帝王名），欄上，標語。根據靜嘉堂文庫指出本書第卷十三至二十二是別板，卷二十三、二十四及卷八十五的第二字開始到卷九十三，以兩種不同的別本補充及修改在卷首及尾題之處，卷二十三、二十四與元末建安刊本的「增修陸狀元及百家註資治通鑑詳節」同版，而且有些部分用別本補充紙頁的也不少，版式也採黑口、無耳格、甚至無句點，有可能是刊行者配合其他數種版本所做成的版本〔註409〕。

序目：神宗皇帝御製序。獎諭昭書。溫公進資治通鑑表　端明殿學士兼翰林侍讀學士太中大夫提舉西京嵩山宗福宮上柱國河內郡開國公食邑二千六百戶食實封壹阡戶臣司馬光上表　元豐七年（1084）十一月進呈。溫公欽節資治通鑑序。劉秘丞外紀序。元豐元年八月日京兆劉恕道原序。溫公外紀序。元豐元年十月日　水司馬光君實序。通鑑釋文序。紹興三十年（1160）三月日佐朝散郎權發遣黎州軍州主管學事縉雲馮時行序。陸狀元集百家註資治通鑑詳節姓氏　敘撰十七史人姓氏、敘註十七史人姓氏（二頁抄補）。陸狀元集百家註資治通鑑詳節目錄。會稽陸唐老集註〔註410〕。

刊記：溫公進資治通鑑表　末　列銜）檢閱文字承事郎臣司馬康／同修奉議郎臣范祖禹／同修秘書丞臣劉恕／同修尚書屯田員外郎充集賢院校理臣劉／編集端明殿學士兼翰林學士太中大夫臣司馬光／康字公休溫公之子官至侍講正言／祖禹字淳甫成都人官至翰林學士／恕字道原著外紀者／字貢父官至屯田員外郎〔註411〕。

宋諱字：玄、絃、鉉、朗、敬、弘、泓、殷、匡、筐、恒、偵、貞、徵、讓、桓、完、搆、構、慎、敦、惇、廓等〔註412〕。

刻者姓名：奧三。

藏書章：「雲林倪氏家藏」、「太子太保傅文穆公家藏圖書」、「陳與」、「字廣」、「口流傳勿損污」、「袁又愷曾觀」、「華昌際印」、「芳椒堂印」、「元照之印」、「元照私印」、「嚴氏修能」、「張氏秋月字香修一字幼憐」、「香修」、「汪士鐘印」、「汪士鐘藏」、「源甫」、「源甫」、「青蘿」、「王氏子貞」、「臣陸樹聲」、「歸安陸樹聲藏書之記」、「歸安

〔註408〕靜嘉堂文庫編，《靜嘉堂文庫宋元版圖錄・解題篇》（東京：汲古書院，平成四年四月第一刷），頁 23。

〔註409〕同上。

〔註410〕同上。

〔註411〕同上。

〔註412〕同上。

陸樹聲叔桐父印」〔註413〕。

現存宋刊本：臺灣地區無宋刊本。

（六四）《**通典**》二百卷　　（見書影四五）
　　　　（唐）京兆杜佑字君卿撰
　　　宋刊本

作者：（唐）杜佑撰。《舊唐書》載：

　　　　杜佑字君卿，京兆萬年人。……敦厚強力，尤精吏職，雖外示寬和，
　　而持身有術，……性嗜學，該涉古今，以富國安人之術爲己任，初開元末，
　　劉秩采經史百家之言，取《周禮》六官所職，撰分門書三十五卷，號曰《政
　　典》，大爲時賢稱賞，房琯以爲才過劉更生，佑得其書，尋味厥旨，以爲
　　條目未盡，因而廣之，加以開元禮樂，書成二百卷，號曰《通典》〔註414〕。

藏書來源：五硯樓。

卷數：二百卷。

版本：本書《皕志》載宋刊本，《靜錄》則推定元刊本〔註415〕。

版式：半頁十四行，每行二十六字。

序目：李仁伯序。

刊記：李仁伯序後有「直學吳國珍監刊」一行。二十六卷末、二十七至六十卷、六
十四至七十五卷、七十七至七十八卷末、八十卷、八十七至九十八卷末有「撫州錄
臨汝書院新刊　山長湘東李仁伯校正」兩行。七十九卷末有「撫州錄臨汝書院新刊　山
長湘東李仁伯校正」兩行　「吳國珍監刊」一行〔註416〕。

宋諱字：不詳

刻者姓名：不詳

藏書章：「五硯樓」、「歸安陸樹聲藏書之印」、「蘇州袁氏五硯樓□□之閱書」、「笠澤
氏風□藏書」。

〔註413〕靜嘉堂文庫編，《靜嘉堂文庫宋元版圖錄·解題篇》（東京：汲古書院，平成四年四
　　　月第一刷），頁23。
〔註414〕（後晉）劉昫等撰，《舊唐書》（臺北：洪氏出版社，民國66年6月），卷147列傳
　　　97，頁3981～3982。
〔註415〕靜嘉堂文庫編，《靜嘉堂文庫宋元版圖錄》（東京：汲古書院，平成四年四月第一版），
　　　頁103。
〔註416〕陸心源著，《皕宋樓藏書志·續志》第十二輯（臺北：廣文書局，民國57年），頁
　　　5461～5462。

現存宋刊本：

1、中研院傅斯年圖書館存宋刊本五卷（共二冊，二十七公分）

2、上海圖書館存宋刻本八卷（存卷八十三至八十五、卷一百三十六至一百四十）
〔註417〕。

3、北京大學圖書館存宋刻宋元遞修本八十八卷（存卷一至五、卷二十六至三十五、卷八十一至一百、卷一百一十至一百四十五、卷一百六十三至一百八十）〔註418〕。

4、北京圖書館存宋刻宋元遞修本二十三卷（存卷十一至十五、卷二十一至二十七、卷三十六至三十八、卷四十六至四十八、卷一百八十一至一百八十三、卷一百九十四至一百九十五）；同上刊本存七卷（一冊，存卷七十九至八十、卷一百零六至一百一十，版式為十五行二十四至二十八字，小字雙行約三十六字，白口，左右雙邊）；宋刻本元元統三年江浙等處儒學重修本（共二冊，存卷十一至十五，目錄全；版式為十五行二十七至三十字左右，白口，左右雙邊）；存宋刻元元統三年重修本五卷（存卷十一至十五）；存宋刻宋元遞修本存五卷（存卷一百九十一至一百九十三、卷一百九十八至一百九十九）〔註419〕。

三、皕宋樓史部藏書宋刊本之特點

綜觀《皕志》史部圖書宋刊本，歸納以下特點：

（一）價　值

1、補《四庫全書》之遺：《皕志》史部著錄有《四庫全書》未收之書，例如《歲時廣記》、《陸狀元集百家註資治通鑑詳節》、《續宋編年資治通鑑》（四庫附存其目）、《永嘉先生三國六朝五代紀年總集》（此書僅錄於《四庫全書總目提要》、《石林奏議》等）。

2、《皕志》史部宋刊本共六十四部，佔三百六十九種史部之五分之一，在私家藏書者中已屬不易。

3、《皕志》中將同一種書編排在一起，且按刊刻時間先後排序，版本優劣一目了然，是書目中之佳者。

4、皕宋樓擁有珍貴的罕見本，在清末名重一時，售予日本靜嘉堂文庫後亦被日本列

〔註417〕中國古籍善本書目編輯委員會編，《中國古籍善本書目》史部（上海：上海古籍出版社，1993年4月第一版），頁1107。
〔註418〕同上。
〔註419〕北京圖書館編，《北京圖書館古籍善本書目》史部（北京：書目文獻），頁828。

　　為「重要文化財」，其受到重視的程度於此可見，其中《皕志》史部有五種：

（1）《漢書》（一百卷，漢班固撰，宋紹興刊，四十冊）

（2）《吳書》（二十卷，晉陳壽撰、宋裴松之注，南宋初期刊南宋前期修，六冊）

（3）《唐書》（存一百八十八卷，首目二卷，宋歐陽修等奉敕撰，宋紹興刊南宋前期修，九十冊）

（4）《皇朝編年綱目備要》（即宋九朝編年備要，三十卷首目一卷，宋陳均撰，南宋末刊抄補，三十冊）

（5）《歷代故事》（即諸史節要，十二卷，宋楊次山編，宋嘉定五年序刊，十二冊）

5、重刊史籍，以廣流傳，是陸心源的心願，在《皕志》裡諸多藏書因版本罕見，陸心源乃陸續重刊，在史部中有以下數種，如光緒四年重刻《註陸宣公奏議》十五卷（傅增湘校）、光緒十一年重刊《石林奏議》十五卷（傅增湘校並跋）、光緒十二年刻十萬卷樓叢書本《靖康要錄》十六卷（六冊，傅增湘校並跋，九行二十字，黑口，四周雙邊）、光緒十四年刻十萬卷樓叢書本《寶刻叢編》二十卷（七冊，傅增湘、周叔弢校並跋，十行二十字，黑口，四周雙邊），以私人藏書家之力，願出資重新刊刻古籍，若非熱衷傳承文化是無法做到的。

6、《皕志》將部分重要古籍詳列藏書章之墨色與形制，極有助於版本學及金石學之研究與鑑定。

7、《皕志》史部中，陸心源常引用之文獻計有《直齋書錄解題》、《四庫全書總目》、《中興館閣書目》、《百宋一廛賦》、《郡齋讀書志》、《愛日精廬藏書志》、《傳是樓書目》、《明文衡》等，其中採自張金吾《愛日精廬藏書志》之文獻尤多，可知《皕志》除體例仿張金吾外，內容上也是《皕志》重要參考資料。

8、欲了解《皕志》所載古籍藏書來源與價值，尚需參考陸心源其他著作如《儀顧堂集》、《儀顧堂題跋》、《儀顧堂續跋》等，及靜嘉堂文庫所編之《靜嘉堂文庫宋元版圖錄》，方能深入了解古籍作者履歷、藏書來源、版本考證以及書林掌故等相關資料，如葉德輝所云：

　　　　陸心源《儀顧堂集》十六卷，同治甲戌刻本，大抵所見古書，非有考據，即有題紀〔註420〕。

更從中體認會到陸心源對古籍考訂實煞費苦心，雖後代學者認為考據成果未及黃蕘圃、顧廣圻，但其考訂時參酌諸多文獻，非一般藏書家所可比擬，其考訂精神也令人感佩不已。

〔註420〕葉德輝，《書林清話‧書林餘話》（長沙：岳麓書社，1999年4月），頁7。

9、欲了解《皕志》之藏書版本與流布，需參考靜嘉堂文庫陸續編輯之《靜嘉堂文庫祕籍志》(1917)、《靜嘉堂文庫漢籍分類目錄》(1961)、《靜嘉堂文庫宋元版圖錄》(1992)，從靜嘉堂文庫所做的文獻整理工作，方可明瞭皕宋樓、十萬卷樓、守先閣藏書之梗概，因陸心源對其藏書僅予以概括性的分類（如「皕宋樓」藏宋元舊槧；「十萬卷樓」藏明清刻本與名人手校、手抄、稿本；「守先閣」藏普通刻本），其《皕志》著錄之書斷自明代，僅涵蓋皕宋樓及十萬卷樓大部分之藏書，自1882年以後陸心源繼續蒐藏之書目均未有陸氏抄本或其他印製之目錄可以參考，需俟陸氏藏書全數售予靜嘉堂文庫後，靜嘉堂文庫依照陸心源藏書分類性質予以整理、歸類後，方呈現十萬卷樓及守先閣藏書之目錄。

10、梁子涵先生曾於《中國書目總錄》中謂本書係作序之李宗蓮所撰，查李宗蓮並無其他相關著作，且陸心源在《皕志》中的「案語」描述，與後來陸心源所撰《儀顧堂集》、《儀顧堂題跋》、《儀顧堂續跋》內容都有相關性及一致性，尤以古籍考證其間之錯綜複雜若非一人獨力完成，前後思緒是難以聯貫的，故本書主要內容應是陸心源親撰稿本無疑，而李宗蓮是陸心源同鄉多年至交，協助資料之整理、校訂、付梓亦是必然，但非其代筆。

（二）問題探討

1、體例不一：《皕志》著錄繁簡不一，相較於靜嘉堂文庫所出版的數種目錄，顯然《皕志》部分古籍相關內容著錄太少，有些書只載題名、卷數、作者、版本，敘錄等，實不易窺見該書全貌，所幸部分古籍另於陸心源著作如《儀顧堂題跋》、《儀顧堂續跋》等有補充該書來源及陸心源個人序跋資料，但較詳盡之避諱字、刻者姓名、藏書章、刊記等資料仍嫌不足，是後人版本研究及治學之缺憾。

2、版本著錄有差異：《皕志》中著錄之版本與靜嘉堂文庫編輯之出版品所錄版本有部分出入，日人河田羆於《靜嘉堂秘籍志》例言中謂：「嘗聞陸氏編藏書志，屬幕僚客李宗蓮任之，故往往有繆誤者。」〔註421〕，凡陸心源考訂錯誤者，河田羆均於欄外及條下糾正之。嚴佐之歸納全書錯誤云：

> 《皕宋樓藏書志》在學術上的一個不足，是對宋元版本鑑定比較粗疏，判斷錯誤之處層出不窮，比如把元明間刻本《論語集注》、《孟子集注》、《大學章句或問》、《中庸章句或問》，明嘉靖覆宋本《李翰林集》、宋本《友林乙稿》等訛訂為宋本，把明嘉靖宗文堂刻《藝文類聚》誤定為元刻元印

〔註421〕靜嘉堂文庫編，《靜嘉堂秘籍志》，例言（東京：靜嘉堂文庫，河田羆明治四十三年識），頁2。

本等等，此外還有以南宋充北宋，以修補印本充原刻原印本的情況，如原題北宋真宗間刊本《說文解字》、北宋英宗年間刊《廣韻》、北宋咸平年間刊《吳書》、北宋嘉祐年間刊《唐書》、北宋本《唐百家詩選》等，都應是南宋年間刊本，還有著名的《三蘇先生文粹》，陸心源鑑定作北宋蜀中刊本，後經傅增湘考鑑，實係宋寧宗時期刊本，皕宋樓號稱宋刊古本二百種，而不實者，竟佔四成。失誤率之高，說明陸心源鑑別能力大不如顧、黃前輩〔註422〕。

3、版本與流失疑議：從上述《皕志》史部宋刊本之探索，部分藏書產生版本與流失之疑議，尚待查證，僅列清單比較：

書　　名	皕宋樓藏書志（1882）	靜嘉堂文庫祕籍志（1917）	靜嘉堂文庫漢籍分類目錄（1961）	靜嘉堂文庫宋元版圖錄（1992）
晉書	宋刊本	宋刊本	宋刊元修本	南宋元覆本
陳書	宋刊宋印本	宋印本	宋刊元修本	南宋前期宋元修本
隋書	宋刊配元覆本	未收錄	未收錄，僅收十萬卷樓藏書元刊本	未收錄
唐書	北宋杭州刊本	北宋杭州刊本	宋刊配補本	宋紹興南宋前期修本
皇朝編年綱目備要	宋刊本	宋刊抄補本	宋刊補寫本	南宋本
東都事略	宋刊本	宋刊配明覆本	南宋本	南宋本
大事記	宋刊本	未收錄	僅守先閣明成化補寫本	未收錄
嚴州重修圖經	宋刊本	宋刊本	明刊本	明刊本
燕翼詒謀錄	宋刻本	宋刊本(子部雜家類)	僅學津討原本	未收錄
韓忠獻王遺事	宋刊本	宋刊本(子部雜家類)	未收錄	未收錄
范文正公鄱陽遺事	宋刊本	宋刊本(子部雜家類)	未收錄	未收錄

〔註422〕嚴佐之著，《近三百年古籍目錄舉要》（上海：華東師範大學出版社，1993年），頁158。

王文正公遺事	宋刊本	宋刊本（子部雜家類）	未收錄	未收錄
新雕名公紀述老蘇先生事實	宋刊本	宋刊本（子部雜家類）	宋刊本	南宋刊本
南方草木狀	宋刊本	宋刊本（子部雜家類）	僅百川學海本	未收錄
洞天福地紀	宋刊本	宋刊本（子部雜家類）	未收錄	未收錄
會稽三賦	宋刊本	未收錄	僅十萬卷樓明初刊本	未收錄
翰林志	宋刊本	宋刊本（子部雜家類）	僅百川學海本	未收錄
玉堂雜記	宋刊本	宋刊本（子部雜家類）	僅學津討原本	未收錄
官箴	宋刊本	宋刊本（子部雜家類）	僅日本綠靜堂木活本	未收錄
畫簾緒論	宋刊本	宋刊本（子部雜家類）	未收錄	未收錄
子略	宋刊本	宋刊本（子部雜家類）	僅百川學海本（歸目錄類）	未收錄
法帖刊誤	宋刊本	宋刊本（子部雜家類）	僅百川學海本（歸金石類）	未收錄
法帖釋文	宋刊本	宋刊本（子部雜家類）	僅百川學海本（歸金石類）	未收錄
法帖譜系	宋刊本	宋刊本（子部雜家類）	僅百川學海本（歸金石類）	未收錄

根據上表，產生兩種疑問：

（1）《皕志》史部有些書未被靜嘉堂文庫收藏，未知陸心源去世前已不存在，或被陸氏子孫遺失，或當初售予靜嘉堂文庫時是否已不存，或運送日本靜嘉堂文庫過程中流失，根據 1917 年《靜嘉堂祕籍志》河田羆序言云：

> 六月其書舶載得達，輸之高輪邸，更使靜嘉堂文庫員檢查之，爲書五

萬餘冊，其中宋元舊刻本約五千餘冊〔註423〕。

於例言中云：

> 藏書志斷自明初，及習見之書蓋不登載，故今所收藏志所不載者，有數百部〔註424〕。

河田羆又引陸樹聲等撰之〈心源行述〉云：

> 會國子監廣求書籍，君擇家藏舊刻舊抄，為近時版本所無者，一百五十種，計二千四百餘卷，附以所刻叢書三百餘卷，捐送到監〔註425〕。

河田羆認為今藏書志有載，而靜嘉堂不收受者若干部，蓋皆屬於此類。

筆者認為《皕志》未載之書，多為十萬卷樓及守先閣藏書，或1882年至1894年間陸氏增購者，凡非宋元版之圖書增減無庸疑慮，然有些宋元版古籍於《皕志》中有著錄，卻未被靜嘉堂文庫收藏，宋元版古籍短少部分應如何解釋？

（2）部分古籍於《皕志》、《靜嘉堂文庫祕籍志》均有著錄，何以《靜嘉堂文庫漢籍分類目錄》及《靜嘉堂文庫宋元版圖錄》未著錄？1917年至1961年期間，部分藏書是否有流失？筆者曾詢問靜嘉堂文庫增田晴美主任當年是否有訂下契約或交書清單等，她表示沒有資料可查，有關部分古籍不存在，文庫方面亦試圖尋求答案，也有人質疑是否為當年居中牽線之島田翰取走，至今人事已非，目前對皕宋樓最為了解者為慶應義塾大學高橋智先生，也許會有一點線索。

（3）筆者在撰寫過程中，曾質疑《皕志》藏書何以售予靜嘉堂文庫者，皆有「臣陸樹聲」、「歸安陸樹聲叔桐父印」、「歸安陸樹聲所見金石書畫記」等印記，卻無陸樹藩任何印記？史稱賣書者是陸樹藩，但蓋印於古籍上的卻是陸樹聲，其因何在？根據徐楨基在《潛園遺事》云：

> 當時陸樹聲在湖州，島田登樓觀書後，預知此類書將出售，與管家人李延達合作，在所有秘本書上均蓋上「歸安陸樹聲叔桐父印」、「歸安陸樹聲所見金石書畫記」、「臣陸樹聲」、「陸樹聲印」、「歸安陸樹聲藏書之記」等，在這些書中不像心源公那樣，看過的印有「存齋讀過」、「存齋四十五歲小像」、「存齋」等，而是說明這些書為陸氏所有而蓋，當然其中亦有樹聲公讀過之書，誰知此舉對識別靜嘉堂文庫中的秘籍書中何者為陸氏所藏

〔註423〕靜嘉堂文庫編，《靜嘉堂秘籍志》（臺北：進學出版社，民國58.6，臺一版），卷首，河田羆序言，頁1。

〔註424〕同上。

〔註425〕同上，頁2。

提供了方便〔註426〕。

其言當有可信度，然主導販售藏書之陸樹藩對各藏書家之藏書來源瞭若指掌，一向非常關注古籍，何以未留下任何印記，反而是陸樹聲用心良苦地在藏書上蓋上印記？而且這些印章是否同一時間蓋上的？又陸樹藩與陸樹聲對書售靜嘉堂文庫是否態度一致？尚無確切資料可以解釋。

（4）皕宋樓藏書已遠渡日本，四千餘種古籍被鈐上「靜嘉堂文庫珍藏」之印，數十年來學者陸續遠至日本觀其原件，雖說靜嘉堂文庫皆提供研究之方便，但然仍期盼科技發展後，得以將其珍貴古籍數位化，提供更便捷之研究途徑。

〔註426〕徐楨基，《潛園遺事——陸心源生平及其他》（上海：三聯書店，1996），頁111。

第六章　陸心源在學術上的成就

　　陸心源一生致力蒐藏古籍，並以豐富的藏書揚名清末，成為清末四大藏書家之一，但其蒐藏古籍，絕非只是賞鑑，而是有其文化理想，所以陸心源蒐藏古籍之餘，從事古籍之刊刻、古籍之題跋、方志之撰寫、宋史及金石、書畫之研究等，從他的著作中可以看到古籍是他治學的工具，亦使他獲得諸多學術成就，茲就其版本、目錄、題跋、校讎、史學、金石等各項成就闡述如下：

第一節　版本學之成就

　　藏書家為了蒐藏古籍，版本鑑定幾乎是藏書家必備的本領，陸心源亦不例外。陸心源重視版本學首先可以從其藏書樓「皕宋樓」之命名得知，其以善本名室，可見他與其他藏書家一樣對版本極為重視。如陸心源致鐵琴銅劍樓主人瞿浚之函中所謂：

> 　　浚之尊兄大人左右：別經五載，……弟投劾歸田，奉侍之餘，惟以書籍自遣，近所得宋刊書已及百種，元刊約二百種，以四庫目錄比較，約得十分之九，奇秘之書，為阮文達所未進呈者約四十種，殘缺之書，擬向尊處借抄者約三數種，日內天氣清河，擬放棹虞山，登堂求教，暢敘一切，先此奉聞，于此即請大安，小弟陸心源頓首〔註1〕。

可見陸心源嗜藏宋元版書之一般。

　　此外，對版本學確曾下過功夫，其重要著作如《皕宋樓藏書志‧續志》、《儀顧

〔註 1〕仲偉行、吳雍安、曾康編著，《鐵琴銅劍樓研究文獻集》（上海：上海古籍出版社，1997 年 7 月），頁 255。

堂集》、《儀顧堂題跋》、《儀顧堂續跋》等，均顯示其卓然成就。如《儀顧堂續跋》
之〈宋槧明修梁書跋〉中云《梁書》之行款、格式與《宋書》同，惟字畫、刊工均
不及宋、齊、北齊、陳、魏、周六書之精，嘉祐崇文院本，亡缺必少，故每卷後無
一校語，然以校北監及汲古本，頗有此善于彼者〔註2〕。

就陸心源版本學的成就而言，目前對陸心源的評價不一，就其所藏宋元版書經
後人鑒別後，版本誤判的不少，甚至被葉德輝視爲虛僞，儘管有人認爲陸心源在版
本鑑定水準並不突出，但陸心源廣蒐博訪各種珍本、秘本、校本、抄本等，有實質
接觸各種版本的經驗，也擁有一些罕見本，如《說文解字》、《夷堅志》等，在某種
程度上已屬不易，何況歷代圖書版本造假極多是眾所周知，多數版本學家亦在錯中
學習，方能成其大，即使是版本學家黃丕烈及顧廣圻皆難免有誤，蓋版本之鑑定，
牽涉版式、行款、刻工、牌記、諱字、紙墨、藏書章、書之內容等，雖細心研究，
仍不免有誤，所以古籍善本書裡名家之題跋，受到藏書家及學者之重視，諸多藏書
家或版本校讎學家偶而會留下題識，例如黃丕烈既富於收藏亦精於鑑賞，留下不少
題識，成爲後人各書鑑定的重要參考〔註3〕。此外，陸心源號稱藏有宋元版二百本，
是引人注目原因之一，自然評論者不少，數量多，錯誤比例也多。

其實，陸心源對版本認知極廣泛，見多識廣，其好友潘祖蔭曾讚美云：

推之京、蜀，相臺、撫建、公庫、麻沙、書帕等，諸自鄩支那、足利，

間亦用夷板，版刻源流，收藏姓氏，剖析異同，如指諸掌〔註4〕。

此言不虛，陸心源嗜宋版書，在其豐富的著作裡充分顯示他對版本的了解，他根據
古籍之藏書來源、藏書章、刊記、內容、字體、墨色、行款、牌記、避諱字、紙張
等版式刻風特徵，歸納出一些規則性的東西，作爲自己爲學和後人參考之用。茲將
他對宋版書的審定方式闡述如下：

一、版式及刊刻風格

（一）陸氏致友人函，曾談到對宋版書的看法，云：

怡翁年伯大人執事：昨辱賜書並書帖，敬領到，自來談宋元刊本者，

皆謂宋版無大黑口，觀《嚴州續志》，乃知大黑口實肇于宋季矣，實二書

皆罕有之本，不敢久留，敬納上閩中所尋松年畫卷，湘管齋寓賞編著于錄，

〔註2〕陸心源著，《儀顧堂續跋》上（臺北：廣文書局，民國57年3月，初版），頁233。
〔註3〕張金吾著，《愛日精廬藏書志》（喬衍琯〈敘錄〉，臺北：文史哲出版社，民國71年），
頁4。
〔註4〕陸心源著，《儀顧堂題跋》（臺北：廣文書局，民國57年）上，頁1～2。

中有梁中丞兩跋，郭尚先題識，佺以無明初人題跋，不甚寶貴，爲朱飛鳧
搉去，屢索未還，令昨往索，允赴木瀆取回，俟交到即呈鑑賞，文、趙二
卷，均爲長者所賞，玉版亦宋中著名之品，佺各有數件，擬書與宋刊書，
相博易扣，有可供清賞者，呂一易一可矣，手肅恭請晚安不以年小，佺心
源頓首〔註5〕。

（二）〈元瑞州路隋書跋〉云：

凡宋朝官牒題名，不刻則已，刻則必仍宋式〔註6〕。

（三）〈宋刻玉篇殘本跋〉云宋代刻書風格：

南宋時，蜀、浙、閩，坊刻最爲風行，閩刻往往于書之前後別爲題識，
敘述刊刻原委，其末則曰「博雅君子，幸毋忽諸」，乃書估惡札，蜀、浙
本則無此種語〔註7〕。

（四）〈元張伯顏槧本文選跋〉云：

宋人刻書皆于卷末列校刊銜名，從無與著書人並列者，隆、萬以後刻
本此風乃甚行〔註8〕。

（五）〈宋版讀史管見〉敘述各種書版源流：

據大正序，淳熙以前無刊本，至大正官溫陵始刊于州治之中和堂，乃
此書之初刊本也，其後嘉定十一年，其孫某守衡陽，刊于郡齋，併爲三十
卷，與書錄解題合，有猶子大壯序，明季有重刊本，即四庫附存其目之本，
姚牧庵集有此書序，謂宋時江南宣郡有刊版，入元版歸興文署，學官劉安
重刊之，牧庵嘗得致堂手纂數祇，今謨諸卷首，是此書在宋凡三刊，元人
又重印之，其爲當時所重可知〔註9〕。

（六）〈宋婺州本五經正文跋〉詳載各種刊本特徵：

《景定建康志》卷三十三所列諸經，正文凡四，曰監本，曰川本，曰
建本，曰婺本，諸刻經文今不數見，而他書之所存者尚多，而余所藏，蜀
則有春秋杜注、周禮鄭注、前後漢書、六臣文選，監則有單疏爾雅、前後
漢書、單吳志、通鑑、武經七書、廣韻、冊府元龜、宋文鑑，建則有十行

〔註5〕沈雲龍主編，《清代名人翰墨續集》（臺北：文海出版社，民國68年，《近代中國史
　　　料叢刊續編》第六十三輯），頁83～84。
〔註6〕陸心源著，《儀顧堂題跋》上（臺北：廣文書局，民國57年），卷二，頁122。
〔註7〕同上，頁97。
〔註8〕陸心源著，《儀顧堂續跋》上（臺北：廣文書局，民國57年3月，初版），卷十三，
　　　頁584～585。
〔註9〕陸心源著，《儀顧堂題跋》上（臺北：廣文書局，民國57年），卷五，頁261～262。

本諸經注疏、杜注左傳、許氏説文、纂圖周禮、纂圖禮記、北史、新唐書、
方輿勝覽、王右丞集、山谷詩注、陸狀元通鑑，婺則有尚書、周禮殘本。
蜀本皆大字疏行，監本比川本略小，建本字又小於監本，而非巾箱，惟婺
本重言尚書、周禮兩書，款格狹小，與此書近，字體方勁，亦復相同，證
以《建康志》，定爲婺本當不謬矣〔註10〕。

（七）〈北宋蜀大字本春秋經傳集解跋〉利用各版本特徵推定春秋經傳集解之版本，
其文載：

葉石林謂天下印書，杭本爲上，蜀本次之，良不誣也，是書雖無刊刻
年月，余審定爲蜀大字本，何以明之，岳珂九經三傳沿革例，列當時經傳
凡二十本，大字本有四：一爲京師舊本，一爲蜀本，一爲蜀學重刊本，一
爲建本，但建本有句讀，此本無句讀，則非建本明矣。又考異條曰：「哀
公十年石乞曰：此事也，克則爲卿，不克則烹。諸本多無『也』字，蜀大
字本、興國本、建大字本有『也』字，今從之。」據此，則京大字本無「也」
字，今此本有「也」字，則非京本又明矣。興國本有句讀與建本同，此本
無句讀而有「也」字，則非興國本、建本，而爲蜀大字本無疑矣〔註11〕。

（八）〈宋槧白氏六帖事類集跋〉載：

《白氏六帖事類集》三十卷，宋仁宗時刊本，每葉二十行，每行二十
六七字不等，……版心有自帖一至帖十二等字，余見常熟瞿氏北宋史記分
三十冊，版心亦如此，蓋北宋時舊式，至南宋而無此式矣〔註12〕。

（九）〈宋本黃勉齋集跋〉載宋季刊本已有黑口：

宋板無黑口，此本上下皆小黑口，愚所見十行本，《北史》、《景定嚴
州續志》、《中興館閣錄》中，咸淳修板《揮麈錄》、《王注蘇詩》皆與此同，
然則黑口之興，當在宋季而不始於元矣〔註13〕。

（十）〈宋本重修事物記原跋〉載宋刊本以麻沙本最劣：

《重修事物記原》二十卷，《書錄解題》合每葉二十二行，行二十一
字，首行題曰：《重修事物記原》，原集目錄分上下，目錄上之末有木記，
云此書求到京本，將出處逐一比較，使無差謬，重修寫作，大板雕開，並
無一字誤落，時慶元丁巳之歲延安余氏刊，蓋甯宗時麻沙本也。以成化八

〔註10〕陸心源著，《儀顧堂題跋》上（臺北：廣文書局，民國57年），卷一，頁71～72。
〔註11〕陸心源著，《儀顧堂集》（臺北：臺聯國風出版社，民國59年），卷十六，頁713。
〔註12〕陸心源著，《儀顧堂題跋》上（臺北：廣文書局，民國57年），卷八，頁393～394。
〔註13〕陸心源著，《儀顧堂集》（臺北：臺聯國風出版社，民國59年），卷二十，頁915～916。

年李果重刊，閻敬本校之，大抵明本以二卷并爲一卷，而稍有參差，凡宋本作門，明本皆作部，字距之間多所同異，……然宋本亦有脫落，……卷七伎術醫卜部三式條，後有占歲雜占慕畫射御六條，凡三百十餘字，而宋本於此六條皆有錄無書，……論宋本者，以麻沙本爲最下，良不誣也，想閻敬所據亦善本耳〔註14〕。

二、避諱字

（一）《儀顧堂題跋》云：

> 宋版官書于廟諱嫌名缺筆惟謹，間有疏漏亦十之一二耳，或空其字註某宗廟諱、某宗嫌名，及今上御名、今上嫌名字〔註15〕。

（二）〈宋槧宋印北史跋〉云：

> ……宋諱避至敦字止，蓋光宗時刊本〔註16〕。

（三）〈宋槧浣花集跋〉云：

> 宋諱有缺與不缺，每葉二十行，每行十八字，與臨安睦親坊陳宅本《孟東野集》行款匡格皆同，當亦南宋書棚本也〔註17〕。

（四）〈宋槧宋印韓昌黎集跋〉云：

> 凡高宗御諱，皆爲字不成，……玄皆缺避甚謹，惟愼字不缺，當爲紹興中刊，非北宋本也，菉圃誤矣〔註18〕。

三、書　體

（一）〈元瑞州路隋書跋〉：

> 宋世官書，字皆極精，有顏歐筆意〔註19〕。

（二）〈宋本眞西山讀書記跋〉：

> 此乃南宋初刊祖本，字畫清朗，體兼顏歐，尚存北宋官刊典型，非麻沙坊本所能及也〔註20〕。

（三）〈宋刻玉篇殘本跋〉：

〔註14〕陸心源著，《儀顧堂集》（臺北：臺聯國風出版社，民國59年），卷二十，頁895～896。
〔註15〕陸心源著，《儀顧堂題跋》上（臺北：廣文書局，民國57年），頁121～122。
〔註16〕陸心源著，《儀顧堂續跋》上（臺北：廣文書局，民國57年3月，初版），頁221。
〔註17〕同上，卷十二，頁527。
〔註18〕同上，頁520。
〔註19〕陸心源著，《儀顧堂題跋》上（臺北：廣文書局，民國57年），頁122。
〔註20〕同上，卷六，頁297。

此書字體與余所見宋季三山蔡氏所刻内簡尺牘、陸狀元通鑑相同，證以篆法，前題語其爲宋季元初閩中坊刻無疑也〔註21〕。

（四）〈宋槧通鑑考異跋」載：

字體與三山蔡氏所刻陸狀元通鑑相近，且多破體，當爲孝宗時閩中坊本〔註22〕。

（五）〈宋板范文正集跋〉載：

是書乃乾道中饒州刊本，淳熙、嘉定兩次重修者也，原本字兼歐柳，重修之葉字體較圓，已開元板之先聲矣〔註23〕。

四、紙　張

（一）〈北史殘本〉中云：

……字畫清朗，紙質瑩潔，宋版宋印之精者〔註24〕。

（二）〈宋槧宋印北史跋〉中云：

……紙白如玉，字體秀勁，與福建蔡氏所刊史記、草堂詩箋、陸狀元通鑑内簡尺牘相似，當亦蔡行父文子輩所刊，校讎不精，僞羼所不能免，在宋刊中未爲上乘〔註25〕。

（三）〈宋板歐公本末跋〉載：

字兼歐柳，紙墨精良，紙背乃延祐四年官册，蓋元初印本也〔註26〕。

五、序　跋

（一）〈宋槧歷代故事〉載：

序署坤甯殿題，則當爲皇后所製，因以序中老見永陽郡王一語，求之，知爲宋陽次山所輯，其序則甯宗陽皇后所製也，次山字仲甫，后之兄也，…史稱后涉書史知古今，其序當后所自製，壬申甯宗嘉定五年也，其書乃次山所書，付刊書法娟秀可嘉，嘉定壬申距今七百餘年，完善如新，良可寶也〔註27〕。

〔註21〕陸心源著，《儀顧堂題跋》上（臺北：廣文書局，民國57年），卷一，頁88。
〔註22〕同上，卷三，頁132。
〔註23〕陸心源著，《儀顧堂集》（臺北：臺聯國風出版社，民國59年），卷二十，頁908。
〔註24〕陸心源著，《皕宋樓藏書志・續志》史部（臺北：廣文書局，民國57年），頁821。
〔註25〕陸心源著，《儀顧堂續跋》上（臺北：廣文書局，民國57年3月，初版），頁221。
〔註26〕陸心源著，《儀顧堂題跋》上（臺北：廣文書局，民國57年），卷二，頁112。
〔註27〕陸心源著，《儀顧堂題跋》上（臺北：廣文書局，民國57），卷五，頁187～188。

（二）〈宋嘉祐杭州刊本新唐書跋〉載：

> 全書皆經點抹，卷中多有會稽李安詩題語，自景定甲子迄咸淳丁卯點完，景定爲理宗年號，咸淳爲度宗年號，蓋宋季人也，有李安詩伯之克齋藏書朱文印，……安師仕履無可考，宋嘉定壬申刊本大事紀，末有免解進士充府學直學李安詩同校正銜名，查嘉定壬申距景定甲子五十二年，當即其人也〔註28〕。

六、刊　記

陸心源於〈宋本王注蘇詩跋〉一文載：

> 《王狀元集諸家注分類東坡先生詩集》二十五卷、紀年錄一卷，……卷第二行題曰：前禮部尚書端明殿學士兼侍讀學士贈太師諡文忠蘇軾百家姓氏，第二行題曰狀元王公十朋龜齡纂集杜氏，後有建安萬卷堂刻梓家塾木記，字兼歐虞體，與三山蔡氏刊《陸狀元通鑑》相似，想同時閩本也〔註29〕。

七、內　容

陸心源在〈宋槧國語補音跋〉一文中云：

> 《國語補音》三卷題曰宋庠撰，宋刊十行本，與《國語》韋昭著同時所刊，前有敘錄國語有舊音一卷，不著撰人名氏，文憲據犬戎樹惇句解有鄩州羌語考，唐以前無鄩州之名，改善鄩國爲鄩州，實始于唐，定爲唐人所著，惟音釋簡陋不足名書，因而廣之，凡成三卷，故曰補音。……至南宋而有附錄釋音義于諸經各條之後者，此本別行，故宋代撰音義者之通例也〔註30〕。

　　從上述資料顯示陸心源對宋版書的審定有其規則性的認知，其餘則在他的著作中可以充分顯示其版本學上的成就，茲將其成就歸納如下：

一、對版本的認知有獨到之處。其審定規則如下：

　　（一）史料、序跋、版式、行款、字體、紙張、避諱字、牌記等均有助於版本鑑定。

　　（二）宋版書作僞風氣始於明代，清代尤盛。

〔註28〕同上，卷二，頁122。
〔註29〕陸心源著，《儀顧堂集》（臺北：臺聯國風出版社，民國59年），卷二十，頁909。
〔註30〕陸心源著，《儀顧堂題跋》（上）（臺北：廣文書局，民國57），卷三，頁167。

（三）宋版書刻地不同，則版式行款亦不同，可以依此考其版刻時地。

（四）宋版書版心有黑口始自宋季。

（五）宋版書重視避諱字，可以從中確定一書的刊刻年代，避諱字不嚴謹多為坊刻。

（六）宋版書字體多為歐、柳、虞、顏體。

（七）宋版書紙張純白、整潔。

（八）宋刊本以麻沙本最下。

二、著作重視版本的著錄：

著錄藏書之版式、行款、卷數、刻工、牌記、諱字、紙墨、藏書章、各家序跋、足本與缺本、書之內容、刊本比較等，並引用前人書目、題識，判定版本先後，詳加考證，足證陸心源細心於版本鑑定，不放過任何版本研究之線索。

三、典藏珍貴的宋版書：

皕宋樓藏書中有珍貴宋版書亦有罕見佳本，例如宋淳熙耿秉刊《史記》、宋蜀大字本《漢書》、湖北提舉茶鹽司新刊《前漢書》、宋咸平刊本《吳志》、宋刊本《晉書》、宋刊宋印本《陳書》、宋刊本《北史》殘本、北宋杭州刊本《唐書》、宋刊本《資治通鑑》、宋刊本《資治通鑑考異》、宋刊本《通鑑釋文》、宋刊本《新刊名臣碑傳琬琰之集》、宋刊宋印本《歷代故事》、宋刊《咸淳臨安志》等，其中十六種被日本列為「重要文化財」，更重要的是，其藏書中有孤本《說文解字》，葉德輝《書林餘話》謂：

> 余又從日本白岩子雲龍平向其國岩崎氏靜嘉堂假得宋本《說文解字》，為孫氏平津館仿宋宋刻所自出者，此吾國第一孤本，為歸安陸氏皕宋樓售出，今幸珠還，不可謂非快事也〔註31〕。

《白氏六帖事類聚》及《周禮》已是世間僅存「孤本」，擁有如此珍貴宋版書，實非其他藏書家所能比擬，其為後世保存珍貴文化遺產，厥功至偉。

四、重刊古籍，流傳後世：

陸心源係一藏書家，除蒐藏古籍外，亦致力古籍之重新刊刻不遺餘力，他選擇版本較好、傳世稀少的書，校刻重印，於光緒七年陸續在十萬卷樓開雕，輯成《十萬卷樓叢書》三編，全部五十種，三百八十五卷，此外又重刊宋本石林奏議及爾雅單疏本，另將所校三十九種書合成一書，名為《群書校補》，一百卷。其校勘輯補之書甚為豐碩，遠超過清代校勘名家。

〔註31〕葉德輝著，《書林清話·書林餘話》（長沙：岳麓書社，1999 年 4 月第一版），頁 289。

（一）《宋詩紀事小傳補正》四卷，（清）陸心源撰

（二）《申齋劉先生文集》十五卷，四冊，（元）劉岳申撰

（三）《謫麟堂遺集》二卷，二冊，一函，二十六公分，（清）戴望撰

（四）《書經注十二卷》六冊，十五函，二十五公分，線裝

（五）《資治通鑑釋文》三十卷，四冊，十五函，二十五公分，線裝，（宋）史炤
撰

（六）《註陸宣公奏議》十五卷，二冊，十五函，二十五公分，線裝

（七）《史載之方》二卷，一冊，十五函，二十五公分，線裝，（宋）史堪撰

（八）《海藏老人陰證略例》一卷，一冊，十五函，二十五公分，線裝，（元）王
好古撰

（九）《本草衍義》二十卷，二冊，十五函，二十五公分，線裝，（宋）寇宗奭撰

（十）《呂東萊紫薇雜說》一卷，一冊，十五函，二十五；公分，線裝，（宋）呂
本中撰

（十一）《可書》一卷，一冊，十五函，二十五公分，線裝，（宋）張知甫撰

（十二）《醫經正本書》（宋）程迥撰，一卷，一冊，十五函，二十五公分，線裝

（十三）《許國公奏議》（宋）吳潛撰

（十四）《紹陶錄》（宋）王質撰

（十五）《北戶錄》（唐）段公路撰，（唐）崔龜圖註，（清）陸心源校勘

（十六）《詩苑眾芳》（宋）劉瑄撰，一卷，一冊，十五函，二十五公分，線裝

（十七）《靖康要錄》不著撰人，十六卷，六冊，十五函，二十五公分，線裝

（十八）《麟臺故事》（宋）程俱撰，四卷，附補遺一卷，一冊，十五函，二十五
公分，線裝

（十九）《寶刻叢編》（宋）陳思撰

（二十）《雲煙過眼錄》（宋）周密撰，二卷，二冊，十五函，二十五公分，線裝

（二一）《墨藪》（唐）韋續撰，二十一卷，一冊，十五函，二十五公分，線裝

（二二）《玉管照神局》（唐）宋齊邱撰，三卷，一冊，十五函，二十五公分，線
裝）

（二三）《分門古今類事》二十卷，六冊，十五函，二十五公分，線裝

（二四）《申齋劉先生文集》（元）劉岳申撰，十五卷，四冊

（二五）清咸豐戊午（八年）勞格手校又勞氏及陸心源各手跋

（二六）《皕宋樓藏書志・續志》（清）陸心源撰，藏書志一百二十卷，續志四卷，
四十冊，清光緒八年歸安陸氏十萬卷樓刊本

（二七）《群書校補》（清）陸心源撰，九十四卷，二十四冊

（二八）《石林奏議》（清光緒間歸安陸氏原刊本）

由於陸心源在版本學上有成就，此亦奠定他在校勘學上的成就，

第二節　目錄學之成就

　　陸心源亦為目錄學者，所撰藏書目錄《皕宋樓藏書志》是其代表作，不僅藏書豐富完整，且書志編寫體例依四部分類法，書目資料與序跋著錄詳盡，提供後人研究之參考，在私家藏書目錄中是相當傑出的。

　　余嘉錫將古人目錄之學分為三類，一是部類之後有小序，各書之下有解題，其體制又分多種（如篇目之體、敘錄之體、小序之體、板本序跋之體），如《郡齋讀書志》、《直齋書錄解題》、《通考經籍志》、《四庫提要》，書名下論說，其作用在用以立說。二是有小序而無解題，如《漢書藝文志》、《隋書經籍志》，此則刪繁就簡，不重視解題，祇考源流。三是小序解題並無，祇著書名者，如唐、宋、明之《藝文志》、《通志藝文略》、《書目問答》，此類書目，但記書名，不辨流別〔註32〕。陸心源之藏書志應屬第一類有小序、解題及版本序跋之體。

　　目錄是治學之基礎，王鳴盛曾云：

　　　　凡讀書最切要者，目錄之學，目錄明，方可讀書，不明，總是亂讀，……目錄之學，學中第一緊要事，必從此問塗，方能得其門而入，然此事非苦學精究，質之良師，未知目也〔註33〕。

余嘉錫亦云：

　　　　治學之士，無不先窺目錄以為津逮，較其他學術，尤為重要〔註34〕。

葉德輝《觀古堂藏書十約》中亦論述收藏圖書版本的十大問題，於「鑑別」項敘述版本學與目錄學之關係有云：

　　　　四部備矣，當知鑑別之道，必先自通知目錄始，目錄以《欽定四庫全書總目提要》、阮文達《揅經室外集》為途徑，……不通目錄，不知古書之存亡；不知古書之存亡，一切偽撰抄作，張冠李戴之書，雜然濫收，混亂耳目，此目錄之學知所以必時時勤考也。欲知板刻之良否，前有錢曾《讀

〔註32〕余嘉錫著，《目錄學發微》（臺北：藝文印書館，民國63.4初版），頁2～9。

〔註33〕王鳴盛著，《十七史商榷》（臺北：藝文印書館，民國53，《百部叢書集成》：史學叢書），卷一，未載頁碼。

〔註34〕余嘉錫著，《目錄學發微》（臺北：藝文印書館，民國63.4初版），頁1。

書敏求記》，……近有聊城楊紹和《楹書隅錄》、常熟瞿鏞《鐵琴銅劍樓藏書目》、仁和丁丙《善本書室藏書目》、歸安陸心源《皕宋樓藏書志》（張、瞿、丁、陸四家之目，全抄各書序跋，最足以資考據。）所謂「海內四大藏書家」者，又有揭陽丁日昌《持靜齋書目》……此數家，皆聚乾隆諸老之精華，收咸豐兵燹之餘燼。雖宋槧名抄，不免一網打盡。……故諸家志目，雖不能供我漁獵之資，而實藏書家不可少之郵表也〔註35〕。

是以，善讀書者必通書目，精通目錄者方可有完整之藏書，故目錄學可知曉學術源流，學者莫不視目錄學為治學之首要。

　　陸心源之藏書經、史、子、集堪稱完備，在當時居江南地區之首，其著作等身，亦居清末四大藏書家之冠，從他藏書目錄可以窺見其成就如下：

一、按類排序，層次分明：

　　陸心源之《皕宋樓藏書志》將千餘種藏書分經、史、子、集四部，再依次細分，層次分明。並將同一種書編排在一起，按刊刻時間及版本優劣排序，查閱時一目了然，充分發揮目錄學之功能。茲將其各部類目列舉如下：

　　（一）經部：易類、書類、詩類、禮類、春秋類、五經總類、孝經類、小學類。

　　（二）史部：正史類、編年類、別史類、雜史類、詔令奏議、傳記類、史鈔類、
　　　　　　時令類、地理類、政書類、職官類、目錄類、史評類。

　　（三）子部：儒家類、兵家類、醫家類、天文算法類、術數類、藝術類、譜錄
　　　　　　類、雜家類、類書類、小說類、釋家類、道家類。

　　（四）集部：離騷類、別集類、總集類、詩文評類、詞曲類。

二、目錄完整、體例詳盡：

　　陸心源所撰藏書志不僅部類完整，體例亦極詳盡，兼具前人優點，更超越之。其撰寫體例訪張金吾《愛日精廬藏書志》，範圍涵蓋作者、書名、卷數或存卷、藏書來源、版本、版式、刻工、序跋、刊記、藏書印，得書經過等，亦參酌歷代目錄考一書之源流，內容豐富，提供後人詳盡之書目資料。如《吳志》一書，陸心源著錄如下：

　　吳志　三十卷　宋咸平刊本　黃堯圃舊藏
　　晉平陽侯相陳壽撰【宋裴松之注】
　　夏侯嶠序（內容略）

〔註35〕（明）曹溶等著，談華軍校點，《明清藏書樓秘約》葉德輝著，〈觀古堂藏書十約・鑑
　　　別〉，頁528。

黃氏手跋（黃堯圃，內容略）

顧氏手跋（顧蒓，內容略）

陳氏手跋（陳鱔，內容略）

　　按：此宋咸平刊本，每頁二十八行，每行二十三字，三國志表後即按吳書云云，是當時專刻本，即《百宋一廛賦》中所謂「孤行吳志，數冊仍六」者也〔註36〕。

又如《前漢書》著錄如下：

湖北提舉茶鹽司新刊《前漢書》一百二十卷　宋淳熙刊本　陳白陽舊藏

（漢）班固撰（唐）正義大夫行秘書少監瑯琊縣開國子顏師古注

敘例

張孝曾題（內容略）

沈綸季言敘（內容略）

沈綸校正（內容略）

梁季珌題（內容略）

政德二年三月吉旦裝景瞻

孫氏手跋（內容略）

案：每半頁十四行，每行二十七字，小字雙行，每行三十五六字不等，全書完善無缺，紙色如玉，墨色如新，史部中第一精品，卷中有「飛雲閣」朱文圓印，卷首副葉有「景瞻」朱文方印，敘例有「陳道履印」白文方印，卷末副葉有「陳淳司印」白文方印，「翠雨堂圖書」白文方印，「君寵」二字，「朱文連」誅印〔註37〕。

《唐書》著錄如下：

《唐書》一百五十卷　北宋杭州刊本　宋李安詩克齋舊藏

宋祁奉撰表（內容略）

曾公亮上進書表（嘉祐五年六月）

按：卷末有《唐書》凡二百二十六篇，摠二百五十卷，十三志五十篇五十六卷，三表十五篇二十二卷，列傳一百五十篇一百五十六卷，錄二卷等字，凡五行。

李安詩識語（內容略）

〔註36〕陸心源撰，《皕宋樓藏書志・續志》第三輯（臺北：廣文書局，民國57年），頁804～813。

〔註37〕同上，頁785～790。

無名氏跋（内容略）

萬曆癸巳重九充菴居士識（内容略）

按：每葉二十八行，每行二十五字，版心有刻工姓名，朗、匡、徹、靈、恒、桓、鏡、竟、敬、貞皆避缺，宋仁宗時刊本也，每卷有「李安詩伯之克齋藏書」朱文方印，「滄葦」二字，「季振宜印」四字，朱文兩印，「季振宜藏書」五字，朱文長印，克齋每卷有跋，今錄其尤者〔註38〕。

雖然陸心源之藏書志及題跋文中，對版本的判定不一定完全正確，但就其編目的格局、考證的詳盡，以及在行文格式等方面實具有其特色。因之，余嘉錫認爲陸心源在同時期的目錄學家中應占有一定的地位。

第三節　所撰題跋之價值

關於題跋，最常見於書畫作品中，古籍中亦不乏題跋文，是古籍鑑定的重要佐證。由於題跋通常是伴著書及其他事物而作，而題跋主要在敘述某書的内容版本、特點、藏書的獲得經過（或該書變遷的歷史），或提出有關本書的相關問題，這些題跋文，獨立視之是古籍的代言人，與版本學合而觀之，則爲廣義的版本學所涵蓋。杜定友云：

亦有考其傳流得失，以供書史學者之探討，所謂題跋學是也。

又云：

題跋之學，世所謂始於唐李肇經籍會通，自是王堯臣《崇文總目》、晁公武《郡齋讀書志》、陳振孫《直齋書錄解題》，而下均有書序，其最著者有毛晉《汲古閣書跋》、錢曾《讀書敏求記》、王世禎《漁洋書跋》、……陸心源《儀顧堂題跋》、繆荃孫《紅雨樓書跋》、《四庫全書總目提要》〔註39〕。

葉德輝《觀古堂藏書十約》「題跋」亦載：

凡書經過校過及新得異本，必系以題跋，方爲不負此書，或論其著述之旨要，或考其抄刻之源流，其派別蓋有數家焉。……如或正史未載，則博考群集以補之，而一書之宗旨始末，先挈其大綱，使覽者不待卷終，可得其要領〔註40〕。

〔註38〕陸心源撰，《皕宋樓藏書志·續志》第三輯（臺北：廣文書局，民國57年），頁822～825。

〔註39〕杜定友，《校讎新義》（臺灣：中華書局，民國58年1月台一版），頁85～86。

〔註40〕（明）曹溶等著，談華軍校點，《明清藏書樓秘約》葉德輝著，〈觀古堂藏書十約·題

由此可見題跋對古籍導讀、考據之重要性。

陸心源的題跋文最具代表性的是《儀顧堂題跋》及《儀顧堂續跋》二書，頗爲當時和近代學者所推崇，茲歸納其題跋文之特色如下：

一、範圍廣大：

其《儀顧堂題跋》撰寫範圍不僅包含書籍，亦含書畫題跋，如〈倪雲林水竹居圖卷〉、〈焦粲雪蓬圖〉等。

二、言之有物：

陸心源所撰題跋最大的特點是不囿於以往的僅述版本等，而進一步敘及圖書內容形式，同時進行考訂、品評。並作必要的記事和補正等，從而使讀者讀之更易了解全書。嚴佐之所著《近三百年古籍目錄舉要》一書曾云：

> 通體而言《儀顧堂題跋》的優勝之處，一在於言之有物，雖不必每篇稱佳，卻少空洞浮泛，無病呻吟，故作姿態的毛病〔註41〕。

三、考訂均衡：

陸心源所撰題跋主要依靠其藏有較多的古書和豐富的國學和歷史知識，因而能對前人所著進行敘述、補正和考訂，對一些書的作者及版本進行考訂，同時對書林掌故亦多記載。亦如嚴佐之所著《近三百年古籍目錄舉要》一書所云：

> 凡對圖書內容之介紹與評論，對作者生平爵里的考究、對版本藏弆、刊印源流的考訂、對版本文字優劣的比勘、對書林掌故的記述等等，大都能做到有感而發，與那些偏重版本不及其餘的版本相比，顯得比較均衡而色彩豐富〔註42〕。

由於陸心源題跋文深具創新風格，其《儀顧堂題跋》及《儀顧堂續跋》二書受到當時及後人肯定，其好友潘文勤讚美其書是七百年來未有之作，隱然以黃伯思、洪景盧相推許，張勤果亦專疏特薦給皇上，蒙皇上召見復官，惟當時陸心源深明古人難進易退之理，退隱之心已決，未接受恩賜〔註43〕。故其所撰題跋價值，誠如嚴佐之所云：

> 以清代目錄學角度來看，《儀顧堂題跋》、《儀顧堂續跋》是清代題跋體裁目錄類型發展的一個新台階，它擺脫了自清初錢曾《讀書敏求記》以來，

跋〉，頁534。

〔註41〕嚴佐之，《近三百年古籍目錄舉要》（上海：華東師範大學出版社，1994），頁160。

〔註42〕同上。

〔註43〕陸心源著，《儀顧堂續跋》（上）（臺北：廣文書局，民國57年3月，初版），頁1。

藏書題跋偏側版本，路子越走越窄的陰影，使題跋的觸角廣泛而全面地伸
展到圖書內容、形式的各方面，從而更有效地發揮題跋的目錄作用〔註44〕。

陸心源所撰題跋文於當時是相當突出的，從《儀顧堂題跋》及《儀顧堂續跋》
兩書中，均顯示陸心源盡己所能的提供古籍研究線索，讓後人得以在其基礎上繼續
研究，做出更多貢獻，茲舉數則陸氏題跋文共賞：

一、《儀顧堂續跋》卷一〈宋槧婺州九經跋〉，敘述該書版式、序跋、內容考證、得
　　書緣由、印記、書林掌故等，與一般書錄解題不同，其文之片段如：
　　　　　前有「樂善堂覽書書畫記」白文長印、「怡府世寶」朱文方印，蓋本
　　怡賢親王收藏，同治出，為潘文勤所得，光緒十年，文勤奉諱南旋，欲得
　　余所藏《周子燮兕觥遺書》，請效蘇米博易之舉，余拒之，文勤請益堅，
　　兕觥乃歸攀古廎，九經遂為百宋樓插架矣。怡賢親王為聖祖仁皇帝之子，
　　其藏書之所曰「樂善堂」，大樓九楹，稽書皆滿，絳雲樓未火之前，其宋
　　元精本大半為毛子晉、錢遵王所得，毛、錢兩家散出，半歸徐健庵、季滄
　　葦，徐、季之書，由何義門介紹，歸於怡府，乾隆中，四庫館開，天下藏
　　書家皆進呈，惟怡府之書未進其中，為世所罕見者甚多，如《施注蘇詩》，
　　全本有二，此外可知矣，怡府之書，藏之百年餘，至端華以狂悖誅，而其
　　書始散落人間，聊城楊學士紹和、常熟翁叔平尚書、吳縣潘文勤、錢塘朱
　　修伯宗丞，得之為多〔註45〕。

二、《儀顧堂題跋》卷三〈宋槧國語跋〉，除敘述該書版式、避諱字、藏書印等，亦
　　兼及其他版本比較，無不顯示陸心源考證之用心，其撰跋內容為：
　　　　　《國語》二十一卷，首行篇名在上，大題在下，題曰韋氏解，宋刊元
　　修本，每頁二十行，每行二十字，版心有字數及刊工姓名，元修之頁，版
　　心國字作国，無字數，有監生某某銜名，匡、殷、貞、敬、恒、桓、構、
　　慎、皆缺避，當為孝宗時所刻。考至元二十四年，國子監置生員二百人，
　　延祐二年，增置百人，與文署掌刊刻經史，皆屬集賢院，見《元史·百官
　　志》及秘書志，此必南宋監板，入元不全，修補印行，所以板心有監生銜
　　名也。明弘治十五年，先如崑公官清豐令得宋板于許讚，重為付梓，行款
　　一仍宋刊舊式，惟無版心、字數及刊工姓名耳，宋初《國語》諸本，題卷

〔註44〕嚴佐之，《近三百年古籍目錄舉要》（上海：華東師範大學出版社，1994），頁164。
〔註45〕陸心源著，《儀顧堂續跋》（上）（臺北：廣文書局，民國57年3月，初版），卷一，
　　　　頁37～38。

次序各異，文憲疑其妄，天聖初，據其宗人同年緘本，取官私所藏十五六本校正，《魯語》附以補音，即此本也，漢明帝諱莊，諱莊之字曰嚴，《魯語》凡莊公皆作嚴公，猶存漢人傳抄之舊，明道本則皆改爲莊矣，公父文伯飲南宮敬叔條，魯大夫辭而復之，天聖明道本作魯夫人辭而復之，當以此本爲長，補音提要云，惜其前二十一卷全失，僅存此音，是四庫館中祇見孔傳鐸刻本，未得此本，其爲罕覯可知，提要所舉孔本公父文伯條注之誤，此本及天聖本皆同，未知孔本出於何本也，卷中有「虞山孫孝維考藏圖書」朱文方印、「主司□舊家」朱文方印、「李承祖印」朱文方印，「西齋」二字朱文方印，「虞山孫氏慈風堂丙舍圖書」朱文長印、「寶晉山房」朱文方印，蓋自明以來已爲藏書家所珍矣〔註46〕。

三、《儀顧堂續跋》卷二〈宋槧蜀大字本周禮跋〉云該書來源甚詳，其文曰：

……蓋元代官書入國朝，爲蘇州倚樹吟軒揚偕時所藏，後歸黃氏百宋一廛，嘉慶甲戌，菦圃孝廉書得書緣起，于後乙亥孝廉校于嘉靖本上，又跋于後，菦圃生前其書已歸汪閬源，故有「汪士鐘」印，汪氏之書，道光末散出，其精品多歸楊至堂河帥，其奇零有歸上海郁氏者，余從上海郁氏得之〔註47〕。

四、《儀顧堂題跋》卷二〈宋嘉祐杭州刊本新唐書跋〉，考證李安詩係何許人，云：

全書皆經點抹，卷中多有會稽李安詩題語，字景定甲子迄咸淳丁卯點完，景定爲理宗年號，咸淳爲度宗年號，蓋宋季人也，有「李安詩伯之克齋藏書」朱文印，及「季滄葦」、「汪士鐘」印，安詩仕履無考，宋嘉定壬申刊本《大事記》末有免解進士充府學直學李安詩同校正銜名，查嘉定壬申距景定甲子五十二年，當即其人也〔註48〕。

五、《儀顧堂題跋》卷六〈元槧漢書藝文志考證跋〉，陸心源與其子陸樹藩共考該書：

……其書雖名《漢書藝文志考證》，而藝文志著錄未加考證者甚多，不著錄者轉有所增，前無序後無跋，恐亦未定搞，兒子樹藩近頗留心目錄之學，擬爲續補，亦樂觀其成也，後有「張寬德宏之印」朱文方印，「張任文房之印」朱文圓印〔註49〕。

〔註46〕陸心源《儀顧堂題跋》（上）（臺北：廣文書局，民國57年），卷三，頁159～161。
〔註47〕同上，卷二，頁87。
〔註48〕陸心源《儀顧堂題跋》上（臺北：廣文書局，民國57年），卷二，頁1125～126。
〔註49〕陸心源《儀顧堂續跋》上（臺北：廣文書局，民國57年），卷六，頁258。

第四節　校讎學之成就

　　所謂校讎學即治書之學。狹義言之，則比勘篇籍文字同異求其正；廣義言之，則蒐集圖書，辨別眞僞，考訂誤繆，釐次部居，以及於裝潢保藏者，舉凡治書事業，均在校讎範圍之內〔註50〕。因此，校讎一事，似易而實難，似粗而實精，如俞樾在《古書疑義舉例》中云古書之訛有誤字、脫字、衍文、疊字、重文、闕字、偏旁、錯簡、顚倒、混淆、妄加、妄刪、誤改、誤讀，如校讎不精，以訛傳訛，將使古書益晦〔註51〕。清代是校讎學興盛時期，大抵分爲吳派及皖派，吳派以惠棟爲始祖，皖派以戴震爲始祖，當時學者莫不以校勘、考證爲治學之基本態度。

　　陸心源身處清代考據洪流中，又面對大量古籍經歷代傳鈔翻刻，訛誤漏闕，勢所難免，作爲古籍蒐藏家當然會重視古籍之校讎，並以之作爲治學態度，乃有校讎之作，然而校讎古籍除了需要有耐心逐字勘校外，尚需具備版本、目錄、史學等學問作爲基礎，選擇善本書作爲校讎之藍本或判定資料之眞僞，方得以順利進行校勘工作。陸心源是少數具備這些能力的藏書家，其校讎之功自然不在話下，所著《儀顧堂集》、《儀顧堂題跋》、《儀顧堂續跋》、《群書校補》等書爲其代表作，尤其《群書校補》一書，略備一格，是考訂書目佳作。雖說陸心源校讎之名不及黃丕烈或顧廣圻，然從著作中可見其所費功夫極深，成就亦大，余嘉錫一再讚美云：

　　　　陸氏富收藏，精鑑別，所著《皕宋樓藏書志》及《穰梨館過眼錄》皆爲世所稱，又長于校讎之學，著有《群書校補》，故是書於版本異同，言之極詳，然余以爲其精博處，尤在能考作者之行事〔註52〕。

又云：

　　　　陸心源《儀顧堂題跋》，搜採作者事蹟最爲精博，陸氏之學亦偏於賞鑑，惟此一節則軼今人而追古人矣，後之治目錄學者，所宜取法也〔註53〕。

　　茲將其校讎之成果列舉數則如下：
一、於〈宋槧宋印建本北史跋〉中云校讎不精，僞屚則不能免：

　　　　……紙白如玉，字體秀勁，與福建蔡氏所刊《史記》、《草堂詩箋》、《陸狀元通鑑》內簡尺牘相似，當亦蔡行父文子輩所刊，校讎不精，僞屚所不能免，在宋刊中未爲上乘，然偶以毛本互校，可以證僞補缺者已

〔註50〕蔣元卿《校讎學史》（臺北：臺灣商務印書館，人人文庫，民國56），頁2～3。
〔註51〕同上，頁5～7。
〔註52〕余嘉錫《余嘉錫論學雜著》（〈儀顧堂題跋後〉，臺北：河洛出版社，民國65），頁625。
〔註53〕同上，頁626。

多，……此外，形近之偽不下千餘，南北監本、官本，大都與宋刊同，遠勝毛本〔註54〕。

二、陸心源曾以宋刊本《後漢書》校勘今本，於《儀顧堂集》載：

宋本《後漢書》一百二十卷，行款與《前漢書》同，今本有以注文儳入正文者，如宋本郭泰傳獎掖拔士類，皆如所鑑，句下章懷注引謝承書曰：泰之所名，人品乃定，先言後驗，眾皆服之，故適陳留，則友符偉明遊太學，則師仇季智，之陳國則親魏德公，入汝南則交黃叔度，初泰始至南州，過袁奉高不宿，而去從叔度，累日不去，或以問泰，泰曰：奉高之器，譬之泛濫，雖清而易挹，叔度之器，汪汪若千頃之波，澄之不清，撓之不濁，不可量也，已而果然，泰以是名聞天下。今本則以初泰至南州，以下八十一字皆儳入正文。案：謝承書初泰至南州以下乃承上文黃叔度而言，故於叔度但舉其字，而於奉高則必並舉其姓，范書於傳中並不敘及叔度，則所謂叔度果誰氏之叔度邪，且范氏所謂獎拔士人，皆如所鑑者，明云著於篇末矣，左原以下諸人是也，中間入此八十餘言，語意不屬，若非宋本僅存，讀者皆習焉不察矣〔註55〕。

此則陸心源雖採宋刊本校今本，似嫌不足，如能以其他資料旁加印證將更嚴謹。

三、陸心源於〈校元本名臣事略書後〉勘正諸多文字脫落處，其文載：

向讀蘇天爵《名臣事略》，至卷十一，〈趙文正事略〉與史不符，疑其中必有錯簡，而亦無以證也，今以元刊本校之，知今本奪落甚夥，卷首脫許有壬序三葉、王誠跋二葉，卷二〈丞相楚國武定公事略〉，第一條田子大下脫九條，約一千二百餘字，卷九〈太史郭公事略〉，第十三條緩其言下脫五百八十餘字，卷十一〈趙文正事略〉，第九條初我師取四川以下脫七條，約千六百餘字，其十六年，李梓發盜以下則賈文正事而非趙文正事也，〈賈文正事略〉前十二條約二千餘字，蓋今本所據之本，行款字數當與元刊同而有缺葉，卷首缺五葉、卷九缺一葉、卷一缺二葉、卷十一缺六葉，重刊者既不視善本，補完又改其行款，而連綴之故，至混淆如此也，〈趙文正事略〉之前半與賈文正之後半，既合爲一並刪其目以減迹，若非原本僅存，則余之疑固不能明，恐讀史者又滋聚訟矣，今悉照元板行款鈔補，附於各卷之末，其他字句脫落尚數百字，原本模糊而

〔註54〕陸心源著，《儀顧堂續跋》（上）（臺北：廣文書局，民國57年3月，初版），頁221～224。

〔註55〕陸心源著，《儀顧堂集》（臺北：臺聯國風出版社，民國59年），卷十六，頁741～742。

以意塡補者亦數百字，悉依元本勘正〔註 56〕。

四、〈齊民要術跋〉影寫宋本脫字甚多，陸心源一一糾謬，其文載：

> 《齊民要術》七卷影寫宋刊本，每葉二十行，行十七字，以秘冊彙函
> 刻本校之，刻本僞奪甚多，思勰自序題名下，刻本脫雙行注二十八字，序
> 家有丁車大牛，脫「有」字，歲時農收，脫「農收」二字，因地之利下，
> 脫「謹身節用以養父母」八字，生習使之然也，脫「使之」二字，……此
> 外，注文僞奪尚難枚舉，唐以前難讀之書，要術居其一，得此抄本校訂，
> 稍覺文從字順，惜祇六卷有半，後數卷無可訂耳〔註 57〕。

五、〈宋本古文四聲韻跋〉中云其借宋本校書發現影宋本仍有諸多錯誤，感嘆讀書是
件難事：

> 古文四聲韻不得見宋本久矣，世所行新安汪啓淑刊本，從毛氏影宋本
> 付雕摹刊頗佳，今夏從常熟瞿濬之茂才借宋本互勘，汪刊行款與宋刊本
> 同，而僞脫甚多，……皆宋本所無，其爲後人羼入無疑，惜瞿氏藏本原缺
> 卷一、卷四兩卷，不得見宋本之全，爲可惜耳，毛氏影鈔汪氏摹刊，皆擅
> 一時之名，而僞脫尚如此，信乎讀書之難也〔註 58〕。

第五節　史學之成就

陸心源藏書以內容來看，史部與集部之書佔多數，可以反映陸心源藏書與讀
書、治學、撰述之關係，攷其著述，於史學、金石學、詩文徵存較多，著述方式不
外乎史料蒐集與考證〔註 59〕，余嘉錫《目錄學發微》論攷作者行事中嘗評：

> ……然目錄家多不解此，爲陸心源《儀顧堂題跋》蒐採作者事蹟最詳，
> 最爲精博，陸氏之學亦偏於賞鑑惟此一節則軼今人而追古人矣，後之治目
> 錄學者，所宜取法也〔註 60〕。

可見陸心源之擅長人物考訂，其相關著作爲《宋史翼》、《元祐黨人傳》、《湖州府人
物志》、《吳興詩存》等，都是考訂人物之上乘之作，此外，《唐文拾遺》的出版，顯
示他對唐史之熟悉及查證資料之豐富，《三續疑年錄》則說明他對史學的熟悉，人物

〔註 56〕同上，頁 751～752。
〔註 57〕陸心源著，《儀顧堂題跋》（上）（臺北：廣文書局，民國 57 年），卷六，頁 303～310。
〔註 58〕陸心源著，《儀顧堂集》（臺北：臺聯國風出版社，民國 59 年），卷十六，頁 735～736。
〔註 59〕嚴佐之，《近三百年古籍目錄舉要》（上海：華東師範大學出版社，1994），頁 154。
〔註 60〕余嘉錫著，《目錄學發微》（臺北：藝文印書館，民國 63.4 初版），頁 42。

考證上的豐富經驗和重大成就。然而他對宋史之研究最爲專精，在題跋文中所考訂者皆宋代人，其史學成就實超越其他藏書家，茲將陸心源在史學上的成就分兩方面而論：

一、專研宋史

　　陸心源專研史學，特別是宋史，與其嗜藏宋元舊槧有絕對關係，從大量善本古籍中他獲得足以考證史實之豐富可靠史料，增進了他學術研究成果，在宋史的成就上反映在《宋史翼》及《元祐黨人傳》兩部著作中。《元祐黨人傳》一書，他參考《通鑑》、《宋大詔令》及宋代諸史、文集、筆記、方志等，輯補而成書。《宋史翼》之傳記則輯錄前人相關資料，如宋代重要史籍（如李燾《續資治通鑑長編》、李心傳《建炎以來繫年要錄》）、宋人文集中有關之墓誌銘或行狀、方志、學案等，並將引用的資料註明出處，按諸臣、儒林、文苑、忠義、孝義、隱逸、方技、宦官、奸臣等分類，收《宋史》缺載人物四百八十七人，附載四十四人，俞樾稱此書網羅放失，比昔日厲樊榭所撰《遼史拾遺》精博有過之無不及，惜乎四庫未再開館，未能與厲書同備天祿之藏；繆荃孫亦云陸存齋淹雅閎通，史才獨擅，鑑於《宋史》繁蕪，偏重北宋，本欲改編《宋史》，惟卷帙浩大，精力不足，乃增補傳記，此書蒐采之博，翦裁之功非深研者不知，相較於陽王昂撰《宋史補》、邵氏二雲《南都事略》二書，則超越有之，亦非錢文子補兵志及熊方之補年表，所可同日而語〔註61〕。另外，在《宋詩紀事補遺》中，陸心源又根據宋史資料，考證和補充了厲鶚所編《宋詩紀事》的內容補充寫就。而他在宋史上的成就如嚴佐之所云：

> 陸心源皕宋樓藏書很多宋代史籍、詩文集，因爲他專治宋史，且以考訂人物見長，豐富的文獻助益他編著出《宋史翼》、《元祐黨人傳》、《宋詩紀事補遺》等專著，而他對史實的充分掌握尤使《皕宋樓藏書志》和《儀顧堂題跋》在作者考訂尤見功力〔註62〕。

二、編纂方志

　　清代因考據學興起，全國各省、府、廳、州、縣無不有志，而且一修再修，續修之方志往往超過舊志，成績遠超越前代，所修之方志以康、乾時期一千餘種最多，

〔註61〕陸心源撰，《宋史翼》〈序〉（北京：中華書局，1991.12），頁1。
〔註62〕嚴佐之，《近三百年古籍目錄舉要》（上海：華東師範大學出版社，1994），頁4。

光緒十七年一百多種次之〔註63〕，諸多學者亦參與主修方志工作，如章學誠修《和州志》、《永清縣志》、嘉慶《湖北通志》，孫星衍修《汾州志》、《三水志》等，陸心源則修纂《湖州府志》與《歸安縣志》、《湖州府志人物傳》等亦均說明陸心源對史料的熟悉。光緒七年九月歸安縣呂懋榮於《浙江省歸安縣志》沈秉成在序中云：

> 陸存齋觀察學宗亭林，性不諧俗，年甫強，仕再起再罷，遂絕意進取，杜門奉母，專力著書，既為宗湘文太守，發凡起例，創修府志，又念安邑舊志不足取徵，與丁月湖處士，旁徵博引，彙為成書，增於舊志數倍，洵乎吾邑文獻之淵藪，方今志乘之善本矣〔註64〕。

又呂懋榮序謂：

> ……惟是兵燹之後，安邑志乘毀廢無存，僅搜得康熙初年所纂舊本，而又殘缺過半，緬往昔之遺徽殘碑，訪蒐盡今之遺事，故老無多，良可慨然，幸得陸存齋觀察與同志諸君遍覽藏書，網羅散失，載更寒署而志以成焉〔註65〕。

可見陸心源主導《歸安縣志》之修纂，對方志所盡之心力極多。此外，陸心源參與《湖州府志》之編撰，在所撰凡例中清楚的記載陸心源對撰寫方志的理念，茲簡述其重點如下：〔註66〕

（一）志為史家之流，郡之有志，即古者一國之史，其志天文即史之天文志，志形勝、疆域、山川、風俗即史之地理志也，志戶口、田賦、農桑、物產即史之食貨志也，志學校、壇、廟即史之禮志也，志水利、津梁即史之河渠志也，志祥異即史之五行志也，志著述即史之藝文志也，志名宦即史之世家載記也，後世修志者，但知表傳兩體，餘則先後倒置，門類雜糅，謝蘊山中丞修《廣西通志》講求體例，以典代紀，以錄代世家，以略代志，阮文達公稱其載錄詳明，體例雅飭，因之修《廣東通志》，其後陶文毅修《安徽通志》、孫文靖修《福建通志》皆用之，而志之體始純，今仿其例，而變通增損之，更定舊志次序，以符史體。

（二）志寺觀，所以存古蹟，非以崇釋老。自兵燹之後，寺觀大半無存，今仿《廣東通志》，以寺觀附於古蹟之後，其無關古蹟而基已燬者，略加刪汰，舊志

〔註63〕張秀民《中國印刷史》（上海：上海人民出版社，1989年），頁602，

〔註64〕陸心源纂修，《歸安縣志》（臺北：成文出版社據清光緒八年刊本影印，民國59年），頁3。

〔註65〕同上，頁4。

〔註66〕陸心源著，《儀顧堂集》（臺北：臺聯國風出版社，民國59年），卷十五，頁701～710。

所無，非奉賜額，一概不增，以示貶抑異教之義。

（三）金石文志足資考證，酈道元《水經注》輒多載漢晉碑刻，良有以也，舊志碑
版一門闕略不全，即阮文達《兩浙金石志》亦多挂漏，今廣為搜輯，元以前
不論存佚悉錄全文，明以後存其目，惟取其有關掌故者，錄全文以備考。

（四）藝文之名昉於班氏，歷代始因之，舊志以詩文之可考者散入各門，別立著述
一類，釐分四部載郡人著作，深合孟堅之旨，惟歲久書亡頗難區別，今仿太
倉州王志《蘇州府石志》例以書從人，以人從代，且仿《廣西通志》例，恭
錄四庫提要，節錄序跋以存著書大意。

（五）舊志人物不分門類，今仿王文恪《姑蘇志》例，凡大學問、大事業、大氣節
以及其人雖不純，前史編入列傳及國史有傳者，皆列於前，其以一節著者，
編為政績、孝義、殉節、文學、武功、隱逸、烈女八類，而以流寓、釋道附
於後。

（六）志之異於史者，稱美而不稱惡，然事必可徵，文需取信，經濟則紀其所興何
利，所除何弊，讜直則紀其所言何事，所劾何人，文學則紀其所宗何經，所
著何書，方可傳信一切，雷同、浮泛之言，概從刪汰。

（七）列傳所採近人撰著中有地名、官名出身，以今從古者，如順天稱北平、巡撫
稱中丞，修撰稱狀元之類，悉為改正。

（八）顯官、達宦、勝游、雅集、文人、學士、結社、聯吟，原不過一時之美談，
無關一郡之利害，舊志別立勝集一門，併入雜綴，以符史體。

（九）引群書注出處。今考正雜各史、舊聞雜說及漢魏六朝、宋、元、明及國朝前
人文集，於各條下註明出處，偽者正，闕者補，如折衷群說，特標案語，以
傳其信。

（十）引前志，在前朝稱某志以別之，在國朝概稱舊志，初見則稱某人某縣志，屢
見但稱某縣志；引前書，初見則標著書人姓名及書名全目，後不舉全目，以
省繁文。

從以上諸點可以了解陸心源撰寫方志除遵循古例外，亦多創新之處，尤重史學存真
精神，所以秉持言必取信，文必有據之撰寫原則，對於史料之徵集，除重視文字史
料亦重實物徵史之功，所以金石之屬均為陸心源著錄之範圍。

由於關心鄉土史志，所以陸心源付出極大心力從事方志之整理與撰寫，依據舊
志努力增補鄉土資料，如其所撰〈湖州府志人物傳政蹟〉、〈湖州府志人物傳文學〉、
〈湖州府志人物傳藝術〉、〈湖州府志人物傳寓賢〉等，凡湖州之賢良、文采等均不
掛漏，其鄉土之情躍然紙上，實令人欽佩之至。

　　由於陸心源具深厚的史學根底，因而對其金石學、版本學、目錄學、題跋上的研究、考證、著作等均起著重要的作用。

第六節　金石學之成就

　　清代金石之學興盛，乾嘉以後，學者治金石之風愈熾，名家輩出，著述之富，亦超越前代。陸心源心儀之大儒顧炎武即為金石蒐藏名家，治學重考據，啓清樸學之始，開清代學者研究金石之風，凡治經史之學者，莫不重視金石之學，陸心源亦深知金石文字作為史料佐證之重要性，因此除蒐藏古籍外，亦潛心於蒐訪家鄉之金石，與友人書信往返中不乏賞鑑金石之語，且其月河街舊居歛宋樓門庭前矗立一座刻石，上刻「千甓亭」，均顯示其個人對金石之喜好。

　　陸心源在金石學上的用心，可以從他的著作《金石學錄補》、《千甓亭古塼圖錄》和《千甓亭古塼釋錄》中呈現，其蒐藏金石大約分為兩部分：

一、銅器方面

　　陸心源所藏銅器自三代到秦漢的鐘、鼎、彝器百餘種，晉、唐古錢六十餘種〔註67〕，藏品中不乏珍品，其中有大約劑，盛昱稱此為海內今存第一器。如盛昱所云：

> 鼎與散盤相出入，所謂大約劑，書於宗彝者也，海內今存第一器，幸珍獲之〔註68〕。

陸心源將所蒐集之金石載於《金石學錄補》中，其蒐藏之豐，考據之詳盡，如朱智所云：

> 《金石學錄補》出於餘力所成，而援據精詳，探擇宏富，閱之直如親見其物，親抱其人〔註69〕。

二、石磚方面

　　陸心源蒐集石磚及石磚拓本，且與友人潘祖蔭、楊峴、吳大澂、盛昱等相互交換心得、賞鑑藏品。陸心源蒐藏石塼不遺餘力，在短時間獲得數千件，遠超過前人

〔註67〕徐楨基著，《潛園遺事——藏書家陸心源生平及其他》（上海：上海三聯書局，1996.6第一版），頁65。
〔註68〕陸心源輯，《晚清五十名家書札》（臺北：廣文書局，民國57.6），頁134。
〔註69〕同上，頁190。

所得，其蒐藏範圍以地緣關係最深之家鄉為主，其蒐藏興趣起自年幼時期，經過則如陸學源所書：

> 余七歲就塾，先大父，授元康塼硯而訓之曰：是硯非端非歙，二千年物，辨其文字，可證經史，自昔名流珍如璆璧，期爾學成勿為俗士。余小子受而識之不敢忘，嗣後每見古塼有文字者，即請於先大夫而購之，迨成童有塼六枚，既長納交於章紫伯明經，紫伯藏有本初元年、鳳皇二年、赤烏七年，四面永嘉全塼，頗以自豪，余心羨之而未能有也。去年春，省墓於城南之逸村，偶息守冢者舍中，見壁間砌建光、永嘉兩塼，亟出錢易之，又從鄰家得太元、建興、隆安數塼，居民告余曰：此皆古之塚塼也，年久出土，貧家拾以築牆，蓋不知幾百年矣，近山民居皆有之，遂屬鄉人廣為搜訪，余亦乘扁舟往來筈余□，敗壁頹垣，往往見寶，不及一年，得塼千餘，時士大夫有同好者，爭購競收，塼益奇貴，市儈攘攘趨利，甚且盜塚以求，……〔註70〕。

石塼之收藏對陸心源之意義如陸學源在《千甓亭古塼圖錄》中所述：

> 是塼也，可以補隸書之缺佚，可以見字學之變遷，可以參史乘之異同，可以證六書之通借〔註71〕。

陸心源蒐藏之石塼質量均佳，首於光緒七年刊印《千甓亭塼錄》及《續錄》，此書僅載石塼名稱及尺寸、內容、時代等文字，未能觀得實物形狀、字體，最突出者是其光緒《千甓亭古塼圖釋》一書，體例詳盡特殊，數量逾千，堪稱金石學之佳本，凌霞在序文中謂過去相關著作有圖無效文或有文無圖之缺，本書採圖文並刊，並以西洋攝影法存眞，尺式遵會典所定工部營造尺，誠書林中獨樹一幟之作。本書圖文並茂，輯錄上自漢代下迄元朝的古塼，有樹形、人形、虎頭、魚形等，石磚內容多為頌讚、祝願，每個古塼旁均有陸心源詳細的注釋，包括時代、產地、尺寸、內容、特點、圖形與注文，兩相對照，實珠聯璧合〔註72〕。

　　陸心源所藏石塼質佳者如「唐永興汝南公主墓誌銘草」存陸心源穰梨館，李東陽曾跋此石，云此物是唐代貞觀間之物，陸心源於光緒三年亦有跋〔註73〕。

　　總之，陸心源精於史亦善於考證，此與蒐藏古籍、石塼等物有密切關係，而畢

〔註70〕陸心源輯，《千甓亭古塼圖錄》（北京：中國書店，1991年4月），頁1～2。
〔註71〕同上，頁3。
〔註72〕同上，頁1～2。
〔註73〕陸心源纂修，《歸安縣志》〈金石略〉（臺北：成文出版社，據清光緒八年刊本影印，民國59年），頁217。

生蒐藏在湖州千甓亭的大量漢塼於抗戰後其孫陸熙欽（陸樹聲之子）捐獻給浙江博物館收藏，爲歷史文獻留下了珍貴的見證。

第七章　結　論

　　歷代私家藏書在我國學術文化上佔極重要的一環，每於改朝換代兵荒馬亂，典籍陷於存亡之際，私人藏書家對文獻苦心蒐訪，實扮演著傳承文化之重要角色，也保存、延續學術文化之命脈。此外，藏書家對文獻之整理、考訂、收藏與流通，影響我國文化發展至深且鉅，更因藏書家彼此精校密勘，互抄秘冊，奇書共賞，在互通有無之中，亦達到流通廣博之功能，以藏書量而言，有些藏書家往往挾其優渥之財力，蒐藏珍貴古籍勝過一般官方圖書館，其功能實非同小可。我國私家藏書之風，至清代達到頂峰，今日圖書館事業逐日發達，私家藏書雖已趨式微，然昔日藏書家對後代學術研究所作之貢獻，實不容忽視。

　　綜觀陸心源之為學與做人，畢生典藏、刊播古人著述，為國拯災救患，或培植鄉里後進，有益於前賢，有造於末學〔註1〕。其非凡成就，李鴻章曾以數語描述他：

　　　學識閎通，氣局遠大，軍務洋務，歷練並深，屢試艱鉅，見義勇為〔註2〕。

這正是他一生最佳寫照，他以有限的生命，完成了無限的志業，實非一般藏書家所能做到，無怪乎清末李鴻章奏請清帝將陸心源開復原職，兩浙總督端方亦奏請將其傳記列入國史文苑傳，以流傳青史，清代國史館請史官錢駿祥、夏啓瑜分別撰就兩篇陸心源傳記，然現今《清史稿》未見其傳，未知刪落原因，以其輝煌成就，入《清史稿》文苑傳，實當之無愧。茲從陸心源學術思想、藏書、著述等，歸納其個人成就及對後代之影響如下：

〔註1〕繆荃孫撰〈二品頂戴記名簡放道員前廣東高廉兵備道陸公神道碑銘〉《碑傳集三編》
　　　　（臺北：文海出版社，民國69年，沈雲龍主編《近代中國史料叢刊續編》第七十三
　　　　輯），頁1043。
〔註2〕陸心源履歷冊（國立故宮博物院藏）。

一、學術思想：陸心源一生服膺顧炎武思想

明末清初大儒顧亭林之立身行事以「博聞、有恥」自勉，一生厲節高蹈，勤篤於學，其所學崇實務廣，未嘗一日廢書，其於書也，無所不窺，尤留心經世之學，舉凡經義、史學、文字、音韻、金石、輿地、天文、儀象、河漕、兵農，莫不窮源究委，著述之富，汗牛充棟，皆足以闡天人之奧，治學重考據，於考史之外又重徵經，啟清代樸學之始，開清代金石研究之風〔註3〕。陸心源盛讚亭林之學爲大儒之學，並擬顧炎武從祀議，謂漢唐以來，儒者或精訓詁、或明性理、或工文章，各得聖人之一端，清代諸儒中，惟顧炎武經行並修，體用兼備。陸心源畢生蒐求古籍，勤讀不懈，學識淵博，凡經、史、子、集，莫不涉獵，重修書院、修橋鋪路、捐輸救災均不遺餘力，退隱後不再復出，校勘古籍，潛心著述，刊刻舊籍彙爲叢書，以廣流傳，觀其一生行事均與顧亭林相若，誠爲亭林思想之實踐者。

二、藏書豐富：蒐藏熱誠與充沛財力是陸心源藏書豐富主因

（一）量多質佳：

陸心源擁有的三座藏書樓，分別收藏不同版本之典籍。如「皕宋樓」建於湖州月河街宅內一藏室，典藏宋元舊槧；於「皕宋樓」上另闢「十萬卷樓」，藏明清精刻本、名人抄校與近儒著作：「守先閣」建於吳興城東蓮花莊潛園中，收藏當時書坊所刻之書。三庫藏書共計四千零六十七部，四萬三千六百九十四冊，約十五萬卷，以藏書量稱霸江南，成爲清末四大藏書家之一。其藏書不僅卷帙浩繁，品質之佳亦傲視群倫，其宋元刊本不乏稀世珍本，如杭州刻大字本《三蘇先生文粹》、蜀刻大字本《周禮》、建寧刻小字本《太平御覽》、浙刻單疏本《爾雅》等，而宋刊本中則有十六種被列爲日本重要文化財。藏書之精華均在「皕宋樓」，史部藏書尤豐，共計一千零六部，其中宋刊本四十四種，元刊本二十一種，但根據日本靜嘉堂文庫統計史部宋刊本三十六種，元刊本二十一種，但宋刊中不乏罕見本或海內外孤本，這些藏書亦成爲他個人著述之史料重要依據。以陸心源藏書質量而言，他已盡了保存圖籍流傳後世之文化使命。

（二）補四庫缺：

藏書中《丹崖集》、《濚川集》、《正固先生文集》、《敬所小稿》、《陸狀元集百家註資治通鑑詳節》、《歲時廣記》、《新刊續添是齋百一選方》、《濟生拔粹方》、《類編南北經驗一方大成》、《金壺記》、《老子口義》、《釣磯詩集》等書均爲四庫所無，陸

〔註 3〕傅榮珂撰，〈顧亭林與金石學〉(《中國學術季刊》，13 期)，頁 152。

心源將之詳加著錄、考證，留存後世。

（三）重刊古籍：

陸心源將藏書中罕見、實用之版本重新刊刻印行，廣爲流傳。自行刊印《十萬卷樓叢書》，分爲三編，第一編於光緒己卯開雕，第二編光緒開雕，第三編光緒壬辰雕，全部計五十餘種。

（四）公開閱覽：

古之藏書者，有因寶愛珍秘舊籍，門戶甚嚴，雖童僕亦不得接近，如非摯友，絕不示人，影響古書流通，失去藏書意義。又昔日各地皆無公共圖書館，內府藏書又非一般學子所能閱讀，陸心源基於愛護、培育人才之理念，公開守先閣之藏書，提供學子研讀、借閱，並樂於通假，藉此相磋，疑義賞析，共相考訂，慷慨之情，誠爲書林佳話，亦開啓現代圖書館公開閱覽之服務功能。

（五）捐書國子監：

陸心源愛才早已在仕宦生涯中實踐，如同治年間增加高文書院膏火、修復湘江書院、安定書院、愛山書院等，故國子監徵求圖書之詔出，陸心源首先響應，於光緒戊子進書國子監，舊刻舊鈔一百五十種，計二千四百餘卷，附以叢書三百餘卷，因數量龐大，其二子陸樹藩、陸樹屏均受恩賜爲國子監學正銜。

（六）藏書流布異域：

陸心源畢生蒐藏的典籍，在日本漢學家島田翰之主導下，全數流入日本靜嘉堂文庫，引發「皕宋樓事件」，誠爲中國文化資產之重大損失。日本漢籍甚缺史、集二部，如今卻豐富了靜嘉堂文庫典藏內容，亦使日本成爲漢學研究之重心，與臺灣、中國大陸鼎足而立。這當是陸心源始料未及，不僅震撼中國政學界，國人爲之浩歎，陸心源地下有知，亦當深以爲憾，雖然部分學者認爲古籍流落異邦，反不如台城之炬、絳雲之燼，讓魂魄長存故都，此乃氣憤之語，如今陸氏藏書已在靜嘉堂文庫長達百年，其間民國十八年涵芬樓刊印《四部叢刊》時，靜嘉堂亦曾提供陸氏舊藏攝影，或國人研究漢學者陸續前往參考，均受到靜嘉堂之協助，迄今安然無恙，如以文化交流觀點論之，未嘗不是件美事。此外，這刻骨銘心的教訓，喚醒了中國人之民族意識，其後杭州丁丙八千卷樓藏書預售讓消息傳出，兩江總督端方以政府名義收購舊藏於江南圖書館，民國十九年亦虞傳鐵琴銅劍樓主人有售予外人情事，均一度引起政府及文化界之重視，對日抗戰其間，政府亦冒險收購即將散佚之古籍，方始得劉承幹「嘉業堂」藏書、張均衡「適園」、劉世珩「玉海堂」、莫伯驥「五十萬卷樓」等私家藏書妥善保存至今。

三、著述斐然：藏書豐富與才思敏捷是陸心源著述有力之後盾

陸心源不僅好聚古籍，亦勤學不倦，學識淵博，著作等身，故張曜曾云陸心源：「才堪濟世，學識閎深〔註4〕。」其著作性質及內容廣泛，有校讎之著、輯補之著、目錄版本之著、方志之著等，才思敏捷、非一般藏書家所可比擬，故其著述具以下特質：

（一）藏書是著述之基：

陸心源藏書萬卷，質量均佳、內容廣泛，無論校勘古籍或輯補群書均左右逢源，尤其專長版本目錄、題跋、校讎、考證、史學等學，因之著作等身，內容及性質多樣化，於《潛園總集》九百四十餘卷中，各類著述與藏書相關性如下：

1、目錄之著作：

如《皕宋樓藏書志》與《續志》，陸心源將藏書按經、史、子、集分門別類，著錄書名、著者、版本、藏書來源、序跋、版式、行款、藏書印等，體例完整，是目錄學之佳本。

2、考訂之著作：

如《三續疑年錄》、《宋史翼》、《元祐黨人傳》，陸心源運用藏書中原始史料考訂人物年里、事蹟，其發幽揚善之意，昭然可見。

3、輯佚之著作：

如《唐文拾遺》、《唐文續拾》、《宋詩紀事補遺》、《吳興詩存》，陸心源旁徵博引各類方志、文集，輯補文獻之漏遺及正史之不足，。

4、校勘之著作：

如《儀顧堂題跋》、《儀顧堂續跋》，陸心源將藏書中版本絕佳或罕見版本詳加論述，考證藏書來源、版本、人物年里、事蹟等，並引用歷代書目如《宋史藝文志》、《郡齋讀書志》、《直齋書錄解題》、《明文淵閣書目》、《四庫全書總目》、《愛日精廬藏書志》、《百宋一廛賦》等，相互印證其藏書，試圖分析其藏書之價值。

5、金石之著作：

如《金石學錄補》、《穰梨館過眼錄》，陸心源除典藏古籍外，亦蒐藏金石器物、石塼等，以實物印證文獻史料。

〔註4〕繆荃孫撰，〈二品頂戴記名簡放道員前廣東高廉兵備道陸公神道碑銘〉，《碑傳集三編》（臺北：文海出版社，民國69年。沈雲龍主編《近代中國史料叢刊續編》第七十三輯），頁1045。

6、方志之著作：

如《湖州府志》、《歸安縣志》，陸心源是熱愛鄉土之藏書家，主動參與編修方志，親擬凡例，網羅湖州名賢事蹟，親撰傳略，不畏艱苦地整理鄉土文獻，其提供文獻助修一事，同治十三年湖州知府楊榮緒有云：

國朝湖州府志……二志並不易得，前宋宗公懼文獻之將淹沒，創修府志，賴周緩雲侍卿、陸存齋觀察相與有成，後萃群英，訪書舊參考得失，陸君存齋乃盡發其藏書，以供探索，閱書至數萬卷，而後書成〔註5〕。

陸心源利用藏書貢獻一己之力於此可見。

7、綜論之著作：

如《儀顧堂文集》，這是彙集陸心源各階段文章之書，有考證之文、神道碑、墓誌銘、書函、傳記、牌記等，議論純正，考訂精詳。時而流露出陸心源生活點滴，時而窺見陸心源從政、教育等理念，無不充分顯示其個人思想之精華。

（二）體例新穎：

如《皕宋樓藏書志》一書體例完整，至今仍是目錄學之巨著；《儀顧堂題跋》及《儀顧堂續跋》則因論述詳實、內容廣泛、言之有物，體例新穎，與過去侷限版本論述之體例相異，為後人提供新的撰寫模式，深具參考價值。

（三）學術價值高：

由於陸心源藏書量多質佳，故其著作價值已佔優勢，尤其考訂人物之書，如《宋史翼》、《元祐黨人傳》、《湖州府志》人物志、《吳興詩存》等，其學術價值極高，深受後代學者肯定；又如《皕宋樓藏書志》經、史、子、集完整，補四庫之缺，充分發揮目錄作用；《儀顧堂題跋》、《儀顧堂續跋》二書，則因體例創新，旁徵博引群籍，為古籍之考證留下珍貴線索。

（四）刊刻叢書：

劉師兆祐云叢書價值有五：1、彙聚圖書，保存文獻。2、所收錄者多為有用之書。3、多收罕見或為單行之書。4、可資校勘之書。5、分類輯刊，方便求書〔註6〕。陸心源從藏書中彙集罕見珍貴版本，以私人財力，陸續重新刊刻古籍，先後刊印《十萬卷樓叢書》、《湖州叢書》，其學術價值當如劉師所云。

〔註5〕陸心源等纂，《湖州府志》（光緒刊本，日本靜嘉堂文庫藏）。

〔註6〕劉兆祐撰，〈論『叢書』〉（《臺北市立師範學院應用語文學報》第一期，民國88年6月），頁9～20。

四、學術影響與貢獻

（一）傳承文化遺產

陸心源廣蒐古籍，典藏文化遺產不遺餘力，如今這些中國文化遺產雖已易主，典藏於日本靜嘉堂文庫，實則天地萬物必有聚散，古籍亦不能倖免，陸心源之藏書礙於清末紛亂，圖書事業未發達，子孫不能守成，將之售予異域，實非陸心源個人行為，功過不應及其身。反之，若非其一生汲汲蒐訪古籍，這些文化瑰寶未知將散落何方，又其傾家產刊刻罕見、實用古籍，廣為流傳後世，對傳承文化資產實具不可磨滅之功。

（二）學術研究重要參考資料

1、藏書方面

陸心源藏書雖售予日本靜嘉堂文庫，但這些文化遺產只要被妥善保存與利用，對學術研究仍具有相當的貢獻。

2、著述學術價值高

陸心源著述內容廣泛，其版本目錄學代表作如《皕宋樓藏書志》、校讎學與題跋文代表作如《儀顧堂題跋》、《儀顧堂續跋》，史學代表作如《宋史翼》、《元祐黨人傳》、《三續疑年錄》、《湖州府志》，金石學代表作如《金石學錄補》、《千甓亭塼錄》等，著作宏富，內容精闢，是後代學術研究重要參考資料。

總之，洪亮吉於《北江詩話》評藏書家等級謂：

> 藏書家有數等，得一書畢推求原委，是正缺失，是謂考訂家，……次則辨其板片，註其錯偽，是謂校讎家，……次則蒐采異本，上則補石室金匱之遺亡，下可備通人博士之瀏覽，是謂收藏家，……次則第求精本，獨嗜宋刻，作者之旨意縱未盡窺，而刻書之年月日最為熟悉，是謂賞鑑家，……又次則於舊家中落者，賤售其所藏，富室嗜書者，要求其善價，眼別真贗，心知古今，閩本、蜀本，一不得欺，宋槧、元槧，見而即識，是謂掠販家〔註7〕。

綜觀陸心源之一生行事，實兼具洪亮吉所謂校讎家、收藏家、賞鑑家、考訂家之特質，其精心撰述之學術著作精闢閎富，更是一位了不起之學者也。

〔註7〕洪亮吉，《江北詩話》（上海：商務，民國 24 年），頁 29。

參考書目

一、專　書

（一）中　文

1. 上海古籍出版社編，《中國叢書綜錄》（上海市：上海古籍出版社，1982 年 12 月），1760 頁。

2. 千家駒、郭彥崗著，《中國貨幣史綱要》（上海市：上海圖書館，1987 年 2 月），269 頁。

3. 文海出版社，《清季外交史料～光緒朝》（臺北縣永和市：文海出版社，民國 52 年 3 月）

4. 王欣夫著，《文獻學講義》（臺北市：文史哲出版社，民國 76 年 9 月再版），489 頁。

5. 王重民著，《中國歷史文獻目錄學》（北京：北京大學出版社，民國 86 年 1 月），317 頁。

6. 中國古籍善本書目編輯委員會編，《中國古籍善本書目》（上海：上海古籍出版社，1998 年 4 月第二次印刷）史部（全二冊），1952 頁。

7. 北京圖書館編，《北京圖書館古籍善本書目》（北京：書目文獻出版社）史部，1164 頁。

8. 任繼愈，《中國藏書樓》（瀋陽市：遼寧人民出版社，2001 年 1 月第一版）三冊，2225 頁。

9. 汪兆鏞輯，《碑傳集三編》（沈雲龍主編《近代中國史料叢刊續編》第七十三輯，臺北縣：文海出版社，民國 69 年），2536 頁。

10. 汪雁秋編，《海外漢學調查錄》（臺北市：漢學研究資料及服務中心，民國 71 年 10 月），521 頁。

11. 沃丘仲子，《近代名人小傳》（臺北市：廣文書局 民國 69 年 12 初版），457 頁。

12. 沈約，《宋書》（臺北市：洪氏出版社，民國 64 年 1 月初版），2471 頁。

13. 宋慈抱原著，項士元審訂，《兩浙著述考》（杭州：浙江人民出版社，1985 年 3 月），1778 頁。

14. 李希泌、張椒華編，《中國古代藏書與近代圖書館史料》（春秋至五代前後）（北京：中華書局，1982 年 2 月第一版），546 頁。

15. 李清志著，《古書版本鑑定研究》（臺北市：文史哲出版社，民國 75 年初版），359 頁。

16. 李雪梅，《中國近代藏書文化》（北京：現代出版社，1999 年 1 月第一版第一刷），377 頁。

17. 呂思勉著，《歷史研究法》（臺北市：五南圖書出版公司，民國 84 年 3 月）。

18. 吳晗，《江浙藏書家史略》（北京：中華書局，1981 年），234 頁。

19. 吳興圖書館編，《陸氏守先閣捐助書目》（浙江省：浙江圖書館古籍部藏）未載頁碼。

20. 邱蓬梅編，《簡明中國古籍辭典》（長春市：吉林文史出版社，1988 年 7 月第二刷），1124 頁。

21. 余嘉錫著，《余嘉錫論學集》（沈雲龍主編《近代中國史料叢刊》第六十八輯，臺北：文海出版社，民國 69 年初版）。

22. 門巋主編《中國歷代文獻精粹大典》（北京市：學苑出版社，1990 年 6 月），3113 頁。

23. 昌彼得著，《版本目錄學論集》（臺北市：學海出版社，民國 66 年 8 月初版），339 頁。

24. 金梁輯錄，《近世人物志》（周駿富輯《清代傳記叢刊》，臺北市：明文書局，民國 74 年），745 頁。

25. 洪北江主編，《古書版本學》（臺北市：洪氏出版社，民國 71 年再版），109 頁。

26. 洪煥椿編著，《浙江方志考》（杭州：浙江人民出版社，1984 年 6 月），901 頁。

27. 姚名達著，《中國目錄學史》（臺北市：臺灣商務印書館，民國 77 年 2 月，臺九版），429 頁。

28. 俞樾著，《春在堂尺牘》（臺北市：文海出版社，沈雲龍主編《近代中國史料叢刊》第四十二輯，民國 58 年），809 頁。

29. 俞樾著，《春在堂隨筆》（臺北市：文海出版社，沈雲龍主編《近代中國史料叢刊》第四十二輯，民國 58 年），465 頁。

30. 袁詠秋、曾季光主編，《中國歷代國家藏書機構及名家藏讀敘傳選》（北京：北京大學出版社，1997 年 12 月），461 頁。

31. 徐雁、王雁均著，《中國歷史藏書論著讀本》（成都：四川大學出版社，1990 年 7 月第一版），751 頁。

32. 徐楨基著，《潛園遺事——藏書家陸心源生平及其他》（上海：上海三聯書店，1996 年 6 月 13 日），203 頁。

33. 島田翰著，《古文舊書考》（臺北市：廣文書局，民國 70 年 7 月），744 頁。

34. 梁容若著，《現代日本漢學研究概觀》（臺北市：藝文印書館，民國 61 年 9 月初版），198 頁。

35. 康有為等撰，《近人書學論著》（楊家駱主編，《中國學術名著》第五輯，臺北市：世界書局，民國 73 年 4 月三版），共七冊。

36. 陸心源輯，《十萬卷樓叢書》（光緒年間歸安陸氏刊本，臺灣大學圖書館藏）。

37. 陸心源輯，《千甓亭塼錄》（光緒七年刊，吳興陸氏十萬卷樓藏版，浙江圖書館古籍部藏）。

38. 陸心源著，《皕宋樓藏書志》一百二十卷、《續志》四卷（光緒八年壬午冬月十萬卷樓藏版，臺灣大學圖書館藏）。

39. 陸心源輯，《潛園總集》十五種（光緒八年，臺灣大學圖書館藏）。

40. 陸心源輯，《群書校補》（清光緒間十萬卷樓刊本）十六函（二十二冊）。

41. 陸心源輯，《宋詩紀事補遺》一百卷（光緒癸巳七月，臺灣大學圖書館藏）。

42. 陸心源著，《儀顧堂集》二十卷（同治十三年福州重刊，臺灣大學圖書館藏）。

43. 陸心源等修，《歸安縣志》五十卷（《中國方志叢書》：華北地方，第八三號。臺北市：成文出版社，民 55～59）。

44. 陸心源著，《皕宋樓藏書志》一百二十卷、《續志》四卷（臺北市：廣文書局，民國 57 年）。

45. 陸心源著，《儀顧堂題跋》（臺北市：廣文書局，民國 57 年），772 頁。

46. 陸心源著，《儀顧堂續跋》（臺北市：廣文書局，民國 57 年），718 頁。

47. 陸心源輯，《晚清五十名家書札》（臺北市：廣文書局，民國 57 年），292 頁。

48. 陸心源著，《儀顧堂集》二十卷（臺北市：臺聯國風，民國 59 年），934 頁。

49. 陸心源輯，《十萬卷樓叢書》（《百部叢刊集成》七十。臺北市：藝文書局。民 54～59）二十九冊。

50. 陸心源輯，《穰黎館過眼錄》四十卷（臺北市：學海書局，民國 60 年），2496 頁。

51. 陸心源輯，《宋詩紀事補遺》一百卷（臺北市：中華書局，民國 60 年）。

52. 陸心源補輯拾遺，《全唐文及拾遺》（臺北市：大化出版社，民國 76 年），979 頁。

53. 陸心源輯，《千甓亭古塼圖釋》二十卷（北京：中國書店，1991 年 4 第一版），390 頁。

54. 陸心源輯撰，《宋史翼》（北京：中華書局，1991 年），433 頁。

55. 陶湘編，《昭代名人尺牘續集小傳》（周駿富輯《清代傳記叢刊》，臺北市：明文書局，民國 74 年），1872 頁。

56. 張廷玉撰，《明史》（臺北市：洪氏出版社，民國 64 年 1 月 1 年），8642 頁。

57. 張金吾著，《愛日精廬藏書志》（臺北市：文史哲出版社，民國 71 年 3 月景印初版），1535 頁。

58. 張舜徽著，《中國文獻學》（臺北市：木鐸出版社，民國 72 年 7 月），368 頁。

59. （明）曹溶等著、譚華軍校點，《明清藏書樓秘約》。

60. 陳登原著，《古今典籍聚散考》（臺北市：河洛出版社，民國 68 年），544 頁。

61. 陳彬龢、查猛濟著，《中國書史》（臺北市：文史哲出版社，民國 73 年 2 月臺二版），195 頁。

62. 脫脫等撰，《宋史》（臺北市：洪氏出版社，民國 64 年 10 月初版），14263 頁。

63. （日本）森立之著，《經籍訪古志》（臺北市：廣文書局，民 56 年初版，民國 70 年 7 月再版），247 頁。

64. （清）馮班等撰，《清人書學論著十八種》（臺北市：世界書局，民國 67 年。楊家駱主編《中國學術名著》）。

65. 童寯著，《江南園林志》（沈雲龍主編《近代中國史料叢刊》第七十六輯，臺北市：文海，民國 70 年），89 頁。

66. 黃建國、高躍新主編，《中國古代藏書樓研究》（北京：中華書局，1999 年 7 月），445 頁。

67. 葉昌熾著，《藏書紀事詩》（北京：中華書局，1991 年），895 頁。

68. 葉昌熾著，《藏書紀事詩五種》（臺北市：世界書局，民國 69 年 10 月四版），570 頁。

69. 焦樹安著，《中國古代藏書史話》（臺北市：臺灣商務印書館，民國 83 年 5 月初版），154 頁。

70. 楊蔭深等編，《中國文學家、藏書家考略》（臺北市：新文豐出版公司，民國 67 年 9 月初版），866 頁。

71. （清）董誥等奉編、（清）陸心源補輯拾遺，《全唐文及拾遺》（臺北市：大化書局），1376 頁。

72. 趙爾巽等撰，《清史稿》（臺北市：洪氏出版社「關外二次本」，民國 70 年 8 月），14740 頁。

73. 臺灣華文書局編，《大清德宗景〔光緒〕皇帝實錄》（臺北市：華文書局，民國 53 年 1 月）。

74. 鄭彥棻著，《中國歷代貨幣》（臺北市：臺灣商務印書館，民國 83 年 7 月），132 頁。

75. 鄭偉章著，《文獻家通考》（北京：中華書局，1999 年 6 月），1787 頁。

76. 鄭鶴聲編，《中國史部目錄學》（臺北市：臺灣商務印書館，民國 55 年），239 頁。

77. 蔡冠洛編纂，《清代七百名人傳》（周駿富輯《清代傳記叢刊》，臺北市：明文書局，民國 74 年），1955 頁。

78. 蔣元卿著,《校讎學史》(安徽:黃山書社,1985 年 12 月),219 頁。

79. 劉兆祐著,《認識古籍版刻與藏書家》(臺北市:臺灣書店,民國 86 年),332 頁。

80. 劉兆祐著,《中國目錄學》(臺北市:五南圖書公司,民國 87 年 7 月,初版一刷),444 頁。

81. 劉兆祐著,《治學方法》(臺北市:三民書局,民國 88 年),341 頁。

82. 劉昫等撰,《舊唐書》(臺北市:洪氏出版社,民國 66 年 6 月初版),5407 頁。

83. 靜嘉堂文庫編,《靜嘉堂文庫目錄補編》(昭和二十六年三月二十五日發行)。

84. 靜嘉堂文庫編,《靜嘉堂文庫漢籍分類目錄》(昭和五年)《目錄續編》(昭和二十六年)(臺北市:進學出版社,民國 58 年 6 月臺一版),1563 頁。

85. 譚文熙著,《中國物價史》(漢口市:湖北人民出版社,1994 年 8 月第一版),443 頁。

86. 羅錦堂著,《歷代圖書版本志要》(臺北市:國立編譯館中華叢書編委會,民國 73 年 10 月再版),156 頁。

87. 蘇精著,《近代藏書三十家》(臺北市:傳記文學出版,民國 72 年初版),261 頁。

88. 嚴紹璗著,《漢籍在日本的流布研究》(南京:江蘇古籍出版社,1992),340 頁。

89. Albert Feuerwerker 著、林載爵譯,《中國近百年經濟史 1870～1949》(臺北市:華世出版社,民國 67 年 3 月),152 頁。

(二)日 文

1. 中村賢二郎著,《文化財保護制度概說》(平成十二年八月二版,1999 年),188 頁。

2. 尾崎康著,《正史宋元版之研究》(東京市:汲古書院,1989 年 1 月),645 頁。

3. 河田羆編撰,《靜嘉堂秘籍志》五十卷(大正六年七月靜嘉堂文庫排印本)二十五冊。

4. 東洋文庫編,《東洋文庫所藏漢籍分類目錄:史部》(日本東京都:東洋文庫,昭和六十一年十二月二十日印刷,昭和六十一年十二月二十五日發行),588 頁。

5. 長澤規矩也著,《長澤規矩也著作集:和漢書之印刷及歷史》(東京市:汲古書院,1982 年 11 月),408 頁。

6. 長澤規矩也著,《長澤規矩也著作集:書誌學論考》(東京市:汲古書院,1982 年 8 月),502 頁。

7. 長澤規矩也著,《長澤規矩也著作集:藏書書目、書誌學史》(東京市:汲古書院,1983 年 12 月),343 頁。

8. 長澤規矩也著,《長澤規矩也著作集:宋元版之研究》(東京市:汲古書院,1983 年 7 月)。

9. 諸橋轍次主編，《靜嘉堂宋本書影》（昭和八年）。

10. 靜嘉堂文庫編，《靜嘉堂文庫宋元版圖錄：解題篇》（東京市：汲古書院，平成四年四月一日），197 頁。

11. 靜嘉堂文庫編，《靜嘉堂文庫宋元版圖錄：圖版篇》（東京市：汲古書院，平成四年四月一日），50 頁。

12. 靜嘉堂文庫編，《靜嘉堂文庫的古典籍：第一回，中國宋元時代的版本》（平成六年十二月），47 頁。

二、論　文

（一）中　文

1. 文瀾學報編輯部，〈浙江文獻展覽會專號：藏書文獻〉（《文瀾學報》第 2 卷第 3、4 期，1936 年 12 月），頁 350～395。

2. 王西梅，〈清末四大藏書家與我國文獻工作的優良傳統〉（《圖書館學研究》，1986 年 4 月），頁 82～89。

3. 王海明，〈皕宋樓藏書流入東瀛揭秘〉，（《中國典籍與文化》第 2 期，1993 年），頁 38～41。

4. 王紹曾，〈二十四史版本沿革考〉（《國專月刊》，第 1 卷第 1 期，1935 年），頁 26～32。

5. 王增清，〈藏書樓中奇葩，文化史上悲劇——湖州皕宋樓盛衰記〉（《圖書館雜誌》，第 1 期，1999 年），頁 42～44。

6. 古偉瀛，〈顧炎武經世思想的特色〉（《國立臺灣大學歷史學報》，14 期，民國 77 年 7 月），頁 421～448。

7. 田慕梵，〈清代的公私藏書與圖書館的關係〉（《今日中國》，49 期，民國 64 年 5 月），頁 158～168。

8. 沈文君，〈唐文拾遺、唐文續拾所錄憲宗文考〉（《西北大學學報》哲學社會科學版，第 28 卷第 3 期〔總 100 期〕，1998 年），頁 91～97。

9. 宋晞，〈論人物傳記資料之蒐集整理保存與利用〉（《國立中央圖書館館刊》，二十二卷一期），頁 134。

10. 李彭元，〈試析皕宋樓和莫里循文庫東去日本的性質〉（《圖書館建設》，1999 年 5 月），頁 63～65。

11. 町田三郎撰、連清吉譯，〈島田篁村學問之一斑〉（《日本幕末以來之漢學家及其著述》，文史哲出版社，民國 81 年 3 月），頁 105～111。

12. 呂藝，〈《靜嘉堂秘籍志》的學術價值〉（《文獻》，12 期，1988 年 4 月），頁 256～264。

13. 何冠彪，〈記日本「靜嘉堂文庫」藏《邵念魯文稿》〉（《大陸雜誌》，60 卷 4 期，民國 69 年 4 月），頁 28～42。

14. 來新夏，〈中國藏書文化漫論〉（《資訊傳播與圖書館學》，5 卷 1 期，1998 年 9 月），頁 43～51。

15. 林文月，〈日本漢學研究新動向〉（《中外文學》，10 卷 1 期，民國 70 年 6 月），頁 76～83。

16. 林慶彰，〈日本漢學研究近況〉（《市立師院應用語文學報》，創刊號，民國 88 年 6 月），頁 65～95。

17. 周紅霞，〈發揮私人藏書的社會功用〉（《圖書館研究與工作》，第三期，2000 年），頁 63～64。

18. 胡先媛，〈中國古代私人藏書的文化地理狀況研究〉（《圖書情報知識》，第二期，1997 年），頁 26～29。

19. 高禩熹，〈清季藏書四大家考〉（一）（《教育資料科學月刊》，9 卷 2 期，民國 65 年 3 月），頁 31～36。

20. 高禩熹，〈清季藏書四大家考〉（二）（《教育資料科學月刊》，9 卷 3 期，民國 65 年 4 月），頁 31～33、44。

21. 高禩熹，〈清季藏書四大家考〉（三）（《教育資料科學月刊》，9 卷 4～6 期，民國 65 年 6）頁 32～35。

22. 高禩熹，〈清季藏書四大家考〉（四）（《教育資料科學月刊》，10 卷 1 期，民國 65 年 7 月），頁 35～36。

23. 高禩熹，〈清季藏書四大家考〉（五）（《教育資料科學月刊》，10 卷 2 期，民國 65 年 9 月），頁 32。

24. 高禩熹，〈清季藏書四大家考〉（六）（《教育資料科學月刊》，10 卷 3 期，民國 65 年 11 月），頁 29～32。

25. 容天圻，〈記皕宋樓藏書〉（《畫餘隨筆》，臺灣商務，民國 59 年 7 月初版），頁 210～212。

26. 袁同禮，〈清代私家藏書概略〉（《圖書館學季刊》，第 1 卷第 1 期，1926 年 3 月），頁 33～35。

27. 徐　雁，〈歷代以來中國歷史藏書的研究成果概述〉（《中國史研究動態》，第 4 期，1999 年），頁 10～18。

28. 張惠信，〈清季在華流通的外國貿易銀元〉（《國立歷史博物館館刊》，民國 81 年 10 月），頁 48～55。

29. 張勤、邵雪榮，〈陸心源學術成就論述〉（《浙江學刊》，第 4 期，1999 年），頁 150～155。

30. 陳　凡，〈張元濟的藏書與影印〉（《中國歷史教學參考》，1998 年 11 月），頁 30～31。

31. 陳成文，〈論顧炎武「經學即理學」〉（《孔孟月刊》，第 30 卷第 8 期，民國 81 年 4 月），頁 9～15。

32. 陳　香，〈藏書家列傳〉(《書評書目》，28 期，民國 64 年 8 月)，頁 39～42。

33. 陳海青、王良海，〈皕宋樓及其藏書志〉(《山東師大學報》社會科學版，1987 年 2 期)，頁 79～81。

34. 陳學文，〈論明清江南流動圖書市場〉(《浙江學刊》，1998 年第 6 期)，頁 107～109。

35. 梅憲華，〈日本漢籍版本目錄學研究源流概述〉(《文獻季刊》，第 1 期，總期 055))，頁 241～255。

36. 曹　流，〈清末四大藏書樓〉(《歷史學習》，第 6 期，1994 年)，頁 7～8。

37. 連清吉，〈日本漢學的特徵〉(《中國書目季刊》，第 26 卷第 3 期，民國 81 年 12 月)，頁 30～35。

38. 項士元，〈浙江歷代藏書家考略〉(《文瀾學報》，第 3 卷第 1 期，1937 年 3 月)，頁 1689～1720。

39. 傅榮珂，〈顧亭林與金石學〉(《中國學術季刊》，第 13 期，民國 81 年 4 月)，頁 151～164。

40. 潘美月，〈陸心源及其在目錄版本學上的貢獻〉，《(故宮季刊)，16 卷 3 期，民國 71 年》，頁 37～544。

41. 潘美月，〈陸心源及其在目錄版本學上的貢獻〉(《故宮季刊》，16 卷 4 期，民國 71 年)，頁 7～31。

42. 臧永清，〈中國傳統文化研究的可喜收獲：讀《中國藏書樓》〉(《中國圖書館學報》，1999 年)，頁 24～34。

43. 蔣復璁，〈兩浙藏書家印章考〉(《文瀾學報》，第三卷第一期，1937 年 3 月)，頁 1～25。

44. 劉兆祐，〈宋代霸史類史籍考〉(《國立中央圖書館館刊》，22 卷 1 期，民國 78 年 6 月)，頁 87～118。

45. 劉兆祐，〈宋代史籍考之九：宋代儀注類史籍考〉(《國立中央圖書館館刊》，20 卷 2 期 g 民國 76 年 12 月)，頁 83～118。

46. 劉兆祐，〈宋代別史類史籍考〉(《國立中央圖書館館刊》，23 卷 1 期，民國 79 年 6 月)，頁 105～130。

47. 劉兆祐，〈宋代別史類史籍考〉(《國立中央圖書館館刊》，23 卷 2 期，民國 79 年 12 月)，頁 83～118。

48. 劉兆祐，〈宋代編年類史籍考初編〉(《國立中央圖書館館刊》，24 卷 1 期，民國 80 年 6)，頁 113～139。

49. 劉兆祐，〈續考宋代編年類史籍二十一種〉(《國立中央圖書館館刊》，25 卷 1 期，民國 81 年 6 月)，頁 73～98。

50. 劉兆祐，〈宋史藝文誌未收宋代編年類史籍十九種考錄〉(《國立中央圖書館館刊》，26 卷 1 期，民國 82 年 4 月)，頁 251～276

51. 劉兆祐，〈宋代目錄類（經籍之屬）史籍考初編〉（《國立中央圖書館館刊》，28 卷 1 期，民國 84 年 6 月），頁 79～109。

52. 劉兆祐，〈宋史藝文志所未收宋代目錄類（經籍之屬）史籍二十八種考錄〉（《國立中央圖書館館刊》，28 卷 2 期，民國 84 年 12 月），頁 71～94。

53. 劉兆祐，〈宋代目錄類（金石之屬）史籍考〉（《國家圖書館館刊》，85 卷 2 期，民國 85 年 12 月），頁 97～127。

54. 劉兆祐，〈宋代刑法類史籍考初編〉（《國家圖書館館刊》，86 卷 2 期，民國 86 年 12 月），頁 167～189。

55. 劉兆祐，〈論叢書〉（《應用語文學報創刊號》，民國 88 年 6 月），頁 1～26。

56. 劉浩洋，〈試論顧炎武「經學即理學」〉（《中華學苑》，第 46 期，民國 84 年 10 月），頁 79～105。

57. 劉漢忠，〈宋詩紀事拾遺〉（《古籍整理研究學刊》，1996 年第 1 期〔總 059 期〕），頁 29～33。

58. 盧荷生，〈史部類例考述〉（《輔仁學誌》，第 23 期，民國 83 年 6 月），頁 1～15。

59. 韓文寧，〈明清江浙藏書家的主要功績和歷史局限〉（《東南文化》，1997 年第 2 期），頁 141～144。

60. 戴瑞坤，〈日本靜嘉堂文庫收藏宋本《李太白文集》觀後記〉（《華學月刊》，135 期，民國 72 年 3 月），頁 22～24。

61. 蕭其來，〈一百年來日本物價的波動〉（《日本研究》，129 期，民國 66 年 2 月），頁 22～23。

62. 顧志興，〈湖州皕宋樓藏書流入日本靜嘉堂文庫之考索與建議〉（《浙江學刊》，1996 年第 3 期〔總第 98〕），頁 105～109。

（二）日　文

1. 沈燮元，〈記島田所見之中國古籍〉（《汲古》，21 號，古典研究會編，平成四年六月），頁 58～61。

2. 增田晴美，〈《靜嘉堂文庫宋元版圖錄》編集餘滴〉（《汲古》，21 號，古典研究會編，平成四年六月），頁 88～91。

附錄一：書影

書影一：《史記》卷八卷頭

高紀第一上　師古曰紀理也緒理衆事而繫之於年月者也

班固　漢書一　祕書監上護軍琅邪縣開國子顏師古　注

高祖　荀悅曰諱邦字季邦之字曰國張晏曰禮諡法拯亂爲功最高而爲漢帝之大祖特起之於其名焉師古曰邦之字曰國者臣下所避以相代也

沛豐邑中陽里人也　後師爲郡而豐爲縣師古曰沛者本秦泗水郡之屬縣豐者沛之聚邑耳方言高祖所生故舉其本縣以說之也此下言王媼之屬意義皆同至如皇甫謐等妄引讖記轉相誣述云帝是豐公之孫而范氏在秦者又爲劉氏以爲姓

母媼　文穎曰幽州及漢中皆謂老嫗爲媼別名也音烏老反師古曰媼女老之稱也孟康音嫗媼母別名也好奇騁博強爲高祖父母名字皆非正史所說蓋無取焉

姓劉氏

嘗息　孟康曰嫗女引讖

大澤之陂　師古曰蓄水曰陂蓋於澤陂隄塘之上休息而寢寐也陂音彼皮反

夢與神遇　遇會也師古曰

是時雷電晦冥　言大電雷電而雲霧晝晦暗也師古曰晦冥皆謂晦暗也

父太公往

書影二：《漢書》卷一卷頭

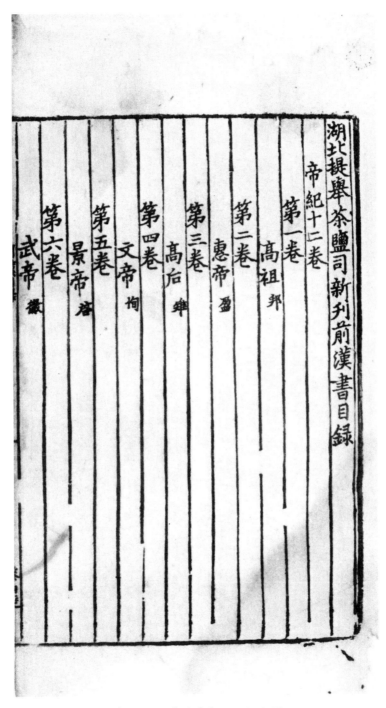

湖北提舉茶鹽司新刊前漢書目錄

帝紀十二卷

第一卷　高祖 邦

第二卷　惠帝 盈

第三卷　高后 雉

第四卷　文帝 恒

第五卷　景帝 啟

第六卷　武帝 徹

書影三：《漢書》目錄首頁

書影四:《漢書》卷一卷頭

世祖光武皇帝諱秀字文叔 禮祖有功而宗有德光武中興故廟稱世祖諡法能紹前業曰光克定禍亂曰武代伍古今注曰秀之字曰茂伯仲叔季兄弟之次長兄伯升次仲故字文叔焉 高祖九世之孫也 出 南陽蔡

陽人 南陽郡今鄧州縣也棗陽故城在今隨州棗陽縣西南

自景帝生長沙定王發 長沙郡今潭州縣也 發生春陵節侯買 春陵鄉名本屬零陵冷道縣在今永州唐興縣北元帝時徙南陽仍號春陵故城今在隨州棗陽縣東事具宗室四王傳

買生鬱林太守外 鬱林郡今郴州縣前書曰郡守秦官秩二千石景帝更名太守外生鉅

鹿都尉回 鉅鹿郡今邢州縣也掌佐守典武職秩比二千石景帝更名都尉回

書影五：《後漢書》卷一卷頭

—347—

武帝紀第一　魏書　國志一

太祖武皇帝沛國譙人也姓曹諱操字孟德漢相
國參之後：先出於黃帝當高陽之世

太祖一名吉利小字阿瞞
曹姓周武王克殷存先世之後封曹國為楚所滅後
與於盟會遠至戰國為楚所滅其子孫分流或家于沛
高祖之起而曹參以功封平陽侯世嗣國於容城王沈魏書曰其
爵土絕而復紹至今適嗣國於容城桓帝世曹騰為中
常侍大長秋封費亭侯司馬彪續漢書曰騰父節素以仁厚稱鄰人有亡
豕者與節豕相類詣門認之節不與爭後所失豕自還詣門謝節騰受之由
是鄉黨歎馬長子伯興次子仲興次子叔興騰最少字季
興是歲除黃門從官永寧元年鄧太后詔黃門令選騰中黃門從官之
高者興少溫謹遷至中
門從官年少溫謹謁者有異順帝即位為小黃門遷至中
常侍大長秋在省闥三十餘年歷事四帝未嘗有過邊詔南
愛騰飲食賞賜與眾不同靈帝時有詔書封費亭侯
進達賢能終無所毀傷其所稱舉若陳留虞放邊詔南

書影六：《三國志》卷一卷頭

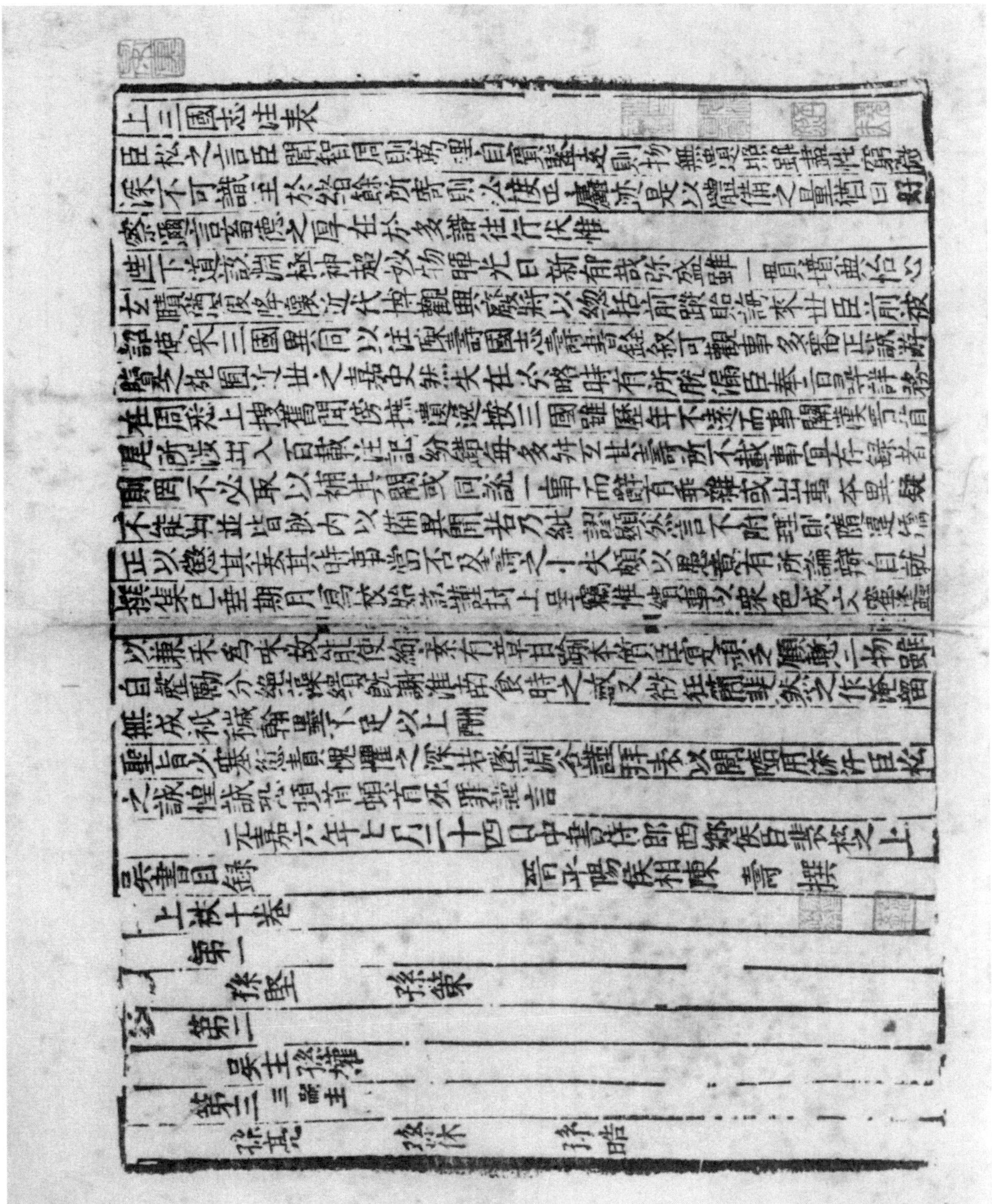

書影七：《吳書》　上三國志注表

孫破虜討逆傳第一　吳書　國志四十六

孫堅字文臺吳郡富春人蓋孫武之後也
吳書曰堅世仕吳家于富春葬於城東冢上數有光怪雲氣五
色上屬於天曼里衆皆往觀視父老相謂曰是非凡氣孫
氏其興矣及母懷姙堅夢腸出繞吳昌門寤而懼之以告鄰母
鄰母曰安知非吉徵也堅生容貌不凡性闊達好奇節
少為縣吏年十七與父共載船至錢唐會海賊胡玉等從匏里上
掠取賈人財物方於岸上分之行旅皆住舩不敢進堅謂父曰此
賊可擊請討之父曰非爾所圖也堅行操刀上岸以手東西指麾
若分部人兵以羅遮賊狀賊望見以為官兵捕之即委財物散走
堅追斬得一級以還父大驚由是顯聞府召署假尉會稽妖賊許
昌起於句章自稱陽明皇帝
靈帝紀曰昌以其父為越王也
與其子韶扇動諸縣衆以萬數堅以郡司馬募召精勇得千餘人

書影八：《吳書》卷一卷頭

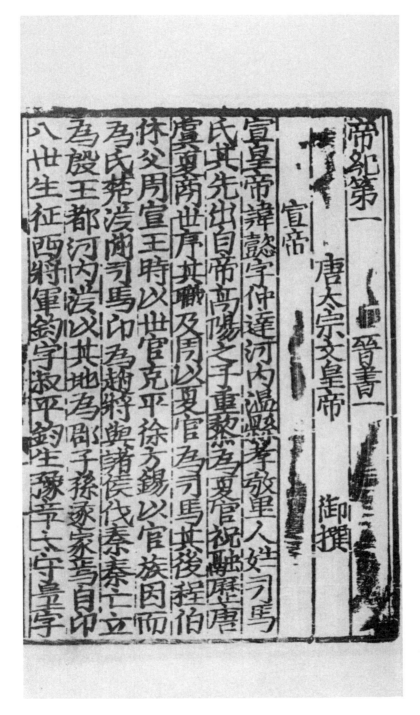

書影九：《晉書》卷一卷頭

書影十：《宋書》卷一卷頭

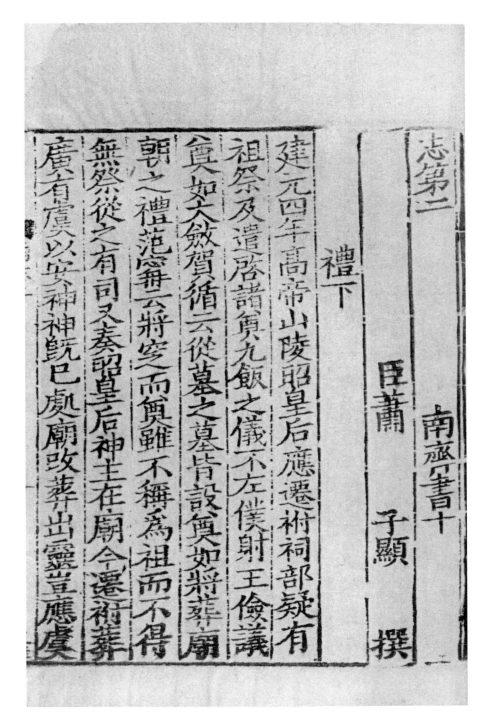

書影十一：《南齊書》卷十卷頭

書影十二：《梁書》卷一卷頭

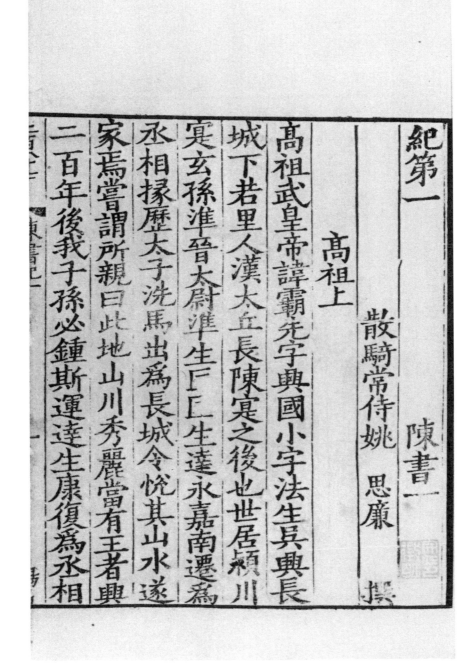

紀第一

高祖上

陳書一

散騎常侍姚　思廉　撰

高祖武皇帝諱霸先字興國小字法生吳興長
城下若里人漢太丘長陳寔之後也世居頴川
寔玄孫準晉太尉準生匡匡生達永嘉南遷爲
丞相掾歷太子洗馬出爲長城令悅其山水遂
家焉嘗謂所親曰此地山川秀麗當有王者興
二百年後我子孫必鍾斯運達生康復爲丞相

書影十三：《陳書》卷一卷頭

神元平文諸帝子孫列傳第二　魏書十四

上谷公紇羅神元皇帝之曾孫也初從太祖自
獨孤如賀蘭部招集舊戶得三百家與弟建議
勸賀訥推太祖為王及太祖登王位紇羅常翼
衛左右又從征伐有大功紇羅有援立謀特見
優賞及即帝位與弟建同日賜爵為公卒
子題少以雄武知名賜爵襄城公從征中山受
詔徇下諸郡撫慰新城皆安化樂業進爵為王
擊慕容驎於義臺中流矢薨帝以太醫令陰光

嘉靖八年補刊　一葉書耳卷二

書影十四：《魏書》卷十四卷頭

－356－

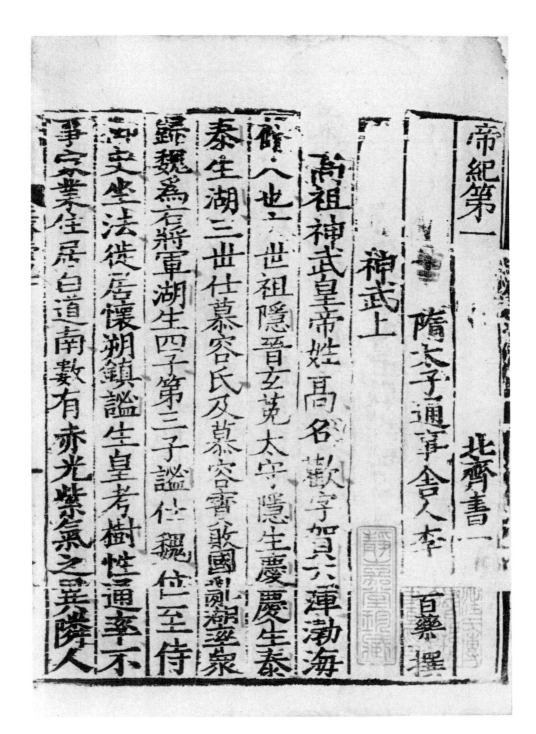

帝紀第一　　　　　　　　　北齊書一

神武上　　　　隋太子通事金人李

高祖神武皇帝姓高名歡字賀六渾渤海

蓨人也六世祖隱晉玄菟太守隱生慶慶生泰

泰生湖三世仕慕容氏及慕容寶敗國亂潮還

歸魏為右將軍湖生四子第三子謚仕魏位至侍

卬史坐法徙居懷朔鎮謚生皇考樹性通率不

事家業養住居白道南數有赤光紫氣之異隣人

書影十五：《北齊書》卷一卷頭

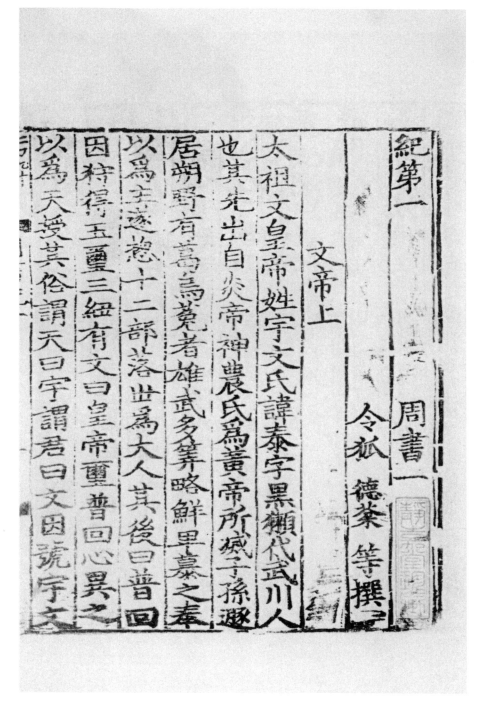

書影十六：《後周書》卷一卷頭

旗幟盡青三月壬寅北平王長孫頹有罪削爵
爲庶夏四月酒泉王沮渠無諱走渡流沙據鄯
善涼武昭王孫李寶據敦煌遣使內附五月行
幸陰山北六月景戌楊難當朝於行宮先是起
殿於陰山北殿成而難當至因曰廣德焉秋八
月甲戌晦日有蝕之冬十月己卯封皇子伏羅
爲晉王翰爲秦王譚爲燕王建爲楚王余爲吳
王十二月辛巳太保襄城公盧魯元薨丁酉車
駕還宮李寶遣使朝貢以寶爲鎮西大將軍開
府儀同三司沙州牧敦煌公

書影十七：《北史》卷二卷頭

本紀第四　唐書四

翰林學士兼龍圖閣學士朝散大夫給事中知制誥充史館脩撰臣歐陽脩奉

敕撰

則天順聖皇后武氏諱曌幷州文水人也父士彠官至工部尚書
荊州都督封應國公后年十四太宗聞其有色選為才人太宗崩
后削髮為此丘尼居于感業寺高宗幸感業寺見而悅之復召
入宮久之立為昭儀進號宸妃永徽六年高宗廢皇后王氏立辰
妃為皇后高宗自顯慶後多苦風疾百司奏事時令后決之常
稱旨由是參豫國政后旣專寵龍與政乃數十年威福自己天下利害務收
人心而高宗春秋高苦疾后益用事遂不能制高宗悔陰欲廢之
而謀洩不果上元二元王后自至上元嘉亦號天后天下之人謂
之二聖弘道元年十二月高宗崩遺詔皇太子即皇帝位軍國
大務不決者兼取天后進止甲子皇太子即皇帝位傳后為皇太
后臨朝稱制大赦賜九品以下勳官一級庚午韓王元嘉為太尉

書影十八：《唐書》卷四卷頭

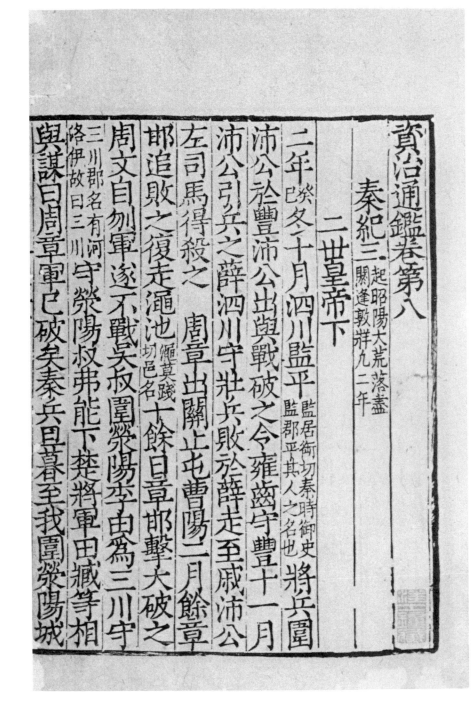

資治通鑑卷第八

秦紀三 起昭陽大荒落盡
閼逢敦牂九二年

二世皇帝下

二年癸巳冬十月四川監平 監居衛切秦時御史
監郡乎其人之名也
將兵圍

沛公沂豐沛公出與戰破之令雍齒守豐十一月

沛公引兵之薛泗川守壯兵敗於薛走至戚沛公

左司馬得殺之 周章出關止屯曹陽二月餘章

邯追敗之復走澠池 蘭莫踐切邑名 十餘日章邯擊大破之

周文自刎軍遂不戰吳叔圍滎陽李由為三川守

三川郡名有河守滎陽叔弗能下楚將軍田臧等相
洛伊故曰三川

與謀曰周章軍已破矣秦兵旦暮至我圍滎陽城

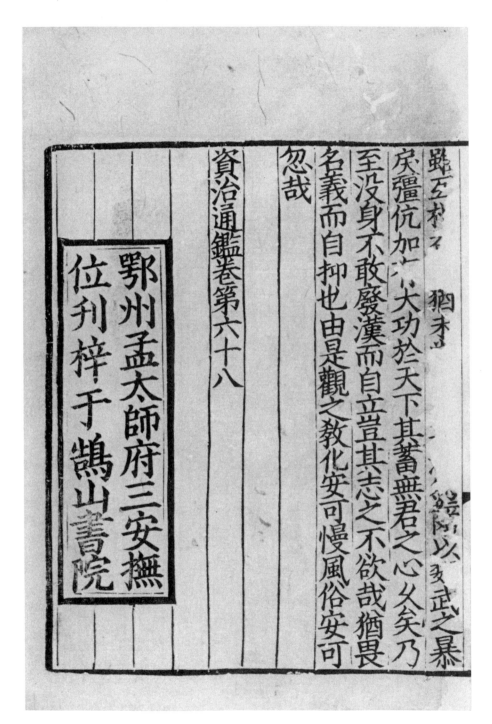

書影二十：《資治通鑑》卷六十八末

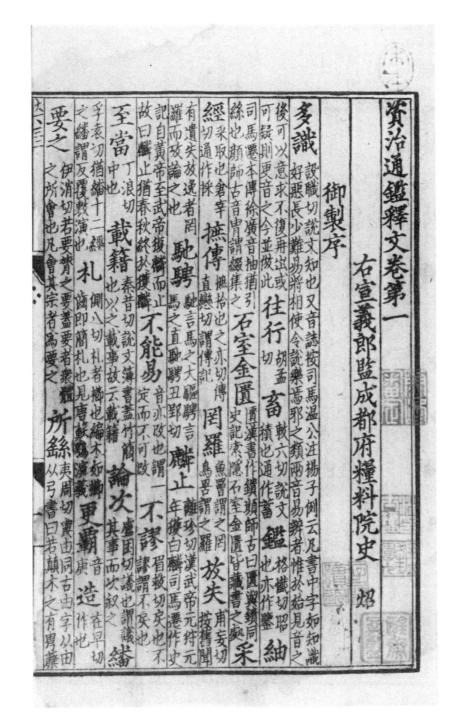

書影二一：《資治通鑑釋文》卷一卷頭

續資治通鑑長編撮要卷第三十

太宗皇帝紀十四

端拱二年春正月癸巳詔文武羣臣各陳備邊禦戎之策右

正言直史館河南溫仲舒章獨先上　上悅乙未賜仲舒金

紫戶部郎中張洎奏議曰　按洎傳及經武聖畧皆云奉十一日乙巳乃有御扎令羣臣奏章按實錄端拱元年與洎集所載御扎畧同然年此則洎不在端拱初矣

伏自比戎犯順累載于茲其故何哉蓋

中國失地利分兵力將從中御士不用命也犬戎爲患中國

自古而然固夏商以還築暴滋甚備禦之術簡冊具存或度塞

以鏖兵或和親而結好或誘部落以分其勢或要盟誓以固

其心謀議紛紜咸非得策舉其要畧唯練兵聚穀分屯塞下

來則備禦去則勿追是矣夫中國所恃者險阻而已朔塞而

南地形重阻深山大谷連亙萬里蓋天地所以限華戎而絕

書影二二：《續資治通鑑長編撮要》卷三十卷頭

皇朝編年綱目備要卷第一　壺山　陳均編　凡七年

太祖皇帝　起庚申建隆元年　止丙寅乾德四年

庚申

建隆元年　是歲周禪位唐國主李景吳越王錢俶　荆南高保融湖南周行逢漳泉留從效　春正月甲辰

主劉鋹大寶三年比漢主劉鈞天會五年

奉正朔蜀主孟昶韓廣政二十三年南漢

上受周禪即皇帝位　辛丑朔比邊奏契丹比漢連兵

之上在周朝掌軍政凡六年士卒服其恩威數從征伐立大功　犯邊周帝命上領宿衛諸將禦

於是主少國危中外始有推戴之議壬寅殿前都副點檢慕容

延釗帥前軍先發癸卯大軍繼出軍校苗訓號知天文見日下

後有一日黑光相盪指謂上親吏曰此天命也是夕次陳橋驛

書影二三：《皇朝編年綱目備要》卷二十一卷頭

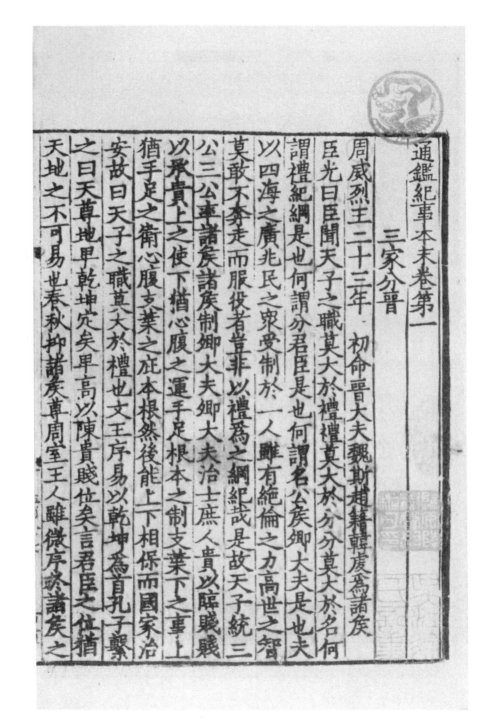

書影二四：《通鑑紀事本末》卷一卷頭

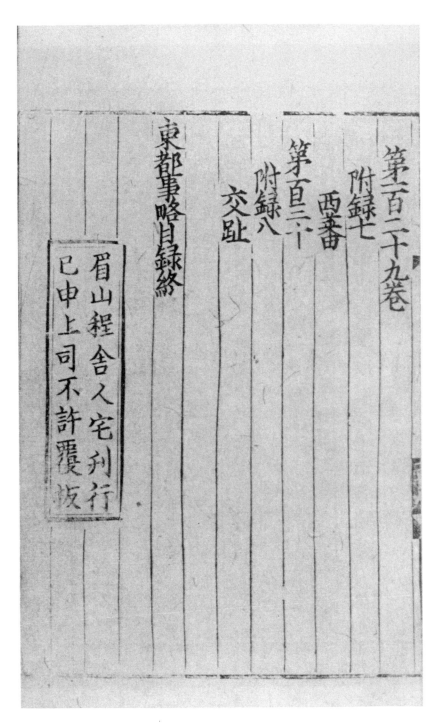

書影二五：《東都事略》目錄末 木記

東都事略卷第一

承議郎權耀知龍州軍州兼管內勸農事兼管界沿邊都巡檢使借紫臣王稱上進

本紀一

太祖啓運立極英武睿文神德聖功至明大孝皇帝其先出于
帝高陽氏之後造父為周穆王御破徐偃封趙城因氏焉自漢
京兆尹廣漢尼涿郡遂為涿郡人至唐而
僖祖仕至文安令　　皆祖順祖皇帝仕歷藩府從事兼御
史中丞　　皇祖翼祖皇帝少有大志仕至涿州刺史贈左驍
衛上將軍　　皇考宣祖皇帝少驍勇善騎射而雅好儒素推家財
趙王王鎔時淶曽年七下晉求援於鎔鎔命
趙之社宗嘉其勇敢因留晉人金堂棋軍為飛捷指揮使自同光
至開運踰二十年不遷而宣祖亦未嘗以介意漢乾祐中王

書影二六：《東都事略》卷一卷頭

晉語 第十 國語 韋氏解

文公六年翟十二年

側欲親齊蓋男力一紀可以遠矣誰能興之也而易往達齊楚避其遠也孤偃曰曰吾來此也

齊侯桓公為准之會明年而卒管仲沒矣多讒

齊侯長矣而

謀而無正裹而思始也

書影二七：《國語》卷十卷頭

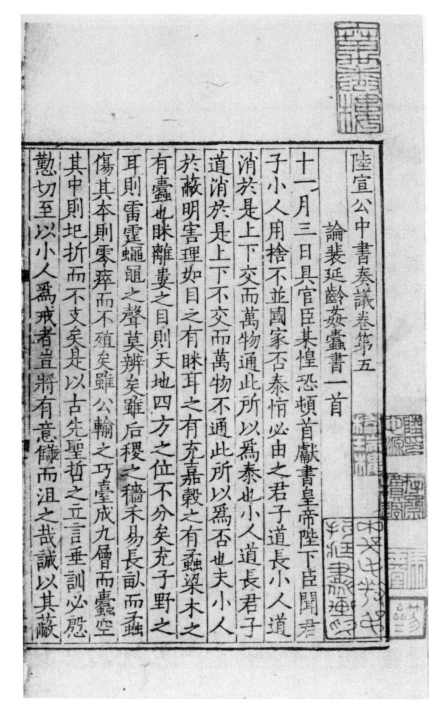

書影二八：《陸宣公奏議》卷五卷頭

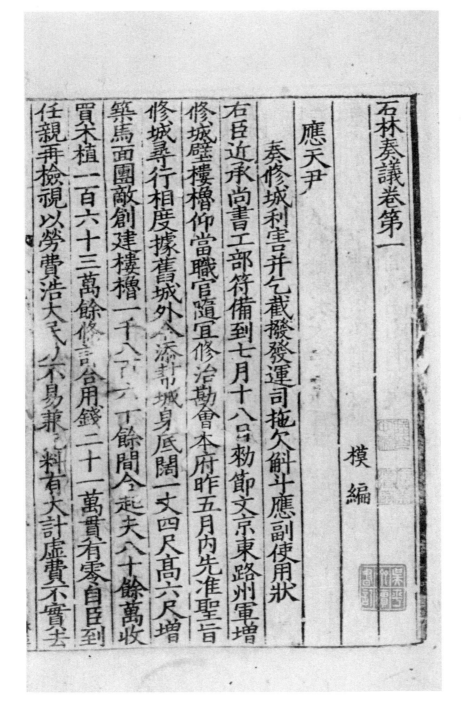

書影二九：《石林奏議》卷一卷頭

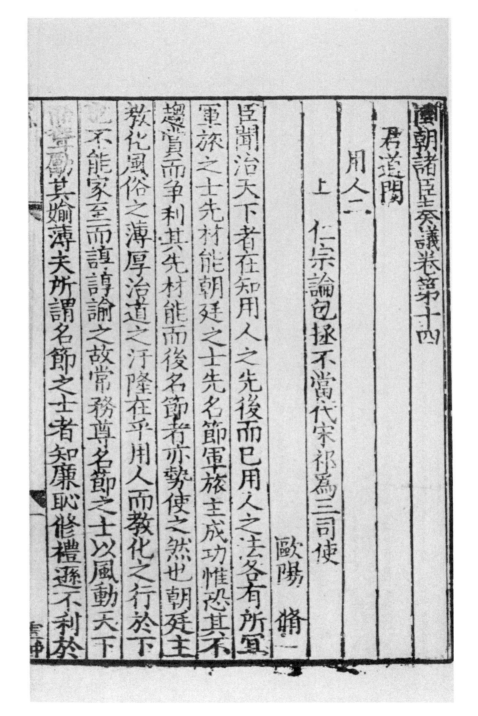

書影三十：《國朝諸臣奏議》卷十四卷頭

新雕名公紀述老蘇先生事實

薦表　　　　　　　　歐陽脩　永叔

臣伏以庸虛叨塵侍從血所裨補常愧心顏竊慕古人薦賢推
善之意以謂為時得士亦報國之一端往時自　國家下詔書
戒勵文諷勵學者以近古蓋自天聖迄今二十餘年通經學古
履忠守道之士所得不可勝數而四海之廣不能無山巖草野
之遺其自重者既伏而不出故　朝廷亦莫得而聞此乃如臣
筆草所宜求而上達也伏見眉州布衣蘇洵履行純固性識明
達亦甚有司不中遂退而力學其論議精於物理而善識
變權文章不為空言而期於有用其所撰權書衡書機策二十
篇辭辯宏博於古而宜於今實有用之言非特能文之士也
其人文行久為鄉閭所稱而守道安貧不營仕進苟无薦引則
遂棄於　聖時其所撰書二十篇臣謹隨狀上　進伏望
聖慈下兩制看詳如有可採乞賜甄錄謹具狀奏　聞伏候

書影三一：《新雕名公紀述老蘇先生事實》本文卷頭

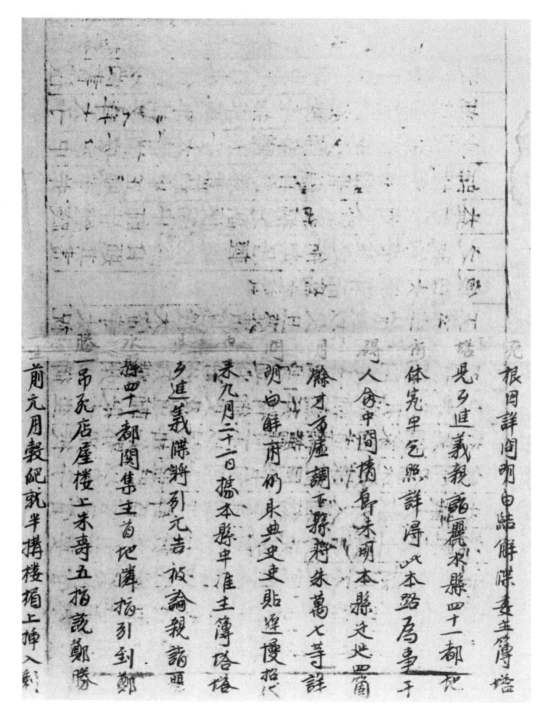

書影三二：《歐公本末》卷二

唐堯在位聖賢謂之叶符虞舜得人天地以之開泰八方理定千
載會昌必旌柱石之林以觀其壯節鹽梅之寄以濟其和平是故
應運握圖明王聖帝受天寶命開國成家無不用忠礩間世之臣
先輔基業股肱心膂之士共同甘辛萬代通規一時遭遇保全令
德克荷洪勳者其故真定王普之謂矣王姓趙氏字則平其先顓
頊之裔佐禹平水土是謂伯翳帝堯賜姓曰嬴氏造父其後令有
功於周穆王受封於趙周德下衰叔帶去周適晉六卿取晉遂開
國焉今爲常山人也王蘊人倫之風鯀禀山嶽之儀形晦而不彰
寬而無撓竭其誠志有始有終無善勿取頃自我　太
祖從周世宗南平淮甸水陸兼行龍虎震威號令始發捷如響應
宜契人神是時擒其僞將皇甫暉於滁上王時爲郡之參佐斷事
明敏獄無冤者　太祖聞名召見與語深器之泊後　太祖伏鉞

太宗皇帝御製
趙中令公普神道碑

新刊名臣碑傳琬琰之集卷第一

書影三三：《新刊名臣碑傳琬琰之集》卷一卷頭

後漢馮異傳光武詔曰倉卒無蔞亭豆粥虖沱河麥飯厚意久不報異稽首

謝曰臣聞管仲謂威公曰願君無忘射鉤臣無忘檻車虖國賴之曰今亦願

國家無忘河北之難小臣不敢忘巾車之恩　註云謂光武獲異於巾車而赦之

註云史記嘗管仲將兵遮莒道射威公中鉤後嘗梏管仲而送於齊齊以為相說

桓公與管仲鮑叔甯戚飲酒桓公謂鮑叔

姑為寡人祝乎鮑叔奉酒而起曰祝吾君

無忘其出而在莒也使管仲無忘其束縛

而從魯也使甯子無忘其飯牛於車下也

桓公辟席再拜曰寡人與二大夫皆無忘

夫子之言齊之社稷必不廢矣

桓公問郭氏墟而知戒

齋桓公出遊見故城郭氏之墟問於野人

通鑑　後漢　光武　紀註　云射　食亦　切乾　時之　役管　仲射　齋威　公中　帶鉤

書影三四：《歷代故事》新序第四葉表

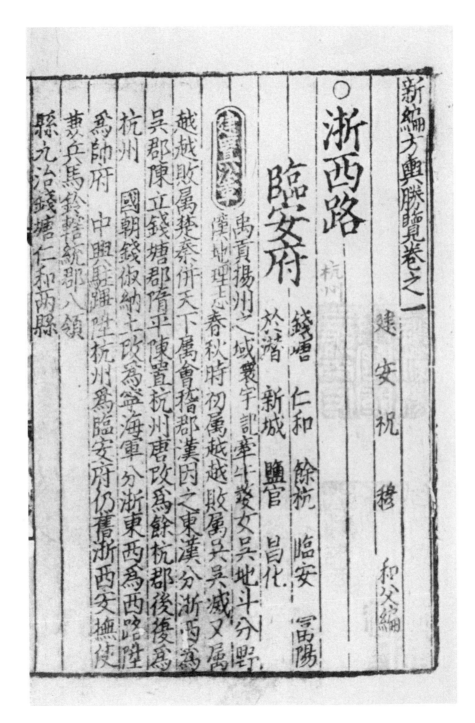

書影三五：《新編方輿勝覽》卷一卷頭

咸淳臨安志卷之三

行在所錄

郊丘　　　　郊廟

郊丘

在嘉會門外南四里龍華寺西　紹興十三年正
月禮部太常寺請依　國朝禮制建壇於國之東
南壇側建　青城齋宮乃命領殿前都指揮使職
事臣楊存中知臨安府臣王喚等相視修築為壇
四成上成從廣七丈再成十二丈三成十七丈四
成二十二丈分十三陛陛七十二級壇及內壝九

書影三六：《咸淳臨安志》卷三卷頭

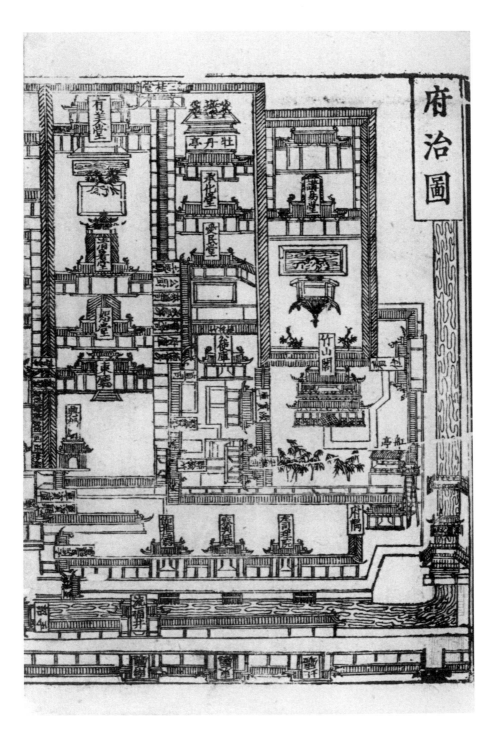

書影三七：《咸淳臨安志》卷十六　府治圖

書影三八：《重修毗陵志》卷七卷頭

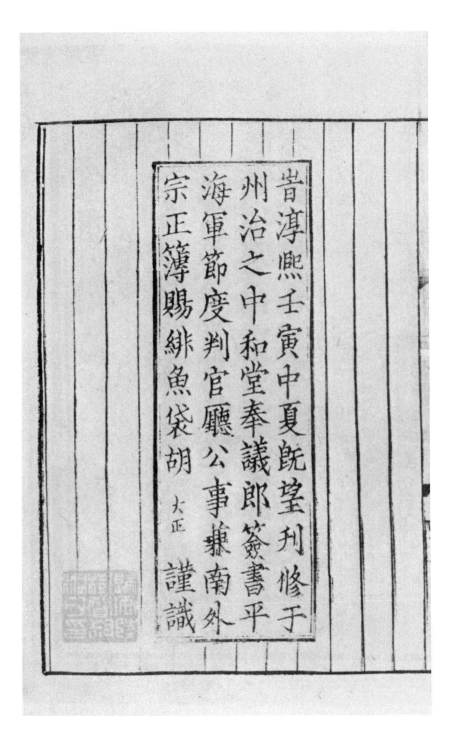

書影三九：《致堂先生讀史管見》目錄末　　木記

致堂先生讀史管見卷之五

武帝

崇起之

董仲舒策曰聖人之繼亂世掃除而悉去之復修教化而

湯既黜夏則續禹服言續禹服則於改桀之事可知矣

武王既克高則政由舊言政由舊則尽反紂之政可知

矣然則漢得天下宜尽変秦之所為而有革有因与故

賈生言於前仲舒言於後皆謂秦俗至今猶在也夫秦

之所為无一可法者革其半因其半則蒇必害豩紫必

奪朱其末流餘習不反為所勝者希矣昔者周宣承厲

王之後親則父子也尚不能不改父之政故

能興衰撥亂王化復行齊藏公親揚先君之失以相管

書影四十：《致堂先生讀史管見》卷五卷頭

—382—

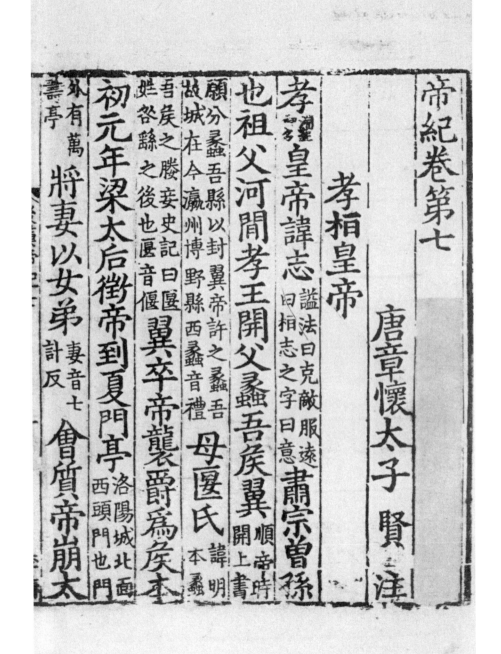

書影四一：《後漢書》卷七卷頭

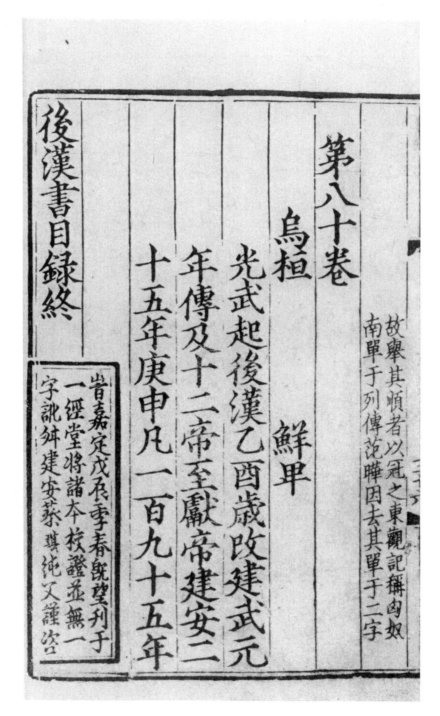

書影四二：《後漢書》目錄後　木記

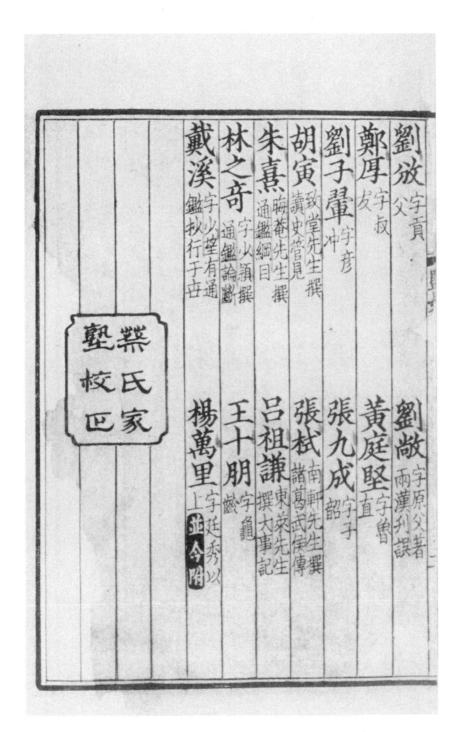

書影四三：《陸狀元集百家註資治通鑑詳節》

昔陳瑩中嘗謂通鑑如藥山隨取隨得然雖是有藥山又
須是會採若不能採則不過博聞強記而已臺丘子問於
列子曰子好遊乎列子對曰人之所遊觀其所見我之所
遊觀其所變此可取以爲看史之法大抵看史見治則以
爲治見亂則以爲亂見一事則止知一事何取以觀史如身
在其中見事之利害時之禍患必掩卷自思使我遇此等
事當作如何處之如此觀史學問亦可以進智識亦可以
高方爲有益
讀史先看統體合一代綱紀風俗消長治亂觀之如秦之
暴虐漢之寬大皆其統體也　其偏勝及流弊　復須識一君

論看通鑑法

看通鑑法

陸狀元集百家註資治通鑑詳節卷之一

處皆當深考

書影四四：《陸狀元集百家註資治通鑑詳節》卷一卷頭

書影四五：《通典》卷一及卷七九卷末

附錄二：陸心源年譜

西曆	帝　號	年齡	生　平　事　略
1834	道光十四年	1	生於浙江省（湖郡）烏程縣。
1838	道光十八年	5	入私塾就讀。
1844	道光二十四年	11	祖陸映奎去世。
1847	道光二十七年	14	祖母韋氏去世。
1848	道光二十八年	15	與弟陸性源入學，師承凌少茗（介禧）。
1851	咸豐元年	18	與四品封職國學生莫鑒之長女成婚。
1852	咸豐二年	19	長女出生。
1853	咸豐三年	20	入縣學，拜萬青藜爲師。
1854	咸豐四年	21	補廩膳生。師萬青藜調京，吳式芬繼任浙江學政。
1855	咸豐五年	22	吳式芬調離浙江學政赴京，同年，與俞剛同赴武林參加乙卯鄉試，未中歸里。十月，長子樹曾出生。
1856	咸豐六年	23	適逢徐有壬丁憂歸故里（祖籍歸安）。經好友張茂才推薦，陸心源從徐修習，終爲忘年交。
1857	咸豐七年	24	七月，子樹曾卒。
1858	咸豐八年	25	刑部右侍郎張錫庚任浙江學政，心源再拜之爲師。同年，徐有壬督辦江南軍營臺事務，十二月擢升江蘇巡撫，心源常至其毘陵行館論政事或文學。
1859	咸豐九年	26	朝廷特開恩科，江蘇借浙江闈於武林鄉試，心源中舉人，名列十四。同年與同榜楊利叔相識於武林，楊利叔擅古文與詩詞。時李秀成率部由安徽入浙江，心源返湖後鄉間避兵事。同年，心源爲湖郡幕僚入府。
1860	咸豐十年	27	適逢會試，當時因太平軍盤據江浙一帶，心源於年初以計入都，擬參加會試，抵京後晉見乃師吏部右侍郎萬藜青，聯袂晉見督察使倭仁等。學界政要得悉捻軍入清江，太平軍攻陷杭州，心源乃與烏程人鈕福海束裝歸鄉，返途驚險萬分。太平軍繼陷蘇州，師徐有壬身殉。心源爲避兵難，臥病山中，其弟陸性源以讀書作伴。

1861	咸豐十一年	28	心源參與團練治兵於唐栖。七月二十七日弟性源卒（年僅十八）。其後湖城兵急，心源陪雙親避難。同年沿例以候補知府分發廣東。年末至廣州候缺。
1862	同治元年	29	適有王遇攀者私刻關防事發，株連者眾，心源接案後以罪微不舉，多獲開釋，其爲仕之仁厚，深獲好評。
1863	同治二年	30	直隸總督劉長佑商調至直隸辦理三省接壤之軍需善後事務。事畢，劉奏請挽留心源整飭吏治。同年，詔擢道員於直隸。
1864	同治三年	31	李瀚章等向廣東總督毛鴻賓、巡撫郭嵩燾推薦心源，毛、郭聯名會奏後調廣東，心源乃赴粵。同年，離職過京，訪萬青藜等。
1865	同治四年	32	心源在粵補南韶連兵備道，於韶州消滅鮑超叛軍（竄徒）及防堵太平軍。同年，毛鴻賓離總督職歸故里途經韶州，心源伴送至貞水。
1866	同治五年	33	亂平，修訂漏關補稅法，建相江書院，爲周元公建祠。三月赴穗時，子樹生（亦名韶兒）誕生。郭嵩燾離粵。經韶州，心源爲郭氏昆仲送別。瑞麟接任廣東總督、巡撫由蔣益澧繼任。心源因忤蔣，於同治五年末調任高廉道。歲末自韶州經水路至高廉。
1867	同治六年	34	子樹生（韶兒）卒。《儀顧堂文集》二十卷完成，於高州初版。高州僅半年奉旨開缺，送部引見。父陸銘新在高州，心源奉旨入京，其父陸銘新先行歸里，旅途勞頓，未幾病卒，享年五十二歲。心源聞訊歸里奔喪。
1868	同治七年	35	子樹藩出生，因兄因俱殤，故爲長子。
1869	同治八年	36	王拯告歸，在吳興與心源聚。同年，好友潘祖蔭丁父憂返吳郡，陸心源時往探望。
1870	同治九年	37	心源編修《湖州府志》。同年服闋。生子樹穀（數月即殤）。三月二十二日，心源去逸村埠祭祖，回程遇颶風，天色遽暗，歸後寫〈記异〉。
1871	同治十年	38	次子樹屏出生。是年參加杭州文會，拜會楊昌濬。十一月李鶴年（子和）任浙閩總督，應邀赴閩。
1872	同治十一年	39	李鶴年邀心源調閩，初任李幕府掌管軍政、洋務、稅厘通商。時福建學政孫毓汶任滿，獲心源安排北歸。
1873	同治十二年	40	心源兼總辦閩省海防事宜。李鴻章任直隸總督，掌理洋務、海防事宜，心源於同年赴津、京，與李鴻章協商福建海防及洋務，並拜會朱學勤。

1874	同治十三年	41	心源任福建署鹽法道（鹽運使）。因人際失和，奉旨送部引見。同年購得城東蓮花莊北朱氏廢園。
1875	光緒元年	42	心源全力建園，命名「潛園」。著手整理文稿，閱讀群籍，撰古籍題跋，搜藏金石、書畫。
1876	光緒二年	43	文煜趁李鶴年調河南而入京，彈劾心源擅自改稅，造成鹽務虧損，心源被革職。同年，以晉省水患嚴重，心源率先捐金一千（由兼辦山西賑災之直隸總督李鴻章轉）。
1877	光緒三年	44	曾國荃函請捐款救災，心源促湖郡鄉紳捐款數萬。曾氏上摺對捐款有功者行賞。心源捐款有功，李鴻章及曾國荃上奏賞還原銜。郭昆燾至湖州探望心源，心源因女兒傷寒，命乃弟學源陪游湖州。光緒二年至三年，心源為革職事抑鬱，撰《罪言》一書，至友章紫伯（明經）勸阻未出版。曾赴蘇州拜會江蘇學政林天齡。
1878	光緒四年	45	江秉成（仲復）向心源借嘉興李遇孫（金瀾）《金石學錄》四卷，該書舛漏甚多，心源獲沈秉成支持，進行該書補遺工作。
1879	光緒五年	46	同年夏輯《金石學錄補》二卷。炎夏酷暑，心源杜門卻客，參閱文獻數百種，撰《三續疑年錄》十卷。並於潛園開雕《十萬卷樓叢書》初編，計一百八十八卷。
1880	光緒六年	47	重刻《錢氏補疑年錄》。汪鳴鑾（柳門）丁憂於吳郡，心源赴蘇州拜會。
1881	光緒七年	48	《千甓亭塼錄》六卷刊出。並赴蘇州晤江蘇學政黃體芳。
1882	光緒八年	49	《皕宋樓藏書志》一百二十卷、《續志》四卷及《歸安縣志》出版。翟鴻機（子玖）學士任浙江學政，至湖郡講學，與心源成至交。同年生子樹聲。同年潘祖蔭丁憂返吳郡，心源時與探討金石、題跋等。
1883	光緒九年	50	由於《皕宋樓藏書志》刊出，心源將之分送上司及好友。
1884	光緒十年	51	在家潛心著述。
1885	光緒十一年	52	浙江學政翟鴻機搜求心源家藏宋元精版本（該版本為當時國子監所無者），共一百五十部，合計二千四百三十三卷，心源又以叢書三百餘卷贈送國子監。
1886	光緒十二年	53	出刊《金石學錄補》三卷（實為四卷），此書係將光緒五年《金石學錄補》二卷的內容再補充一百人，合計八百餘人。

1887	光緒十三年	54	心源赴蘇州拜會陸潤庠。同年翟鴻機面告心源因捐書可求賜，心源辭謝，翟再勸而從之。
1888	光緒十四年	55	《千甓亭塼錄》續錄四卷出版、《唐文拾遺》七十二卷、《唐文續遺》十六卷出版。五月丙寅日詔諭陸心源捐書有功。賞長子稟生陸樹藩、次子附生陸樹屏國子監學正銜。十月二十七日巳時，吳太夫人卒，享年七十三歲。同年山東水災及民工修河堤，心源捐賑山東難民棉衣萬件。
1889	光緒十五年	56	山東巡撫張曜（勤果）因心源捐賑致謝，遣官二人，策騎迎心源，請游泰山，遍探名勝，張陪遊。游畢返省府，復去歷城，拜祭毛鴻賓墓。鴻賓子呈行狀，請撰毛鴻賓〈神道〉。出版《元祐黨人傳》。子樹翰出生（僅一歲餘即殤）。次子樹屏之三子，孫熙咸出生。
1890	光緒十六年	57	出版《吳興詩存》四集四十八卷、《吳興金石記》六卷，《儀顧堂題跋》十六卷。五月十八日，四子樹彰出生。
1891	光緒十七年	58	張曜見《儀顧堂題跋》，深覺心源學識閎通，才堪經世，及捐一萬兩銀賑助山東災民，因而上摺請用。三月奉旨復原官，交吏部引見。《千甓亭古塼圖釋》（拍照後石印）二十卷出版。長子陸樹藩之子熙績出生（長子長孫）。浙江巡撫崧駿以心源籌賑之功，奏加二品頂戴。時李鴻章亦保奏心源，詔以道員記名簡放，當時心源深感矛盾，雖然諸多人士推薦他，但奉詔諭再出仕以後，惟恐仕途紛擾，為學之事俱廢，故未即北上，得撰成《儀顧堂續跋》十六卷。
1892	光緒十八年	59	《儀顧堂續跋》十六卷、《穰梨館過眼錄》四十卷、《續錄》十六卷同年刊出。由於考慮到聖意優隆，心源不敢以山林遁世之士自居，遂於同年二月入京，四月壬子引見，乙卯日蒙光緒帝詔見於勤政殿。同年奉旨交由李鴻章差遣，仍由軍機處記名簡放，分發李鴻章麾下。心源抵天津時罹患痢疾，李命心源至滬稽察招商局。抵滬後，突然左目生翳，延請醫生診治，無法就職而返湖州。同年，次子樹屏生孫熙明。
1893	光緒十九年	60	出版《宋詩紀事補遺》一百卷，《小傳補正》四集。四、五月赴蘇州拜會任道鎔。次子樹屏再生孫熙登。
1894	光緒二十年	61	心源自光緒十八年因病返歸故里後，病情不穩定，臥床不起。病中完成《潛園總集》，達九百餘冊，但仍未能將畢生所學所知遺書後人。光緒二十年十一月辛巳日心源卒於自宅，享年六十一歲，臨終時仍以著述未盡刊刻古籍為念。心源卒後，於光緒二十一年十一月二十五日葬於烏程之逸村埠翠艷山，一代藏書家從此與世長辭。

　　本年譜參考以下文獻：

1、徐楨基著《潛園遺事》（上海：上海三聯書店，1996 年 6 月第一版）。

2、汪兆鏞輯《碑傳集補》三（臺北：文海出版社，民國 71 年 3 月。沈雲龍主編《近代中國史料叢刊續編》第七十三輯）繆荃孫撰〈二品頂戴記名簡放道員前廣東高廉兵備道陸公神道碑銘〉。

3、俞樾撰《春在堂雜文》（臺北：文海出版社，民國 62 年。《近代中國史料叢刊》442 輯。）六編〈廣東高廉道陸君墓誌銘〉。

4、陸心源傳包（臺北：國立故宮博物院藏）。

附錄三：陸心源故居紀行（2000年）

　　由於本文探討的是陸心源藏書、著作與其故居「皕宋樓」，若未能親訪「皕宋樓」，將是極大遺憾，乃由夫君孔維勤教授陪伴專程走訪，同時前往杭州市浙江圖書館掘寶，搜尋論文相關資料。

　　我們八月二十九日上午十點自中正機場出發，十二點飛抵香港新機場，辦妥有關證件，下午二點搭乘港龍航空飛往杭州，三點四十分抵達杭州虹橋機場。

　　初次拜訪人文薈萃之古都杭州，心中雖有膽怯，亦難掩興奮之情，離開機場後，驅車前往市區，沿途經過著名之筧橋，並看到沿途高聳現代建築與整齊之新市街，計程車司機是位年青人，得意暢談杭州近年來快速發展及杭州人平均所得增加。我們請他介紹浙江圖書館附近旅社，他解說「旅社」係傳統數人擠一間通舖之宿處，此種旅社多已在都市拓寬馬路時拆遷，除此之外，另有大飯店及賓館可以住宿，較為寬敞便利，在這位熱心的青年司機協助下，我們住進曙光路浙江圖書館對面之明倫大飯店，住宿費一日人民幣一百五十元，環境清潔，並鄰近中國十大名勝之一的「西湖」，當天黃昏時分，我們入宿大飯店後，乘夕陽餘暉搭計程車直往西湖遊覽，沿路湖光山色，抵西湖第一景「蘇堤春曉」，恰逢地陪為臺灣遊客解說西湖景觀，豎耳傾聽，原來遠山高聳尖塔係著名之「雷峰塔」（位於西湖南山淨慈寺前，建於五代。）「白蛇與青蛇」之民間戲曲，頓時浮現眼前，面對西湖十景之一角（十景為曲院風荷、平湖秋月、斷橋殘雪、柳浪聞鶯、雷峰夕照、南屏晚鐘、花港觀魚、蘇堤春曉、雙峰插雲、三潭印月），漫步在蘇堤上，微風細雨拂面，備感攸美。

　　第二天前往浙江圖書館，初見該館陳館長，她知我們是為搜集古籍資料，遠從臺灣而來，熱心引見該館熟悉古籍之副館長，副館長極為熱誠聯繫該館西湖畔孤山古籍分館王主任，協助尋找浙江《文瀾學報》第一卷第一期所載「陸心源遺照」及「潛園舊照」珍貴照片。因該日颱風來襲，頂著颱風雨趕往西湖畔孤山古籍館，王主任雖極費心協尋仍無所獲，經研判該資料或因民國二十六年對日抗戰爆發而遺失毀損，然而失之東隅收之桑榆，我們遍翻古籍後，意外發現吳興圖書館所編《守先閣陸氏捐助書目》，繼續搜尋有關資料至十一點，不久後聽到一樓館員高喊二樓館員下樓吃飯，當時上午十一點二十分，我想複印部分資料，調閱資料的館員極不悅地表示：「吃中飯時間了，下午二點再印。」乍聽之下，內心十分著急，求助於古籍部

王主任，他暗示該館員幫忙複印，館員態度勉強地僅六分鐘就印妥資料，付清費用（一張合臺幣約三元，尚屬合理），再三致謝後，告別古籍館，雖然古籍館館員用餐時間過早及讀者服務態度不周，筆者從事圖書館工作多年，當可引以爲戒。

離開古籍館已肌腸轆轆，西湖畔有一家餐廳，食客滿座，想必口碑不錯，聽說西湖鱖魚有名，遂點選青菜、豆腐魚羹、醋溜鱖魚，鱖魚鮮嫩可口，人云「鶯飛草長，西湖鱖魚肥」，大概指的是如此風味吧！

下午參觀浙江博物館，館內大部分陳列江浙地區書畫、金石、出土古文物。據陸氏家族稱陸心源收藏之部分石搏器物亦陳列該館，然遍尋各樓層未見展出，不能確定是否收藏，該館頂樓是抗日史蹟展，右側爲多媒體展示區，因颱風來襲，天氣極不穩定，雨勢忽大忽小，就在屋簷下欣賞鮮綠的垂柳，柳葉末梢串串晶瑩欲滴的雨珠，慢慢滑落小水溝裡，別有一番清新宜人之滋味，待雨停後，前往緊鄰博物館之「文瀾閣」參觀，文瀾閣可由博物館側門通道進入，首先看到「文瀾閣」石碑在柵欄內陳列，典雅的文瀾閣矗立於高大茂密的林蔭間，兩側藏書樓已空無一物，駐守人員獨自在炙熱大廳內，點著一盞微弱燈光，執行文化守護任務，見那孤寂的身影令人有些感動，文瀾閣庭院裡碧綠花草以及奇石、小荷塘、山洞，水面上漂浮片片荷葉，圍繞淡雅的荷花，潺潺流水彷彿細述過去的藏書史。

黃昏搭乘市公車至杭州武陵廣場，轉乘人力車至織品街，琳瑯滿目的織品，貨色大同小異，缺乏織品常識，琢磨半天不知如何選購，回飯店途中順便買一些水果，買了兩個大紅石榴、五個青果、一串綠色小葡萄，全部折合臺幣十五元，來自新疆的大西瓜好大一片，合臺幣十五元，價廉物美，吃得痛快。

第三天前往湖州拜訪陸心源故居，經飯店服務人員（家住湖州）指引下，一大早搭乘市公車到杭州東站轉乘快速客運，直達火車站下車，廣場擠滿人潮，蹲著、站著的旅客、賣大餅的小販、叫客的車夫，一片雜亂景象，與杭州市中心景象完全不同，由於不清楚快速客運的搭乘地點，在火車站耽誤一點時間，突然聽到有輛小巴士將前去東站，乃不容遲疑地上車，約十分鐘到達，原來這兒是杭州人前往各地的「快客」中心點，滿滿人潮，有的前往上海，有的前往南京，有的前往安徽或四川成都，皆是長途旅程，正瀏覽掛在高牆上的快客路線圖時，前往湖州的車來了，上車前領取一瓶礦泉水，車上多數旅客閉目養神，沿途土丘、沃野、綠樹、稻田、石屋，一一映入眼簾，我一路想著：一百多年前陸心源是如何到杭州交易古籍？是坐馬車？或牛車？或走路？如何運送古籍回家？需要花多少時間？「皕宋樓」是什麼模樣？是否已經殘破不堪？心中充滿無數疑問。快抵達湖州時，車上大哥大響聲此起彼落，發覺大陸人對這新玩藝兒已不陌生。

　　車程約兩小時抵達湖州市，車站附近有點像早期臺灣農村景象，為爭取時間，坐上一旁等待的三輪車（花費人民幣六元）趕赴陸心源的「皕宋樓」（湖州市月河街四至六號），穿過幾個巔跛的道路，景象稍變，像回到臺灣小鎮，街道約兩部車寬，抵達月河街「皕宋樓」，，陸心源的故居就在馬路旁，大門是兩扇黑色狹隘的木門，各約一尺半寬，大門敞開著，牆壁懸掛著「湖州市政府文物保護區　千甓亭（含皕宋樓）」，一進門就看到矗立的石刻，刻有「千甓亭」字樣，旁邊圍繞著乾枯的淺池，數株白色水仙長在石壁縫間，往前走數步，是古色古香的四面廳，後方則是正廳，右側房門深鎖，窗戶全是石刻覆蓋，有陸心源、吳雲、繆荃孫石刻字蹟，也許這是印製《十萬卷樓叢書》所留下之石版，正廳有人使用，似乎是與陸氏不相干的家庭居住其間，對我們有點冷漠，問什麼都不知曉，而且正廳通往後方皕宋樓是封閉的，只好繞道拜訪皕宋樓，皕宋樓被一個公寓式社區包圍著，孤單地佇立其間，與社區景觀格格不入，古典白色圍牆長達十公尺，從旁側一扇小門走進去，經過小小的樓梯間，上二樓觀賞藏書室，所謂揚名一時的「皕宋樓」是如此陰暗晦澀，　一對老夫婦居住其間，皕宋樓的藏書空間掛滿了衣物，屋簷垂著無力的老樹枝葉，再也聽不見談論古籍，也聞不到書香味，只覺得皕宋樓的生機不再，真的走入歷史了，令人痛心湖州市府未能真正保存文化古蹟，任其毀損、消失，實有損蘇杭「藏書之鄉」美譽。由於庭院走道狹隘，無法窺得皕宋樓及十萬卷樓全貌，乃情商隔壁大樓管理員同意，進入該大樓之頂樓居高臨下拍攝數張照片，總算可以勾勒出陸心源藏書樓之大概。

　　走出皕宋樓，中午在對面品嚐新鮮的香荽水餃，風味絕佳，至今仍回味無窮，念念難忘。下午，我們兼程趕赴浙江圖書館分館「嘉業堂」（在南潯鎮），由於前一天浙館副館長已幫我們聯絡嘉業堂鄭主任，為了趕路，以一百五十元人民幣包租計程車前往南潯鎮，沿途除了綠色稻田外，有些大型工廠矗立其間，可以感受到江南之富庶，約一小時車程進入南潯鎮，計程車司機沿途幫我們詢問嘉業堂地點，順利抵達之後，步行入小蓮莊，門口有數位悠哉的老先生圍坐聊天，穿過他們座椅，找到鄭主任後，引領我們進入嘉業堂，立即尋找我所需要的〈陸氏遵捐國子監書清單〉（根據《文瀾學報》第二卷第三、四期記載），其目錄卡片並沒有記錄，倒是發現光緒版《清咸豐湖州同年錄》，看見陸心源名登其上，又尋得陸心源好友吳雲《兩罍軒圖錄》（光緒版）一書，翻閱一些珍貴書籍後，離開藏書室，鄭主任又帶領我們參觀一、二樓藏書室，並敘述劉承幹的藏書源起及印製古籍之苦心，四合院係二樓層建築，從每扇木門均雕有「希古」二字觀得其當年興建時的用心確實顯得精緻，目前尚留存昔日雕書版數千塊，堆砌於二樓書庫，四周是藏書庫，中庭是晒書廣場，藏

書樓前林木參天，七里香循著小道通往荷花池，園景十分幽雅，湖州奇石圍繞荷花池，其中一座奇石有清代學者所刻「嘯石」兩字，下面則有金石家張廷濟題詞，是遊客觀賞遊憩的景點，數座雅緻涼亭傍著荷花池，分別稱爲「明瑟」、「障紅」、「浣碧」，書樓與涼亭依舊，只是昔日嘉業堂盛況不再，惟有在中國藏書史中憶其景象。

告別「嘉業堂」，步行經過頗具特色的一段路，兩旁牌樓林立，有中國傳統景象，店家販賣湖州粽子、杭州絲織品、毛筆等，十五分鐘後找到開往湖州的站牌，等待十分鐘有輛私家中型客車呼叫乘客，此車將開往湖州市，我們趕緊上車，坐位只有十二個，舖著變型的草蓆，顯得很擁擠、簡陋、髒亂，又正值太陽西照，悶熱異常，沿途上上下下不少人，好不容易熬到湖州市，買好快速客車票，距離開車時間約三十分鐘，在等車的短暫時間，在站旁餐廳品嚐當地湖州粽子，味道實不及臺灣，沒留下特別印象。至六點五十分踏往杭州市歸途，回程感覺路途遙遠，約歷時二小時抵達杭州市，下車後搭乘計程車尋找書店，購買相關書籍，司機先生竟然不清楚書店所在，在市街繞了很久，終於發現規模龐大的新華書局，在那兒購得鄭偉民著《文獻家通考》三冊、葉德輝著《書林清話、書林餘話》，若非打烊時間已到（晚上十點），應可慢慢選購更多相關書籍。

在杭州最後一天，清晨散步至西湖畔，臨湖有家古色古香的茶樓，景緻優雅，空間非常寬敞舒適，座位鄰近窗外的一片荷花，我們點選一壺西湖清茶及一些精緻小點心，茶樓附送一支蓮蓬，這是最令人難忘的茶點，撥開鮮嫩的蓮蓬，咀嚼清甜的蓮子，近觀西湖中搖曳的荷花，遠觀不斷穿梭的西湖畫舫，在晨霧中忽而飄渺、忽而鮮明，令人心醉無已，彷彿置身人間仙境。

爲了解浙江圖書館之沿革，上午九點鐘再訪該館，詳細了解其過去與現在，原來浙圖創建於 1900 年當時稱爲杭州藏書樓，是大陸最早的省級公共圖書館之一，1903 年，杭州藏書樓擴建爲浙江藏書樓，1909 年，擴建爲浙江圖書館，1931 年，在大學路籌建新館舍，1951 年，著名藏書家劉承幹將湖州嘉業藏書樓捐贈給浙江圖書館，1998 年新館落成，所以現今浙江圖書館共有四處，除曙光路新館外，尚有湖州嘉業堂藏書樓、孤山古籍館、大學路館舍。藏書四百餘萬冊，古籍豐富，地方文獻齊全爲其特色，館藏珍品首推文瀾閣《四庫全書》，古籍線裝書計八十三萬五千冊，其中善本十四萬一千冊，有唐人寫經、宋元明清刻本、稿本及日本、朝鮮、越南刻本等，浙圖藏書量爲大陸地區第四位（僅次於上海、江蘇、四川省圖書館）。令人驚訝的是，浙圖之圖書自動化系統竟然使用昂貴的 INNOPAC，這系統價格約臺幣一千萬，每年維護費約一百萬，在臺灣圖書館使用的單位寥寥可數。

近中午時分，結清飯店費用，再去書店找書，沿途經過一些食品店及百貨公司，

因適逢中秋佳節將至，月餅陳列滿架，有傳統蘇杭小月餅、有港式月餅，蘇杭月餅包裝不起眼，五小個包裝一袋，白色包裝紙透出許多油痕，初不敢嘗試，思及蘇杭點心遠近馳名，乃購買一些帶回臺灣，品嚐後發現油而不膩，確實不同凡響，後悔沒多帶一些回家。

由於九月十日西湖博覽會即將展開，當地電視熱烈報導著杭州西湖籌備狀況，街道懸掛許多旗幟，杭州市民洋溢著興奮之情，熱切期待博覽會到來，此行未及目睹西湖博覽會風采，心中確有一絲不捨。

九月一日下午三點四十分搭乘港龍航空飛離杭州，腦海裡揮不去的的皕宋樓、西湖荷花與畫舫，以及杭州的市街景象，此行探訪陸心源故居及周遭藏書樓，雖有感於「嘉業堂」書香猶存，而「皕宋樓」風華不再，然浙江之杭州、湖州至今仍是人文薈萃之地是無庸置疑的。

圖十九：杭州西湖畫舫

圖二十：杭州西湖畔雷峰塔

圖二一：省立浙江圖書館

圖二二：孤山古籍館大門

圖二三：省立浙江博物館

圖二四：「文瀾閣」前景

圖二五：「文瀾閣」石碑

圖二六：「文瀾閣」景緻

圖二七：陸心源故居——湖州市月河街4—6號

圖二八：陸心源故居──四面廳

圖二九：陸心源故居──右廂房碑林

圖三十：陸心源故居──前院閣樓

圖三一：皕宋樓外景

圖三二：鳥瞰陸心源故居「皕宋樓」及「十萬卷樓」

圖三三：陸心源故居後圍牆

圖三四：南潯「嘉業堂」之小蓮莊

圖三五：「嘉業堂」正門

圖三六：「嘉業堂」前庭園

圖三七：「嘉業堂」通往市街牌樓

附錄四：日本靜嘉堂文庫訪問記略（2001 年）

　　中日文化交流已數千年，然清末陸心源大量珍貴藏書售于日本靜嘉堂文庫後，引起國人莫大震撼，學者痛心疾首，極力呼籲文化資產保存之重要性，此後私家藏書之散佚始被國人關注，靜嘉堂文庫則因陸心源藏書而成爲國際知名漢學資源的研究重鎮。對於靜嘉堂文庫之盛名，早在大學時已充滿了好奇與嚮往，如今又因研究陸心源藏書之機緣下，拜訪靜嘉堂文庫成爲勢在必行，也是多年來心中夢想的實現。

　　本文撰寫過程中，確實產生些許困難，因爲佰宋樓史部宋版藏書全部在日本，除參考靜嘉堂文庫出版之相關文獻外，國內只能選擇相同的刊本，了解部分資料，至於藏書源流、題跋、藏書章等，如非原件實難以了解、所以積極籌劃東瀛之行，好友高光義教授及陳麗鳳組長，利用網路積極協助蒐尋靜嘉堂文庫之出版品、開館時間、文庫所在地等，並在麗鳳協助下經由日文書代理商「紀伊國屋」訂購靜嘉堂文庫相關出版品，再從出版品中得知文庫位於東京世田谷區岡本 2-23-1 號。

　　俟論文大致完成，對於部分文獻不足之處擬赴靜嘉堂文庫蒐錄補充之，乃於二月中旬去函靜嘉堂文庫，說明研究目的並申請閱覽佰宋樓史部藏書六十四種（本欲閱讀全部宋刊本），但遲遲未能獲得回音，於是透過正在大阪訪問之國立藝術學院傳統藝術研究所林保堯所長就近詢問實際情況，得知因申請資料量過於龐大，又適逢該文庫司庫主任出國，故未能決定是否可以閱覽，至二月中旬，再度去函申請，並選擇最有疑問的宋刊本史籍二十二種，以快遞送出信函，果然立刻得到司庫主任增田晴美之傳眞回覆，同意閱覽回函中並詢問確實到達文庫時間，基於論文參考的急迫性，立即回覆確定三月十二日前往文庫閱覽，就在傳眞書函的往返中，感受到增田主任的熱忱與細心。

　　三月十一日偕同麗鳳啓程赴日，同行者尙有麗鳳姐麗櫻、甥女怡欣，初抵日本之夜晚，寒風凜冽，我們在民宅住一宿，因怡欣曾在日本求學四載，熟悉東京交通狀況及環境，是位很好的嚮導，隔日怡欣告知前往靜嘉堂文庫搭車路線後，此行情商麗鳳協助翻譯，自東京馬食町搭乘捷運統武線至東京站，轉山手線至涉谷，再轉乘東急中央林間線至二子玉川，改搭公共汽車至都立砧工業高校，高校位於靜嘉堂之後方，距離靜嘉堂約八百公尺。由於附近未清楚標示靜嘉堂位置，又地處偏遠，馬路上除一些小轎車穿梭外，路上行人寥寥，問了一兩人都不知靜

嘉堂位置，約步行五分鐘後才遇見一位高中生告知正確方向，繼續往前走，一路寒風刺骨，風沙襲人，兩耳痛楚，鼻水直流，我們彷彿是朝聖者，憑堅定的意志勇往直前，步上層層木階小坡後，遇見一位女士從左側過來，交談後得知是靜嘉堂工作人員，她早已知道我們今天要去拜訪，很客氣的引領我們通過小木門，進入文庫資料室，填寫個人資料後，方坐下閱覽桌，增田主任端著一大盒微縮資料走過來，原來她已經將我要參考的資料準備好了，並拿出我信函上所列二十二種書單解說，增田主任在書單上用鉛筆詳細記錄著每一筆資料狀況，二十二種書中僅《資治通鑑考異》、《陸狀元集百家註資治通鑑詳節》、《新雕名公紀述老蘇先生事實》、《嚴州重修圖經》、《通典》五部有微捲，其他《燕翼詒謀錄》、《洞天福地記》、《翰林志》、《玉堂雜記》、《官箴》、《子略》、《法帖刊誤》、《法帖釋文》、《法帖譜系》、《韓忠獻王遺事》、《南方草木狀》、《畫簾緒論》皆屬《學津討原》叢書或《百川學海》叢書，參考價值大減，其餘如《會稽三賦》被推定為明刊本、《范文正公鄱陽遺事》被推定為元刊本、《大事記》被推定為清刊本，與陸心源藏書志著錄不同，但我仍調閱之，試圖從中了解版本差異之因果關係。

　　閱讀資料時較為不便之處，係不論微捲或古籍皆不能直接複印，必須回到臺灣後以機關名義向文庫申請複印，文庫再請專家拍攝並郵寄給申請人，收費昂貴，大約一張五十元，付款方式則逕自臺灣的日本三菱銀行電匯，且規定不准請文庫人員經手，其作法與國內大不同，我們的國家圖書館提供的服務較為便捷，微縮資料可以直接從閱讀機複印，在設備及時效上顯然較好。靜嘉堂文庫的做法其原因有難解之處，因為其古籍微捲封條皆標示高橋情報中心製作，可見漢學家高橋智與文庫有極深關係，是否具有拍攝原件的專利權，或擔心陸心源藏書神秘之處輕易流落外界，因為陸心源的藏書有十六部被日本列為重要文化財，是文庫最重要的藏書，所以限制複印。其實微捲資料之利用既不傷原書，又可多次利用，是資料安全的儲藏、利用方式，靜嘉堂可以提供現代化的閱讀複印機，讓讀者自行複印，非宋刊本之原件則由館員代勞，然後以價制量，即可兩皆方便，互蒙其利。

　　除了閱覽古籍外，增田主任非常熱心的提供長澤規矩也、高橋智及阿部隆一的相關著作供我參考，並問及為何研究陸心源藏書，相關研究對文庫將是重要的參考，此外，我詢問《皕宋樓藏書志》中部分古籍為何未被岩崎氏收藏？她表示這也是靜嘉堂文庫一直想了解的問題，學界也有人猜測其間數量的差異有可能是居中促成交易的島田翰先生最清楚，他是個高傲的人，其後亦創辦了「金澤文庫」。對於此樁交易是否有留下任何契約文件或交書清單？增田表示文庫並沒有，多年來他們一直在尋找。另外，關於陸心源之子陸樹藩所撰〈陸心源行述〉一文是否靜嘉堂有收藏？

增田主任表示未收藏。以上的對談讓我感覺有點納悶，因為〈陸心源行述〉一文於1990年《潛園遺事》中已有提到，何以靜嘉堂文庫未收藏？難道有些珍貴資料真的流落其他漢學家手中，有些竟然連靜嘉堂文庫都無法掌控？也讓我懷疑是因為我僅是一個陸心源文獻的研究者，而非知名學者專家，因此該文庫不便輕易出示任何機密文件。

驚訝的是增田主任是專業的書誌學研究者，她與高橋智先生都是阿部隆一的學生，她說高橋智專研孟子，目前在慶應義塾大學主持「斯道文庫」，與陸心源後代子孫（可能是徐楨基先生或陸增琪先生，因《潛園遺事》一書中有提到高橋智先生）仍時有聯絡，所以有關陸心源一些藏書問題可以向他請教，他應是日本學界對陸心源藏書最了解的人，增田主任熱心地提供高橋智先生的地址、電話、傳真等，也許這是研究陸心源藏書的另一線索。

由於第一次拜訪靜嘉堂文庫，心情緊張，既未吃早餐亦未攜帶任何餐點，中午因室外嚴寒，距離飲食店路途遙遠，所以未外出用餐，繼續研讀資料，僅以一杯綠茶、一片口香糖充飢，直至下午四點閉館，就這樣在靜嘉堂文庫閱讀微捲五種，原件六種，渡過了豐收的一天。

第二天，天氣微寒、陽光普照，我們又踏著愉悅的心情搭地鐵到二子玉川站，改搭不同昨日的綠色三十一號公車，逕至靜嘉堂文庫站，約步行十分鐘到達文庫，繼續未完成的工作，今天增田主任休假，昨日路上遇到的館員為我們服務，亦極為親切，調閱十餘種古籍，翻閱宋、元、明刊本備感珍貴、有趣，尤其研究藏書章時，看到前人寶貝藏書以及訓誡子孫之言，出現在卷首或卷末，詞句中充滿傲氣，顯示文人氣度之狹小，既可笑，又可愛。在調閱《北史》一書時，因未製成微捲，又不准看原書，疑問仍無法解決，深感遺憾。

下午三點半，閱畢文獻到戶外散步，這時放鬆心情望著靜嘉堂文庫，這座歷時五十餘年的歐式建築，給人一種安詳而又莊嚴肅穆的感覺，前面是行政區及閱覽室，後面是書庫，典藏著豐富的古籍，其左側是靜嘉堂美術館，正舉辦陶瓷特展，可同時觀賞岩崎氏家藏精品，其巨幅日本人物刺繡非常精美、陶瓷作品色澤、形制，極古樸可愛，所有作品皆美不勝收，真是一個豐盛的心靈饗宴。靜嘉堂文庫正前方則是岩崎氏私家庭園，林木參天，歐式圓形劇場聳立其間，雖不開放參觀，但遠眺庭園景色，可以感受岩崎家族曾經赫赫一時。

告別靜嘉堂文庫時，心裡充滿依依不捨，我們取道風景優雅之小徑，踏著細石小路，沿途數株櫻花搖曳在寒風細雨中，讓人思緒飄渺，若非樹林中響亮的烏鴉聲喚醒沉醉的心情，早已渾然忘卻自己還身處異鄉。

圖三八：靜嘉堂文庫入口（日本東京都世田谷區岡本二丁目二十三番一號）

圖三九：靜嘉堂文庫